Bruno Baumann
Der Weg des BUDDHA

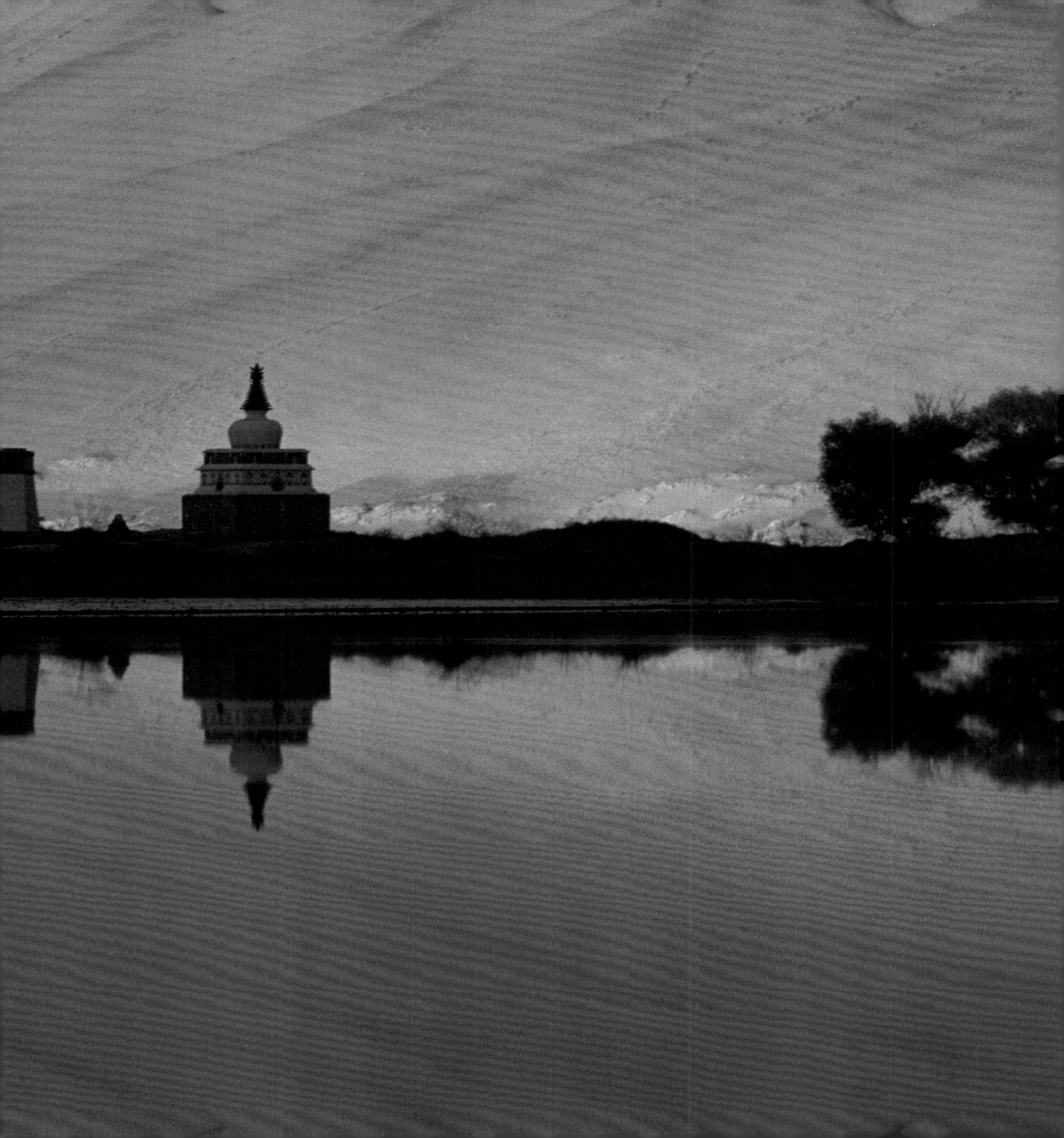

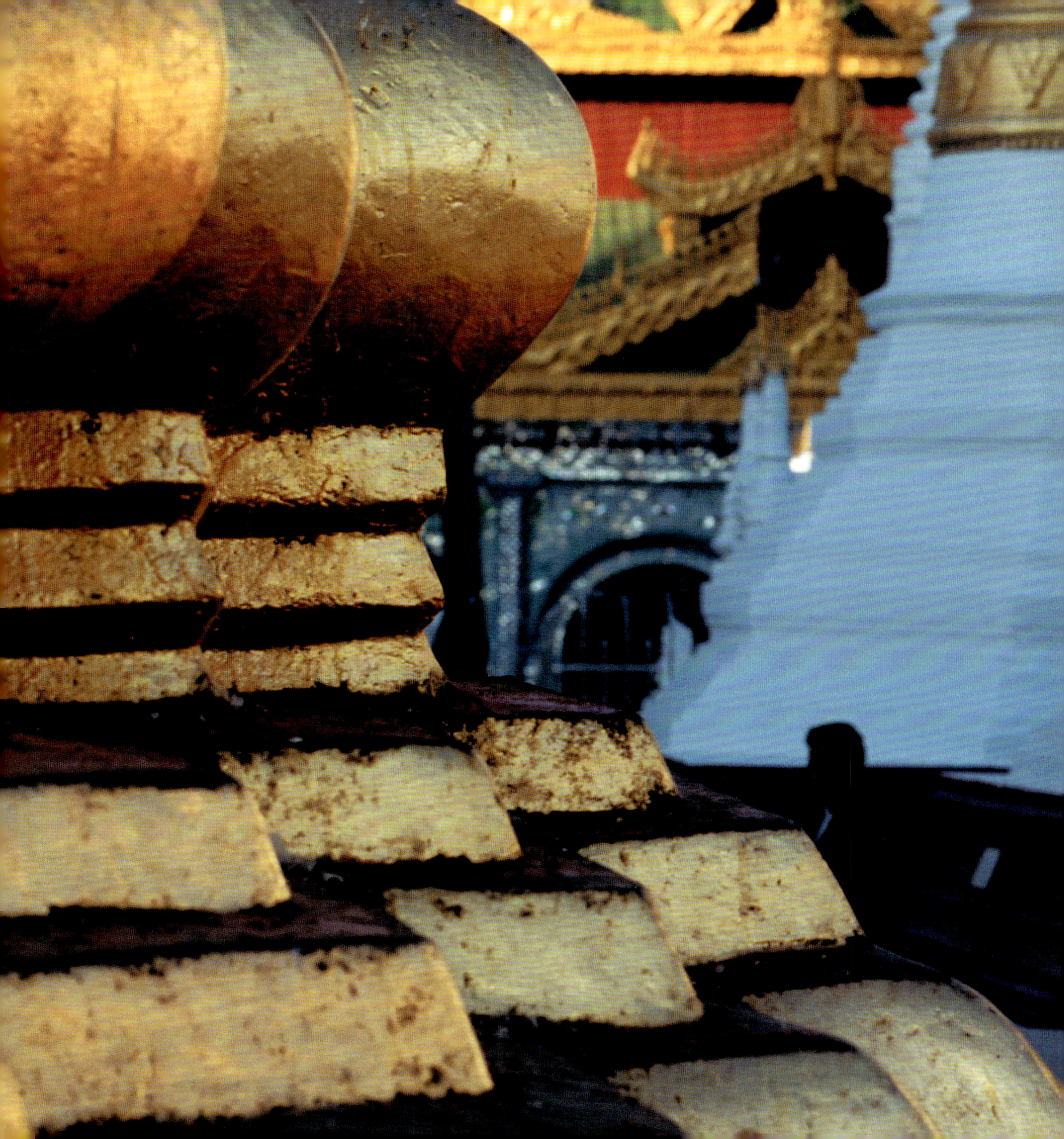

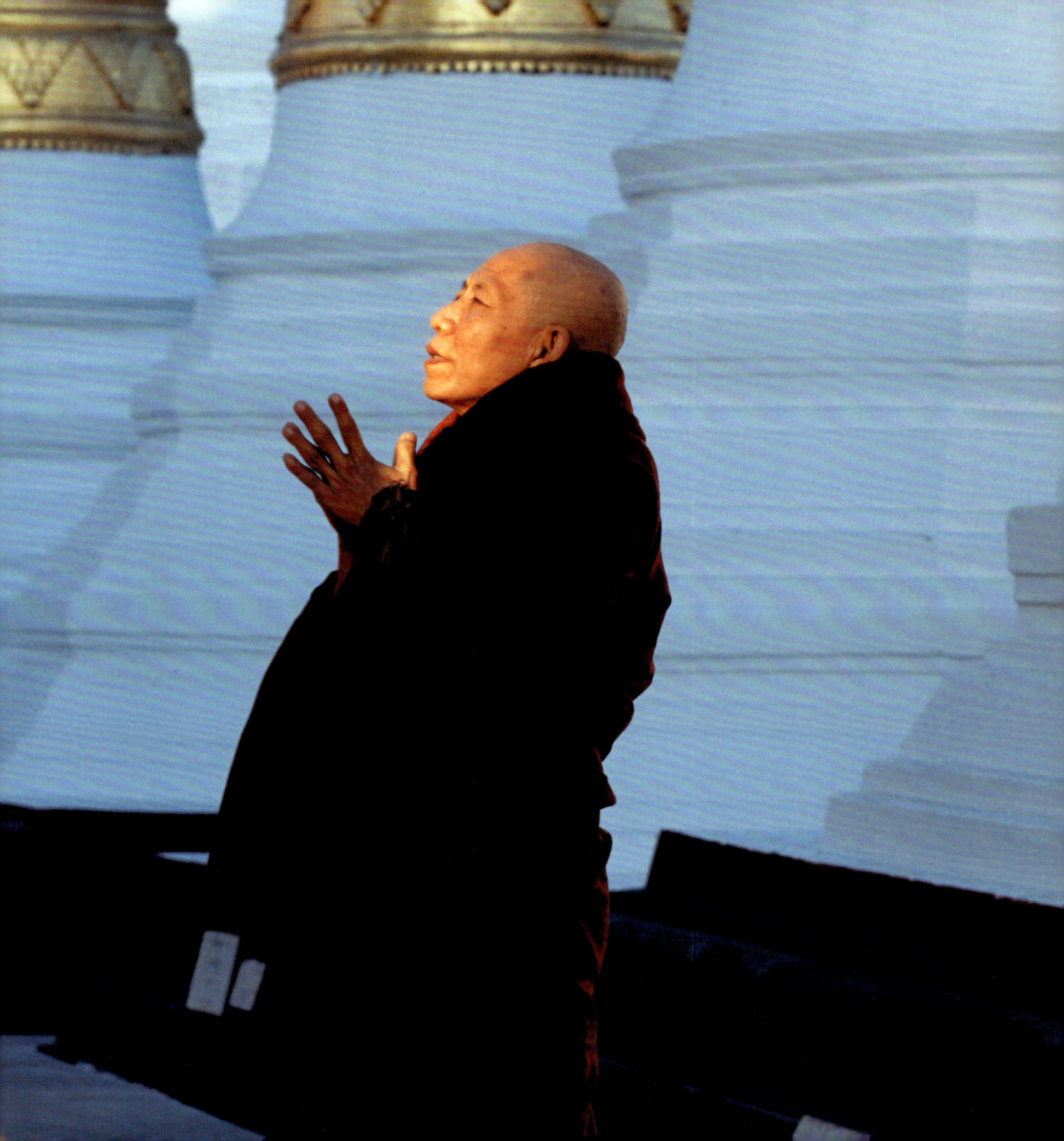

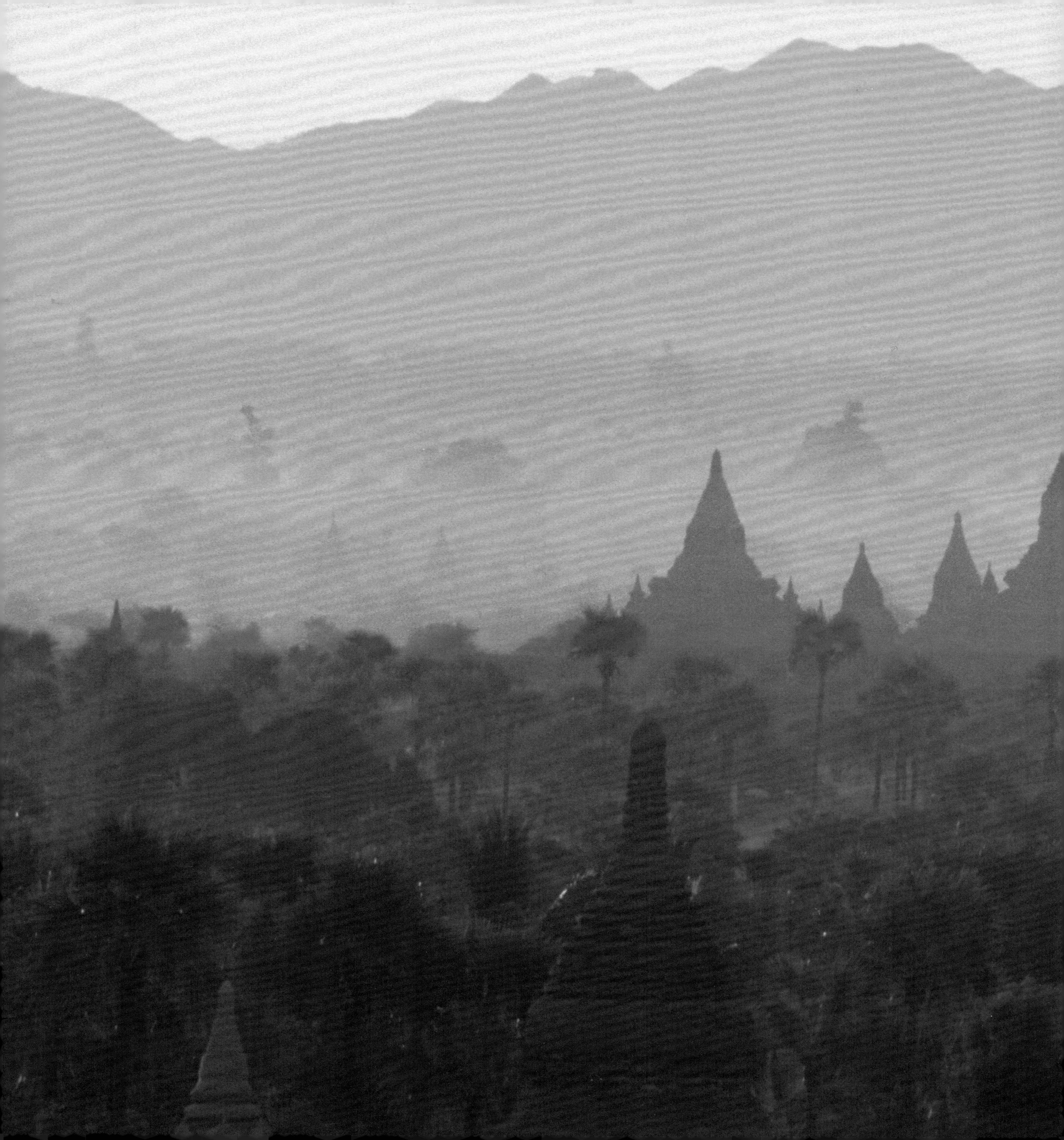

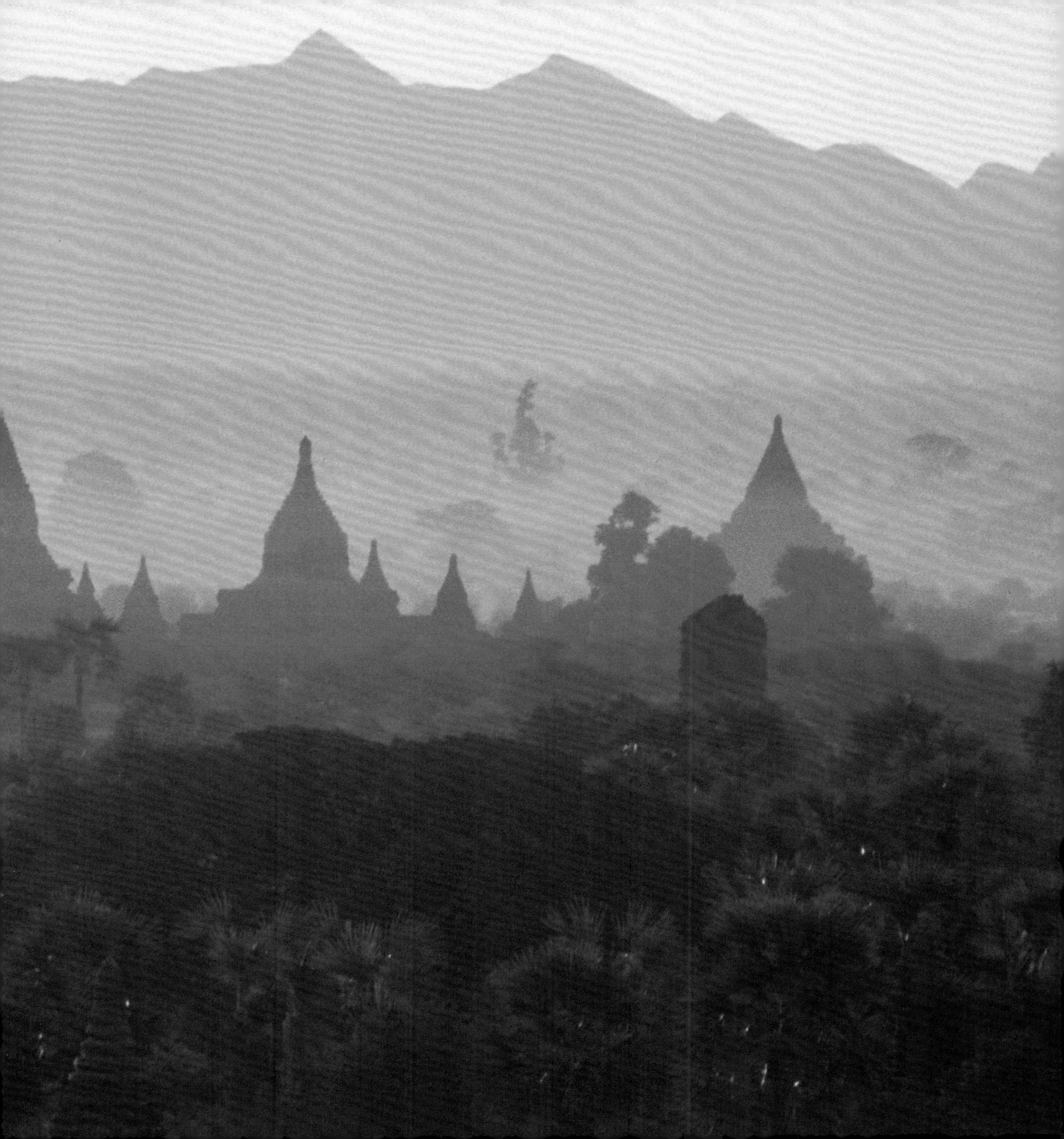

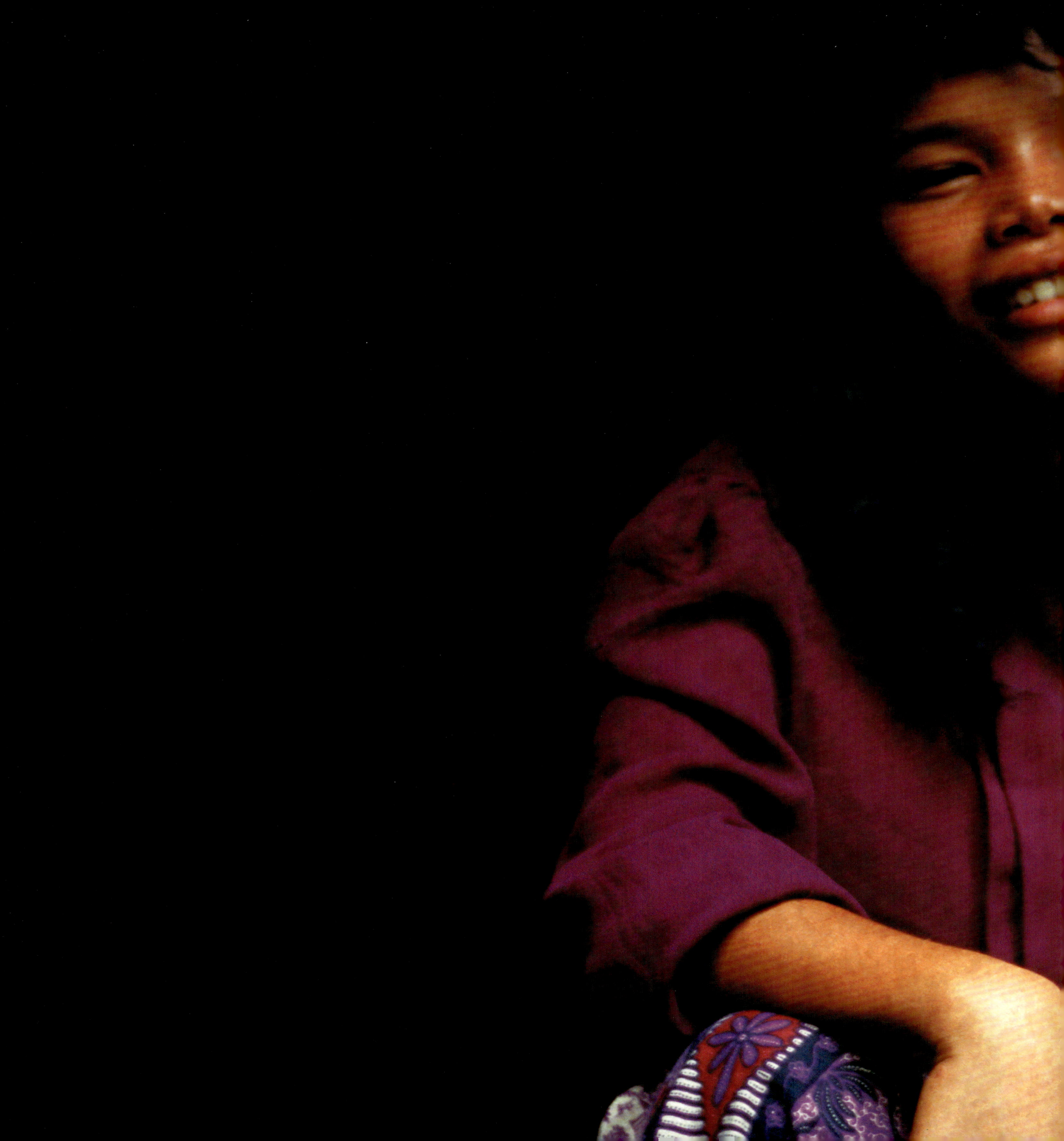

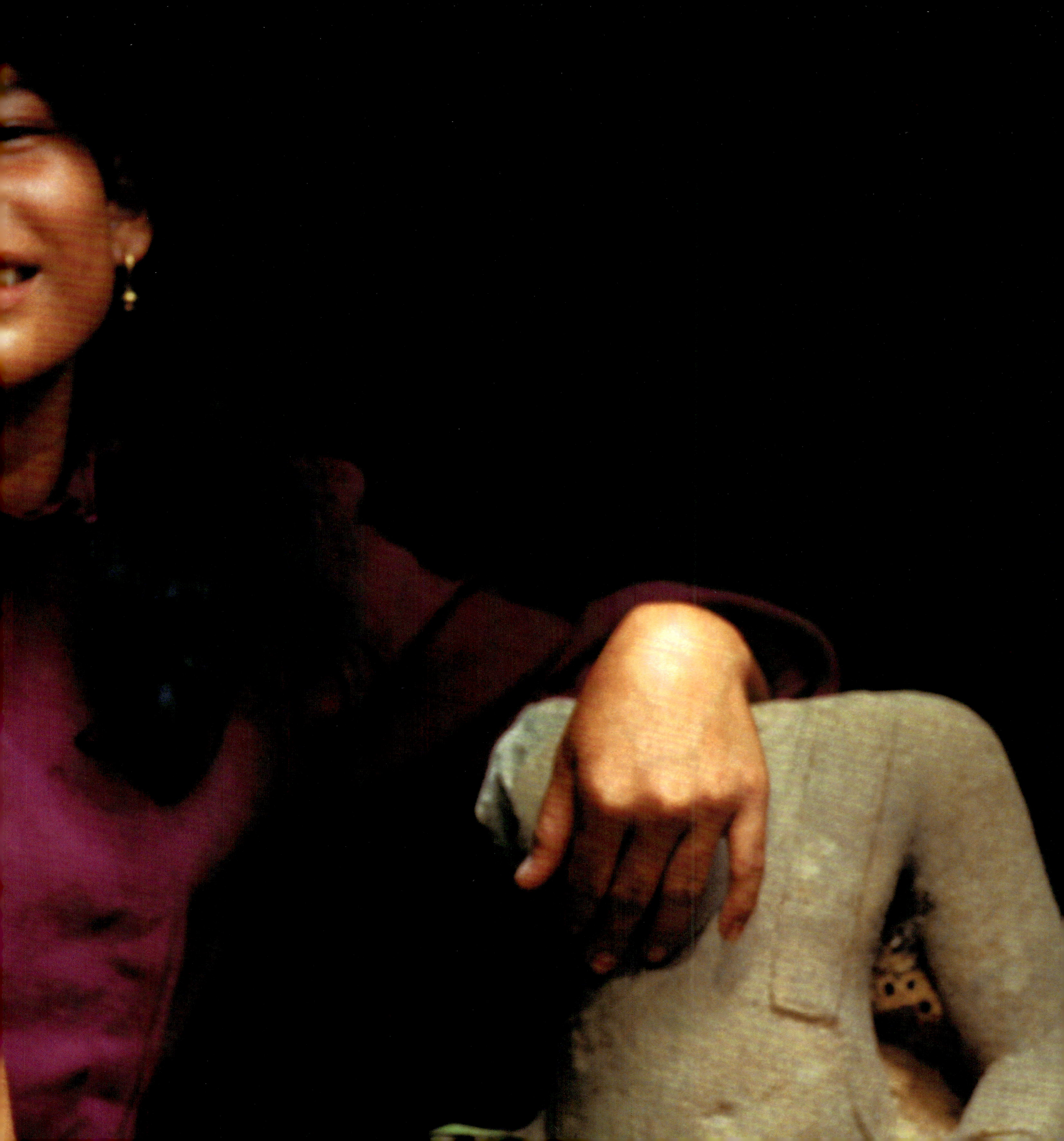

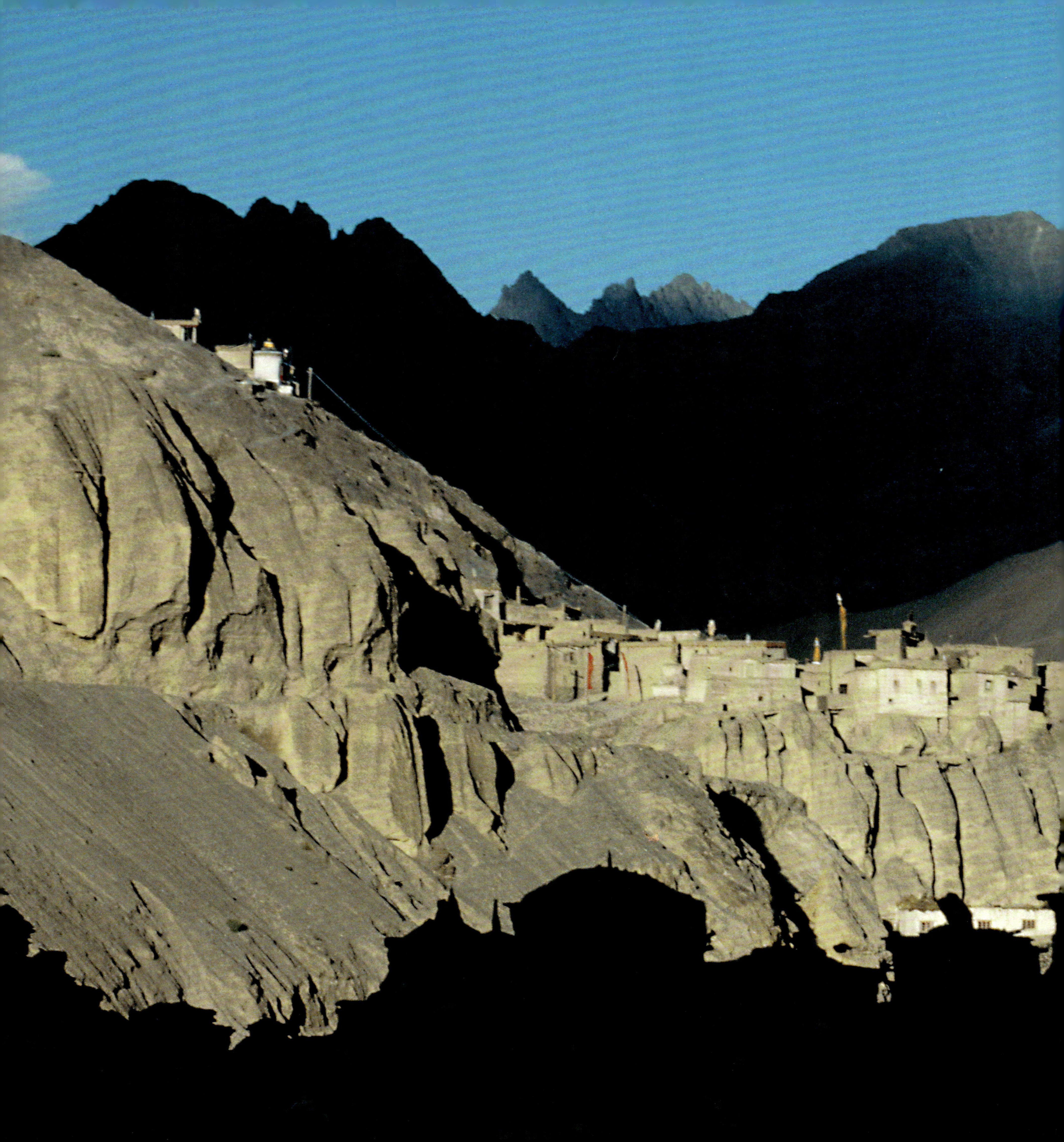

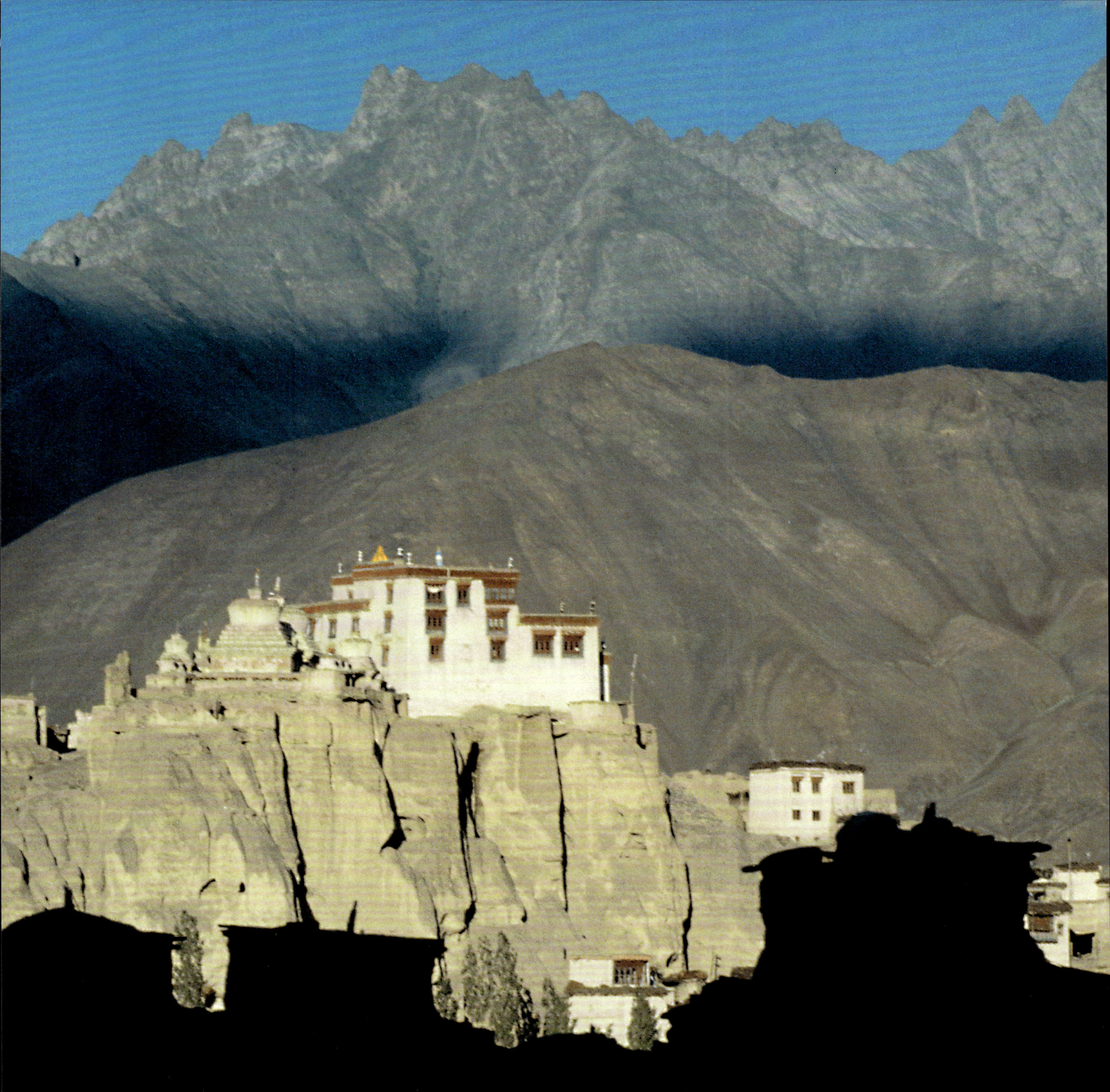

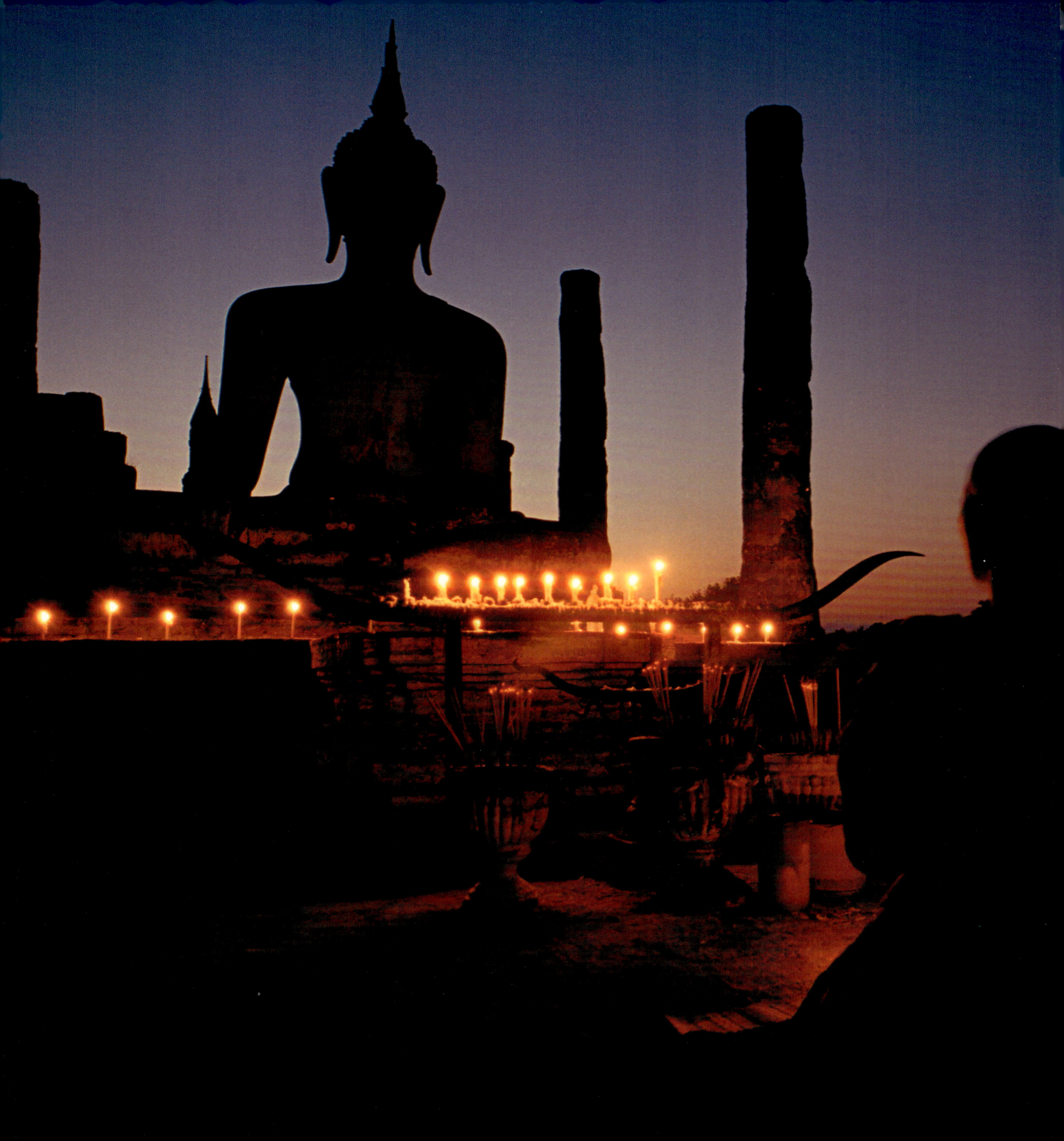

Bruno Baumann
Der Weg des
BUDDHA

terra magica

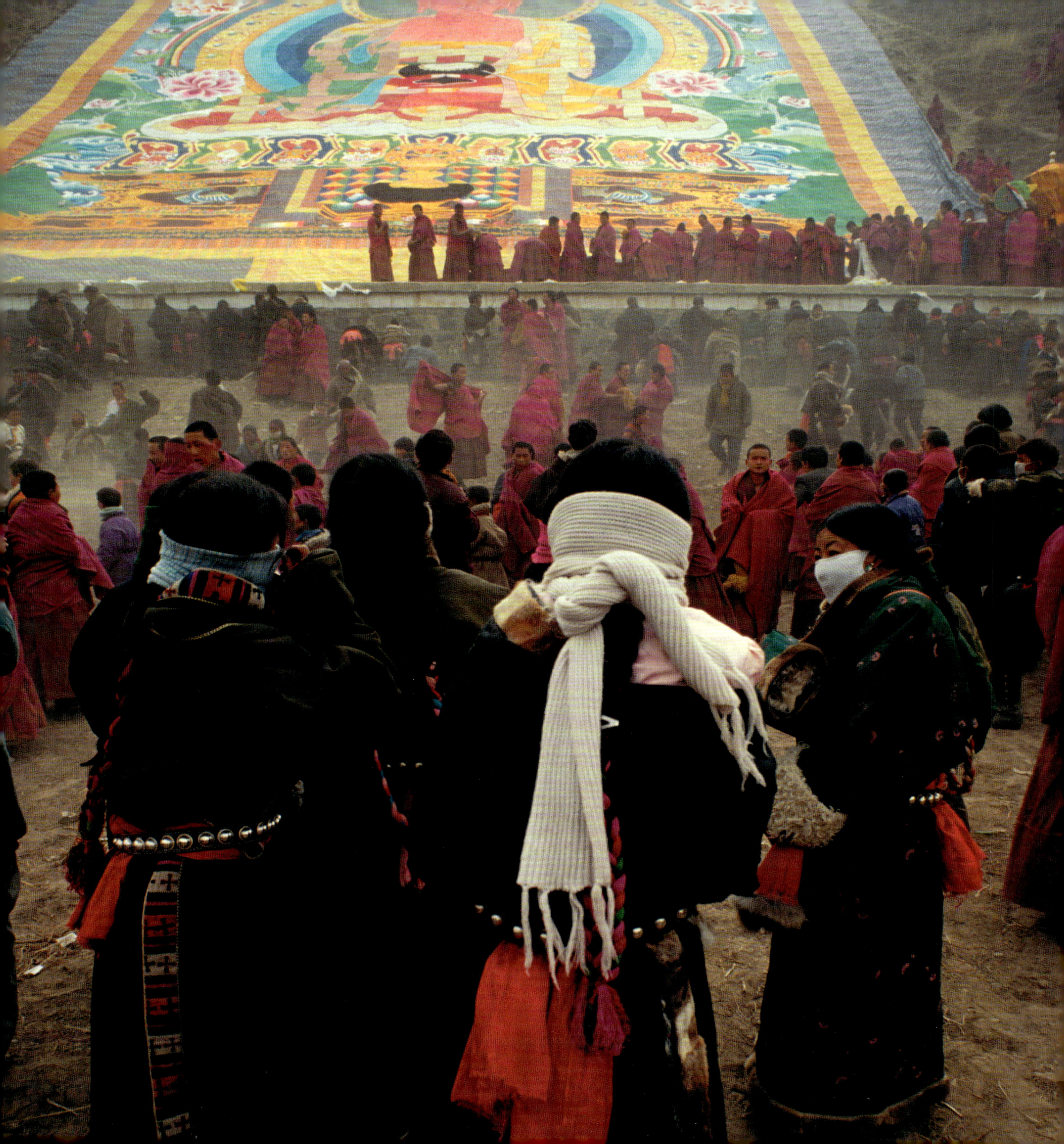

Seite 1: Ein riesiger Buddha, der auf einem grün bewachsenen Hügel thront, hält schützend seinen ausgestreckten Arm über die Stadt Kengtung (Kyaingtong) im Shan-Bergland von Birma.

Seite 2/3: Das Wüstenkloster Bardain Jaran Miao spiegelt sich in einem der Salzseen der Wüste Gobi in der Inneren Mongolei. Die Lehre des Buddha erreichte die Mongolen durch Vermittlung Tibets.

Seite 4/5: Theravada-Mönch bei seiner Morgenandacht bei der Naungdawgyi-Pagode in Birmas Nationalheiligtum Shwedagon in Yangoon.

Seite 6/7: Wie Antennen ragen die schlanken Spitzen der Pagoden aus der Ebene von Pagan, der alten Königsstadt Birmas, in der unter dem Patronat der Herrscherdynastie der Buddhismus theravadischer Prägung eine erste Blüte erlebte.

Seite 8/9: Eine der vielen von Plünderern geköpften Buddha-Statuen in der Tempelstadt Angkor (Kambodscha). Im Khmer-Reich wurden sowohl buddhistische als auch hinduistische Traditionen aus Indien übernommen und miteinander verschmolzen.

Seite 10/11: Das tibetisch-buddhistische Kloster Lamayuru schmiegt sich harmonisch in die Berglandschaft Ladakhs (Indien), denn die weiß getünchten Mauern der Gebäude und die Spitzen von Chörten (Stupas) scheinen wie natürlich aus dem Fels zu wachsen.

Seite 12/13: Mönche eines nahe gelegenen Klosters kommen allabendlich zu den Buddhas der Tempelstadt Sukhotai, um bei Kerzenlicht und Räucherwerk eine Andacht zu verrichten.

Seite 14: Anlässlich von Losar, dem tibetischen Neujahrsfest, wird beim Kloster Labrang Tashi Kyil feierlich ein gigantisches Bild (Thangka) des Buddha Amitabha über einen Berghang entrollt, dem Mönche wie Laiengläubige Verehrung zollen.

Inhalt

Kapitel 1
DER PRINZ, DER ZUM
BUDDHA WURDE   17

Kapitel 2
DAS BILD DES BUDDHA   65
Interview mit
Mae Chee Sansanee   78

Kapitel 3
DIE HÜTER DER
ALTEN LEHRE   81
Interview mit
Sayadaw U Pandita   125

Kapitel 4
BUDDHAS LEHRE AUF
DER SEIDENSTRASSE   127
Interview mit
Thich Nhât Hanh   167

Kapitel 5
TIBET UND DER
HIMALAYA – BUDDHAS
BERGFESTUNG   169
Interview mit dem
Dalai Lama   210
Karte   213
Literaturverzeichnis   214

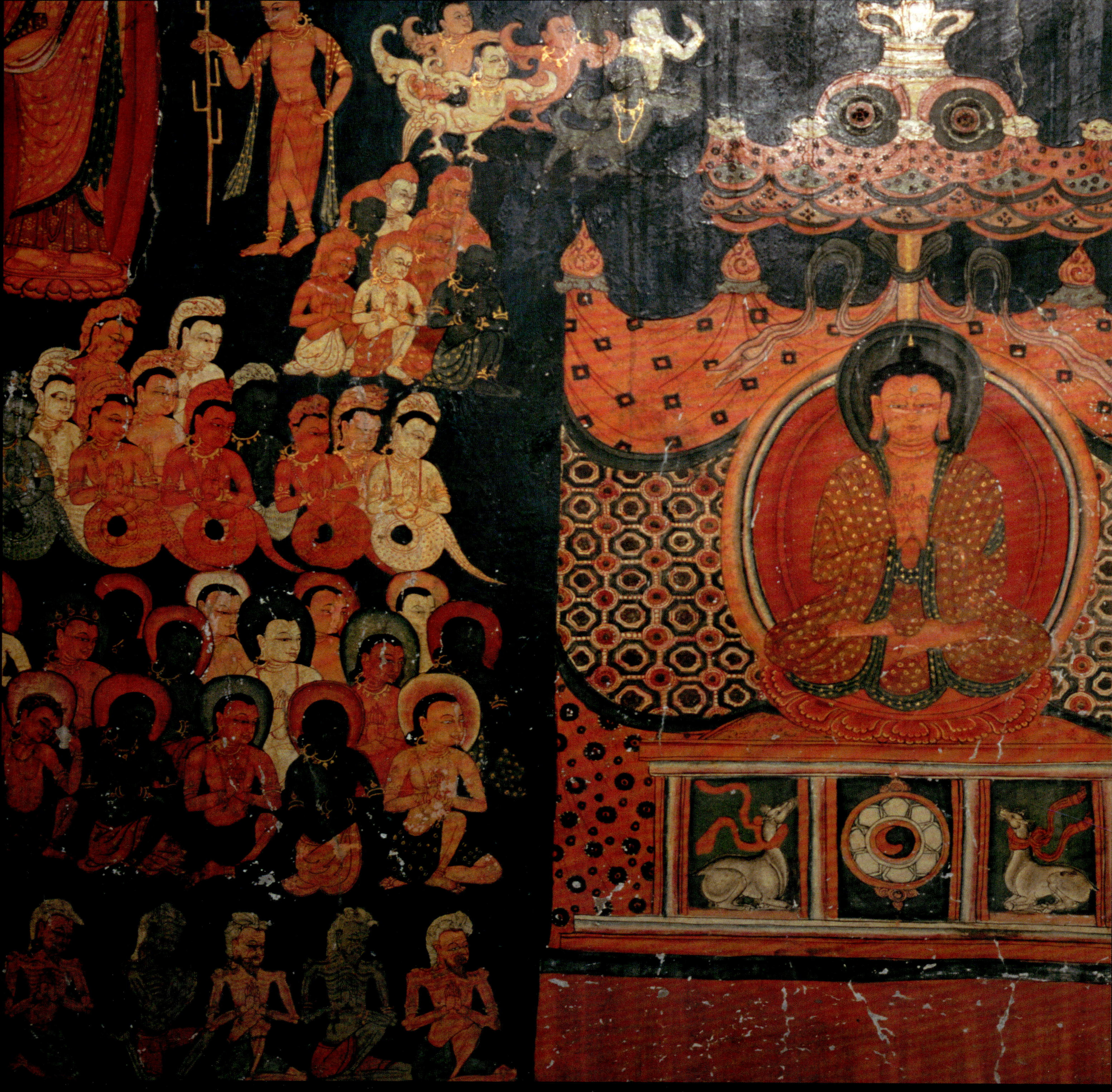

Unser Leben wird von unserem Geist geformt und wir werden, was wir denken. Leiden folgt einem üblen Gedanken, wie die Räder eines Karrens den Ochsen folgen, die ihn ziehen. Freude folgt einem reinen Gedanken wie ein Schatten, der nie weggeht. Dhammapada

Der Prinz, der zum Buddha wurde

Vorhergehende Doppelseite: Der Buddha bei seiner ersten Predigt in Sarnath, umgeben von Menschen unterschiedlicher Rassen, Fürsten und Königen, Halbgöttern und Göttern, die alle gekommen waren, um seiner Botschaft zu lauschen. Links unten jene fünf Asketen, die der Buddha zu den ersten Mönchen ordinierte.

Bild rechts: Der Mahabodhi-Tempel von Bodh Gaya wurde an jener Stelle errichtet, an der Buddha Gautama unter einem Baum Erleuchtung fand.

Indischer Flechthaar-Asket (Sadhu) bei der morgendlichen rituellen Waschung am Gangesufer bei Varanasi (Benares).

Das Schauspiel beginnt zur Morgendämmerung. Zuerst ist die Bühne nur konturloses Nichts, verhangen von einem Vorhang aus milchig weißem Nebel. Doch dann öffnet er sich langsam. Da und dort zeigen sich erste Lücken in der Nebeldecke, lassen sich kleine Flecken von Land erkennen. Sie erscheinen wie Inseln, hineingesprenkelt in die Weite des Meeres. Dann geht alles schnell. Über dem Horizont steigt die Sonne auf. Anfangs ist sie nur eine blasse runde Scheibe, doch bald beginnt sie sich zu färben, wird ockergelb, dann orange und schließlich durchläuft sie die ganze Farbskala bis hin zum Rot.
Auch auf Erden brennt ein Lichtlein: Eine Frau hat ein Öllämpchen entzündet. Behutsam stellt sie es auf ein Blütenkissen, das sie dann ins Wasser setzt, wo es von der Strömung langsam fortgetrieben wird. Dunkle bewegte Schatten huschen über die Wasseroberfläche. Es sind die Boote der Fährmänner, die zum anderen Ufer übersetzen, wo die Unheiligen hausen, die Parias, die die unterste Schicht der Hindu-Gesellschaft repräsentieren. Allmählich nehmen die Ufer Konturen an, und dann ist er in seiner ganzen Größe zu sehen, der Fluss der Flüsse: der Ganges – Lebensader Nordindiens, Müllkippe und größtes Heiligtum zugleich. Frauen in bunten Saris stehen bis zu den Hüften im Wasser, waschen Wäsche und sich selbst. Gleich daneben treibt ein Bauer seine Ochsen zur Tränke. Etwas abseits vollzieht ein Flechthaar-Asket seine rituelle Waschung, indem er immer wieder in den trüben Fluten der Ganga untertaucht.
Träge windet sich der mächtige Strom, der nach Hindu-Glauben als eine Träne Vishnus vom Himmel herabgetropft ist, auf die Stadt Varanasi (Benares) zu, deren Silhouette nur schemenhaft zu erkennen ist. Mit ihren Ghats, den Einäscherungs- und Badeplätzen, die das Ufer säumen, lebt sie seit jeher vom Nimbus der Heiligkeit dieses Flusses.
Die Straße, der wir folgen, verlässt nun den Ganges. Sie führt an kleinen Dörfern vorbei, die von schachbrettartig angelegten Feldern umgeben sind. Bauern sind darauf zu sehen, die Wasserbüffel statt Maschinen vor die Pflüge gespannt haben. Am Straßenrand parken Rikschas. Die Fahrer schlafen noch. Zusammengekrümmt, nur in dünne Baumwolltücher gewickelt, um sich notdürftig gegen die Nachtkälte zu schützen, liegen die spindeldürren Gestalten auf den Sitzbänken ihrer Gefährte. Nach ein paar Kilometern biegt der Fahrer in eine schmale, von Marktständen gesäumte Gasse ein. Grelle Leuchtreklametafeln blinken auf, die auf so vielversprechende Örtlichkeiten wie »Nirvana Lodge« oder »Golden Buddha Guest House« hinweisen.

Kapitel 1

Der Prinz, der zum Buddha wurde

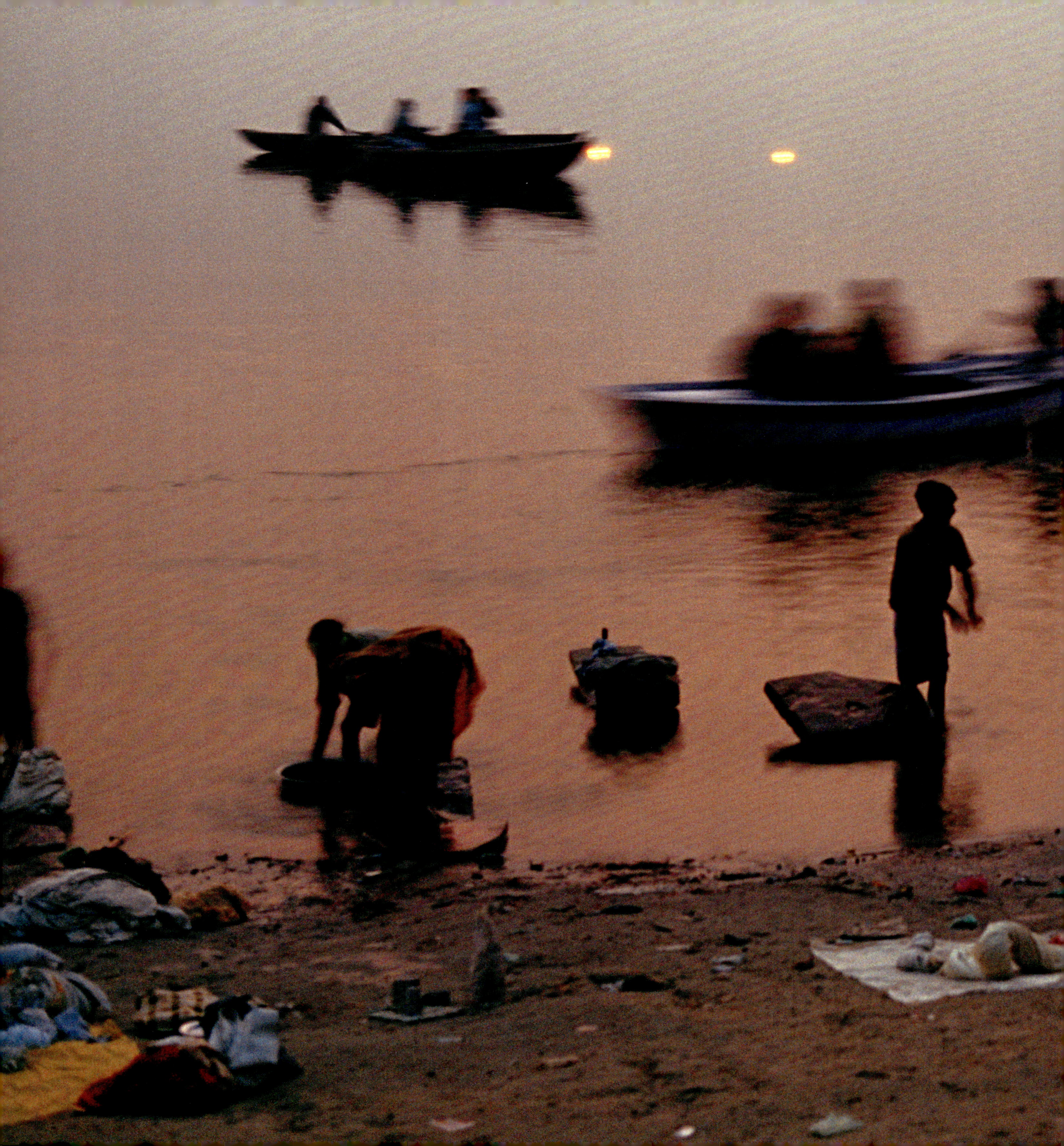

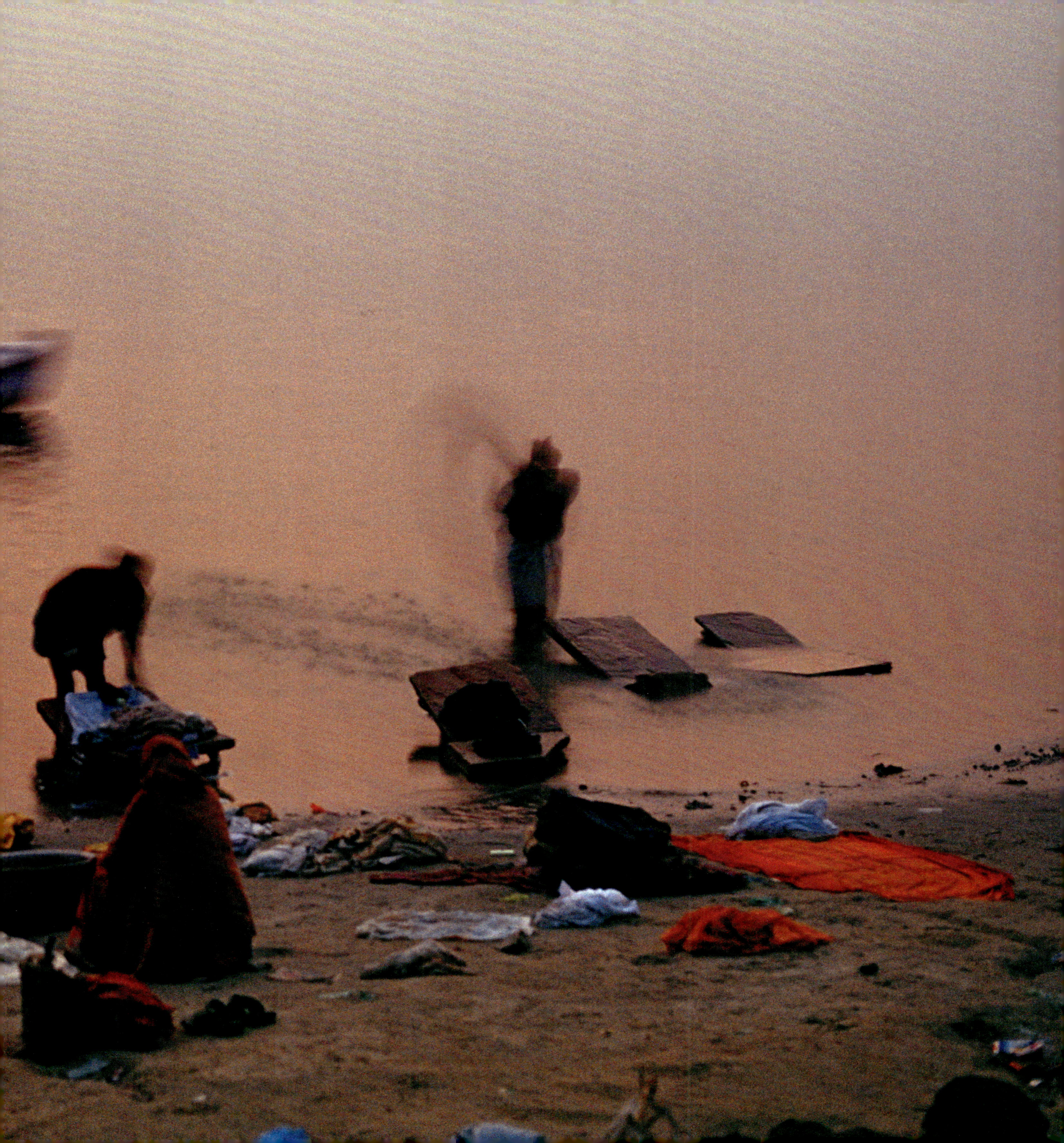

Vorhergehende Doppelseite: Die Ganga (Ganges), die »Mutter« Indiens, ist ein Heiligtum für Lebende und Tote, sie ist aber auch öffentliches Badezimmer, Wäscherei und Müllkippe.

Bild unten: Pilger opfern frische Lotosblüten an einem Stein in Bodh Gaya, an dem Buddhas Fußabdruck eingemeißelt ist. Diese Form, die Gegenwart des Buddha anzudeuten, geht auf jene Zeit zurück, als es noch verpönt war, den Erleuchteten bildlich darzustellen.

Bild rechts: Bewohner der Stadt Varanasi (Benares) kommen frühmorgens an die Ufer des Ganges, um sich selbst und ihre Wäsche zu waschen.

Weniger aufdringlich sind die Namensschilder der zahlreichen Klöster und Tempel, die versteckt hinter Mauern oder unter mächtigen Mango- und Tamarindenbäumen liegen. Und immer wieder ist ein Rad mit vierundzwanzig Speichen zu sehen, manchmal von zwei Gazellen flankiert, und darunter Schriftzüge in den verschiedensten Sprachen Asiens.

Obwohl noch früh am Tag, herrscht hier bereits Hochbetrieb. Es ist die Stunde der Pilger. Sie kommen zu Fuß oder auf Fahrradrikschas daher und in ihren Gesichtern und Trachten spiegelt sich die Völkervielfalt Asiens wider. Der größte Teil von ihnen sind Mönche und Nonnen verschiedener buddhistischer Glaubensgemeinschaften. Man erkennt sie an den kahl geschorenen Häuptern und den orangegelben, roten, weißen, grauen und schwarzen Gewändern. Neben Ordensvertretern aus Thailand, Birma, Japan und Korea sieht man auffallend viele Tibeter in ihren dunkelroten Mönchsroben. Sie sind zu Tausenden im Gefolge des Dalai Lama gekommen, der auf einem mehrere Fußballfelder großen Freigelände öffentliche Belehrungen gibt.

Doch zu dieser Stunde streben alle einem gemeinsamen Ziel zu, dessen Umrisse bereits aus weiter Entfernung zu erkennen sind. Am Ende der Straße erhebt sich, alles überragend, ein vierundvierzig Meter hoher und im Sockeldurchmesser siebenundzwanzig Meter dicker Rundturm aus roten gebrannten Ziegeln. Das gewaltige, nach oben hin verjüngende Bauwerk befindet sich auf dem Gelände eines umzäunten archäologischen Parks. Mit dem Durchschreiten des Tores betritt man eine andere Welt. Plötzlich ist es vorbei mit der lauten und geschäftigen Betriebsamkeit, statt dessen umgibt einen ehrfürchtige Stille und der Duft von verbranntem Räucherwerk erfüllt die Luft. Überall im Umkreis des Rundbaus sieht man Mönche und Nonnen sitzen, einzeln oder in kleinen Gruppen, schweigend, den Blick in meditativer Versenkung nach innen gekehrt. Andere verrichten Niederwerfungen oder vollziehen rituelle Umwandlungen. Es ist, als wäre der Buddha selbst hier gegenwärtig, in den Augen vieler Gläubiger ist er es auch, jedenfalls sein erleuchteter Geist.

Die erste Lehrrede

Lebendig ist in jedem Fall sein Vermächtnis, die Lehre, die er vor mehr als 2500 Jahren an dieser Stelle offenbart hat. Archäologen haben hier eine Votivplatte gefunden, die den Rundbau als Dharmacakra-Stupa bezeichnet. Der Sanskritbegriff bedeutet »Rad der Lehre«. Damit war bewiesen, was für die Buddhisten schon längst unumstößliche Tatsache war, dass das Bauwerk nämlich jene Stelle im Gazellenhain von Sarnath (Isapatana) markiert, an der der Buddha jene berühmte erste Lehrrede, nämlich das »Sutra vom Andrehen des Dharma-Rades«, hielt und damit die Geburtsstunde des Buddhismus einläutete.

Das epochale Ereignis wird von der Mehrheit der Fachgelehrten auf die Vormonsunzeit des Jahres 528 v. Chr. datiert. Der Buddha war damals fünfunddreißig Jahre alt. Zuvor hatte er nach langem Ringen die befreiende Erkenntnis erlangt, die Bodhi, die Erleuchtung, die ihn vom Heilssucher zum Buddha, zum Vollkommenen, hatte werden lassen. Noch unschlüssig darüber, ob sich seine komplexe Lehre überhaupt für die Welt eignete und er sie nicht für besser sich behalten sollte, war er vom Ort seiner Erleuchtung nach Sarnath gewandert. Hier traf er fünf seiner ehemaligen Weggefährten aus der Zeit seines Asketendaseins wieder, die sich einstmals von ihm entrüstet abgewandt hatten, nachdem er die Askese als nicht zum Heil führend aufgegeben hatte. Als sie nun der inneren Gelöstheit und der Ausstrahlung des zum Buddha Gewordenen gewahr wurden, kamen sie nicht umhin, ihm ihre Ehrerbietung zu erweisen. Dennoch hegten sie Zweifel, ob ihr ehemaliger Kamerad tatsächlich gefunden hatte, was sie durch jahrelange Askese vergeblich gesucht hatten. »Wie kann es sein«, fragten sie, »dass jemand, der die Askese zugunsten des Überflusses verworfen hat, die Einsicht gewinnt?« Der Buddha klärte sie darüber auf, dass er nun keineswegs dem Leben purer Sinnesfreuden verfallen sei. Doch er habe erkannt, dass keines der Extreme, weder asketischer noch üppiger Lebenswandel, zum Ziel führe, und stellte seine Einsichten als Mittleren Weg dar. Daraufhin setzte er zu jener ersten Lehrrede an, deren Essenz im Pali-Kanon, der ältesten Aufzeichnung der Worte Buddhas, folgendermaßen wiedergegeben wird:

Dies ist die *Edle Wahrheit vom Leiden:*
Geburt ist leidhaft, Alter ist leidhaft, Krankheit ist leidhaft, Tod ist leidhaft; Trauer, Jammer, Schmerz, Gram und Verzweiflung sind leidhaft; mit Unliebem vereint sein ist leidhaft, von Liebem getrennt sein ist leidhaft; Begehrtes nicht erlangen ist leidhaft; kurz: die »Fünf Aneignungsgruppen« (Körper, Sinnesempfindungen, Wahrnehmungen, Geistesregungen, Bewusstsein) sind leidhaft.

Dies ist die *Edle Wahrheit von der Leidensentstehung:*
Es ist die Wiedergeburt bewirkende, wohlgefällige, mit Leidenschaft verbundene Gier, die hier und dort Gefallen findet, die Gier nach Lust, die Gier nach Werden, die Gier nach Vernichtung.

Der Prinz, der zum Buddha wurde

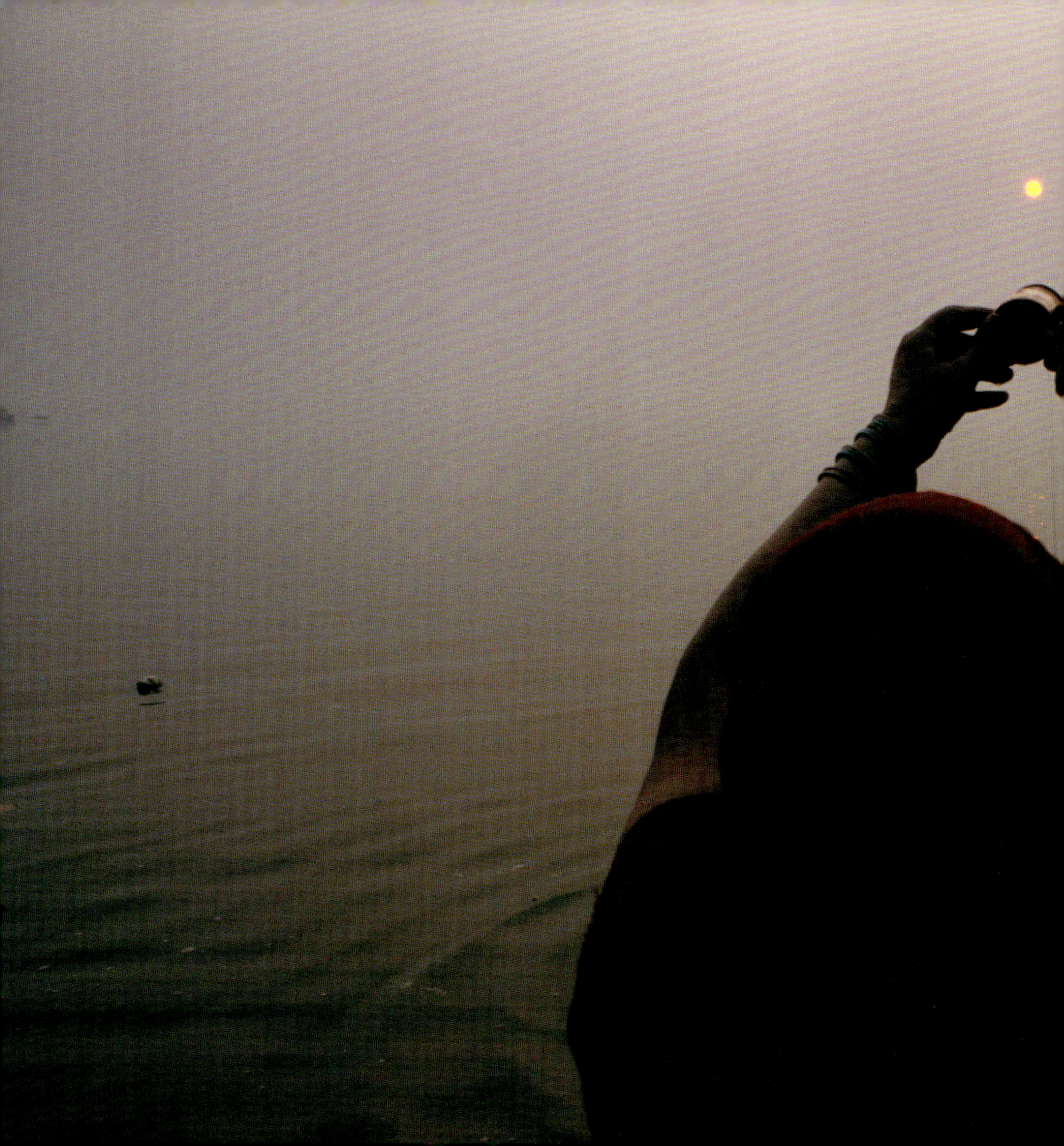

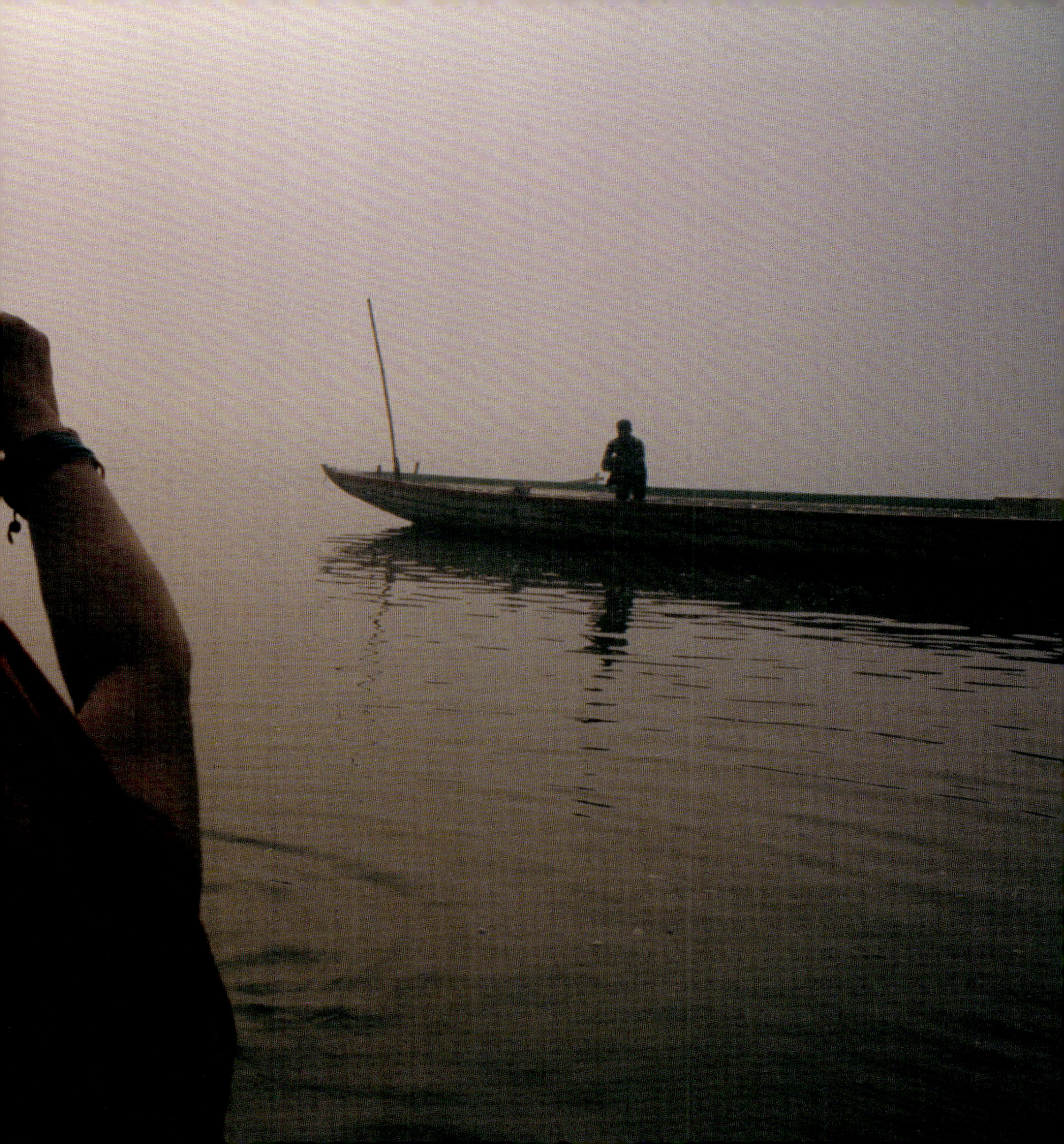

Vorhergehende Doppelseite: Hindu-Frau bei der morgendlichen Opferzeremonie an einem der Ghats von Varanasi. Gegen die aufgehende Sonne gewandt, gießt sie zuvor geschöpftes heiliges Ganges-Wasser in den Fluss.

Bild unten: Rund um den Mahabodhi-Tempel von Bodh Gaya gibt es zahlreiche Buddha-Bildnisse, Schreine und Nischen, vor denen Pilgermönche und Laiengläubige in stiller Andacht verharren, in der Hoffnung, der Ort von Buddhas Erleuchtung werde das eigene Erleuchtungsstreben begünstigen.

Bild rechts: Ein Mönch hat sich vor einem der Buddha-Schreine, die den Mahabodhi-Tempel von Bodh Gaya säumen, in meditativer Versenkung niedergelassen.

Dies ist die *Edle Wahrheit von der Aufhebung des Leidens:*
Die restlose Aufhebung, Vernichtung, Aufgabe, Verwerfung, das Freigeben und Ablegen dieser Gier.

Dies ist die *Edle Wahrheit von dem zur Leidensaufhebung führenden Wege:*
Es ist der *Achtfache Pfad*, nämlich:
rechte Ansicht,
rechter Entschluss,
rechte Rede,
rechtes Verhalten,
rechter Lebensunterhalt,
rechte Anstrengung,
rechte Achtsamkeit,
rechte Meditation.

Mit diesen knappen Worten legte er den staunenden fünf Asketen die Grundzüge seiner Lehre dar.

Es ist die Überzeugung des Buddha, so wie aller in Indien entstandenen Religionen, dass das Dasein leidhaft ist und infolgedessen es oberstes Ziel sein muss, diesem Leiden bzw. weiteren leidvollen Wiedergeburten zu entrinnen. In der Wahrheit vom Leiden, der ersten der Vier Edlen Wahrheiten, wird dies nüchtern festgestellt, wie ein Arzt, der bei einem Patienten eine Krankheit diagnostiziert. Wobei der Begriff »Leiden« den Zustand der Unerlöstheit definiert und somit auch die freudigen Daseinszustände einschließt, die einem im Leben widerfahren. Doch diese sind nicht beständig, sie unterliegen dem Gesetz des Werdens und Vergehens und sind letztendlich ebenfalls leidvoll.

Frei von Leiden kann nach der Auffassung des Buddha nur sein, was beständig ist. Doch nichts in der Welt erfüllt diesen Anspruch. Vehement bestritt er, dass dem Menschen ein Ich oder eine Seele innewohnt, die den Tod überdauert und dann von einer Existenz zur nächsten wandert.

Die individuelle Persönlichkeit, die durch die Ich-Identität definiert wird, ist nichts anderes als ein Wechsel- und Zusammenspiel von Impulsen und Konditionierungen.

Mit dieser Erklärung steht der Buddhismus im erstaunlichen Einklang mit moderner Gehirnforschung, die im Ich »nur eine der vielen möglichen kulturellen Realisationen von Kognition«, nur »eine von vielen Softwares« sieht, zu denen das Gehirn mit seinen über hundert Milliarden Nervenzellen befähigt ist.

Das Karma-Gesetz

Anders als die moderne Wissenschaft sah der Buddha einen kausalen Zusammenhang zwischen dem Ich-Bewusstsein und der Wiedergeburt.

Es gibt, so behauptete der Buddha, zwar Wiedergeburt, jedoch keine Seelenwanderung. Die Wiedergeburt der Wesen wird durch Konditionierung gesteuert, die dem Gesetz von Ursache und Wirkung, dem Karma-Gesetz also, unterliegt.

Diese Erkenntnis zwingt dem Menschen die totale Selbstverantwortung auf, denn jeder ist seines Glückes Schmied. Der Mensch kann durch seine Taten sein Karma verbessern oder auch verschlechtern und dementsprechend wiedergeboren werden. Wobei auch die beste Wiedergeburt noch keine Erlösung bedeutet.

Die Ursachen für die Wiedergeburt legt der Buddha in der Zweiten Edlen Wahrheit dar. Es ist die Gier, das Verlangen, der »Durst«, das ihn in Wiederverkörperungen zieht.

Zu einem späteren Zeitpunkt, als er seine Lehre weiter systematisiert hatte, kamen noch zwei weitere »Gifte« hinzu, nämlich Hass und Verblendung bzw. Unwissenheit.

In der Dritten Edlen Wahrheit, der von der Aufhebung des Leidens, benennt der Buddha das einzige Heilmittel, das Abhilfe schafft, dass nämlich Befreiung nur durch die Vernichtung dieser drei Gifte möglich ist – einschließlich der Gier nach dem Nirvana selbst. Übertriebener Eifer ist hinderlich und lässt den Zustand des Nirvana, das der Buddha seinen Schülern als ultimativen Lohn in Aussicht stellte, nicht eintreten. Als sie ihn einmal

Der Prinz, der zum Buddha wurde

Nur wenige Menschen gelangen zum anderen Ufer; die meisten rennen
Jene freilich, die dem Dharma folgen, wenn man sie gut darin unterwe
zu erreichenden, jenseits der Macht des Todes liegenden Ufer gelangen

fragten, wie er es geschafft habe, den Fluss des Leidens zu überqueren und das rettende Ufer zu erreichen, antwortete er: »Ohne Innehalten und ohne Ereiferung habe ich die Flut überquert. Als ich innehielt, versank ich, als ich eiferte, wurde ich herumgewirbelt.«

Demnach bedarf es der Beharrlichkeit und Absichtslosigkeit, um das Ziel zu erreichen. Wobei der Buddha alle Fragen und Spekulationen über die Beschaffenheit des Nirvanas zurückwies und es bei wenigen Andeutungen beließ: »Es gibt, Mönche«, so äußerte er sich einmal, »einen Bereich, wo weder Erde noch Wasser, nicht Feuer noch Luft sind … Eben dies ist das Ende des Leidens.«

Im Pali-Kanon wird Nirvana auf zweierlei Weise beschrieben: einerseits als unumkehrbarer Zustand, der nach Vernichtung der vorhin genannten Leidensfaktoren automatisch eintritt, andererseits als endgültiges Erlöschen nach dem Tod (Paranirvana). In einem Gespräch mit einem Wanderasketen erklärte der Buddha, mit dem vollkommen Erlösten verhalte es sich wie mit einem Feuer: Solange es brenne, wisse man, von welchem Brennmaterial es genährt werde, sobald es jedoch erloschen sei, könne niemand sagen, wohin die Flamme entschwand. Mit dem Eintritt ins Paranirvana ist das menschliche »Brennmaterial«, nämlich die Fünf Aneignungsgruppen, ebenfalls aufgezehrt. Im Pali-Kanon bleibt die Frage, ob, wie und wo ein vollkommen Erlöster weiterexistiert, unbeantwortet. Führerpersönlichkeiten des Buddhismus der Gegenwart haben dazu unterschiedliche Meinungen (siehe Interviews).

Im Laufe der fünfundvierzig Jahre, die dem Buddha vom Zeitpunkt seiner ersten Lehrrede bis zum Tod blieben, griff er immer wieder einzelne Aspekte dieser Vier Edlen Wahrheiten auf, um sie seinen Anhängern tiefgreifender zu erläutern. Bei einer solchen Gelegenheit ging er auch auf die Karma-Lehre ein. Dabei gibt sich der Buddha nicht nur als scharfsinniger und origineller Denker zu erkennen, sondern auch als profunder Menschenkenner und guter Psychologe. Die Lehre von der Wiedergeburt und selbst die Bedeutung des Karmas hatte der Buddha bereits in der indischen Tradition vorgefunden. Diese Vorstellungen sind schon in den Upanishaden formuliert. Sein Verdienst ist es, sie weiterentwickelt und verfeinert zu haben. Nicht die Tat an sich, so argumentierte der Buddha, hinterlasse karmische Spuren, sondern die Motivation, die Tatabsicht, ist für die karmischen Auswirkungen entscheidend. Indem der Buddha die Wirksamkeit der Taten in den geistigen Bereich verlagerte, lieferte er eine schlüssige Erklärung zur Wirkungsweise des Karma. Denn kein Mensch kann im Leben auf Taten verzichten, und wenn jede Tat – gute wie schlechte – karmische Früchte hervorbringen und damit unweigerlich eine Verstrickung, die zu weiterer Wiedergeburt führt, zur Folge hätte, gäbe es ja kein Entrinnen, wäre keine endgültige Befreiung möglich. Indem er all jene Handlungen, die ohne Verlangen und von altruistischen und reinen Gedanken getragen sind, als frei von Anhaftung qualifizierte, zeigte der Buddha den Weg auf, wie es gelingt, im Leben ohne karmische Verstrickungen zu agieren.

»Welche Tat«, so belehrte er einmal seine Mönche, »ohne Begehren, ohne Hass und ohne Verblendung getan worden ist, diese Tat wird aufgehoben, an der Wurzel abgeschnitten, einer entwurzelten Palme gleichgemacht, am Werden gehindert, zukünftig nicht dem Gesetz des Werdens unterworfen.«

Der Mönchsorden

Noch während der Buddha seine erste Lehrrede in Sarnath hielt, so überliefert der Pali-Kanon, erlangte Kondanna, einer der fünf Asketen, die vollkommene Befreiung. Kurz darauf bat er den Buddha, ihn als Schüler aufzunehmen. Mit den Worten: »Komm, Mönch, gut erklärt ist die Lehre, führe ein Leben in Reinheit, um des Leidens Ende zu verwirklichen!«, nahm er den Bittsteller als

28   *Kapitel 1*

veiter am diesseitigen Ufer auf und ab.
en hat, werden zum anderen, schwer

Tibetische Mönchsschüler auf Pilgerschaft in Bodh Gaya. Einer von ihnen hält ein Blatt des Bodhi-Baumes in Händen, das von jenem Nachfahren des Baumes stammt, unter dem Buddha hier einst Erleuchtung fand.

Kapitel 1

In Bodh Gaya trifft sich die buddhistische Welt. Mönche verschiedener Schultraditionen meditieren gemeinsam in einem Wald von Stupas, die den Mahabodhi-Tempel umgeben.

Mönch an. Mit diesem Akt begründete der Buddha den bis heute lebendigen Mönchsorden. Kodanna war somit der erste ordinierte Mönch in der Geschichte des Buddhismus. Einige Tage später folgten auch die vier anderen Asketen seinem Beispiel. Wenn man der Überlieferung glauben schenken darf, dann sind die fünf nicht nur die ersten Mönche des Buddha, sondern gleichzeitig auch die ersten Arhats – Heilige –, die gleich dem Buddha zu Lebzeiten die Befreiung erlangten, mit dem einzigen Unterschied, dass der Buddha dies mit eigener Kraft, durch Selbsterkenntnis schaffte, während sie die Befreiung erst durch Belehrungen verwirklichten.

Nachdem der Buddha beschlossen hatte, die bevorstehende Regenzeit in Sarnath zu verbringen, errichteten die Mönche eine einfache Laubhütte, in der sie Unterschlupf fanden. An jener Stelle ist Jahrhunderte später ein Kloster entstanden, dessen Reste ebenfalls von den Archäologen freigelegt wurden. Von den Bauten sind nur noch die Grundmauern erhalten. Nach Angaben des chinesischen Pilgermönchs Xuanzang, der im 7. Jahrhundert hier vorbeikam, hatte der Tempelturm eine Höhe von sechzig Metern und in der Versammlungshalle stand ein riesiger metallener Buddha. Heute trifft man hier häufig Mönche aus Thailand, Birma oder Sri Lanka an, die die Säulenstümpfe des alten Tempels als »Meditationskissen« benutzen.

König Ashoka

Einstmals gab es neben dem Dharmacakra- oder Dhamekh-Stupa noch ein weiteres Bauwerk diesen Typs, das wie die beiden Stupas ebenfalls auf König Ashoka (regierte ca. 268 v. Chr.–232 v. Chr.) zurückgeht, der wie kein anderer indischer Herrscher den Buddhismus förderte. Es stand südlich des Klosters und wurde wie dieses mutwillig zerstört. Was noch übrig war, ließ im Jahre 1794 der Raja von Benares zur Gewinnung von Baumaterial abtragen. Dabei kam ein Behältnis aus grünem Marmor zum Vorschein, das Ascheüberreste des Buddha enthielt. Offenbar hatte König Ashoka diese vom Sterbeort des Buddha hierher schaffen lassen, damit auch der Platz seiner ersten Lehrrede einen Anteil an den Buddha-Reliquien erhielt. Der Raja verfuhr damit nach gängiger Hindu-Praxis: Er ließ sie zeremoniell in den Ganges streuen.

So wenig von den Bauwerken aus der Zeit Ashokas erhalten ist, sein Schrifttum hat erstaunlicherweise die Wirren der Zeit überdauert. Der Herrscher ließ in seinem ganzen großen Reich Steinsäulen anbringen, die Verordnungen enthielten oder seine Untertanen zu besserem mo-

Der Prinz, der zum Buddha wurde

Tibetische Mönche bei einer Puja (Gebetszeremonie) vor dem Eingang zum Mahabodhi-Tempel in Bodh Gaya.

ralischen Verhalten anhielten, das er aus der Lehre Buddhas bezog. Eines dieser Ashoka-Edikte wurde westlich der Tempelruinen gefunden. Das Säulenkapitell mit den berühmten Löwenpaaren drauf, die heute die indische Nationalflagge zieren, befindet sich im örtlichen Museum. Am Fundort verblieben ist nur der untere Teil des Säulenschafts. Das darauf eingemeißelte Edikt richtet sich an die buddhistischen Mönche und Nonnen. Es warnt sie vor Ordensspaltung und verfügt, dass jeder Schismatiker weiße Kleider tragen muss und den Sangha, die Ordensgemeinschaft, zu verlassen habe. Ashoka bestieg den Königsthron etwas mehr als zwei Jahrhunderte nach dem Paranirvana des Buddha. Offenbar muss es zu dieser Zeit bereits Tendenzen zur Ordensspaltung gegeben haben, die er kraft seiner Autorität zu Lebzeiten noch unterdrücken konnte – zu verhindern freilich vermochte er sie nicht.

Doch hier an dieser Geburtsstätte buddhistischer Lehre ist nichts davon zu spüren. Die Mönche und Nonnen unterscheiden sich zwar in ihren Bekleidungsformen, Ritualen und sogar in den Wegen und Methoden ihrer buddhistischen Praxis, doch erscheinen die wie unbedeutende Äußerlichkeiten, nichts mehr als Lokalkolorit, das die Lehre auf ihrem Weg durch die Zeiten, Länder und Kulturen angenommen hat. Hier wird das Verbindende offenbar, die Essenz, die bei allen die gleiche ist, nämlich der Inhalt jener ersten Lehrrede, die der Buddha an diesem Ort gehalten hat. Es ist, als hätte es die 2500 Jahre danach nicht gegeben: die kleinmütigen Streits um Ordensregeln, den Disput um die Lehrauslegung und schließlich die Spaltung zwischen den Anhängern des Theravada und Mahayana ...

Indien zur Zeit Buddhas

Der Buddha verbrachte mit seinen Mönchen die Regenzeit des Jahres 528 v. Chr. in Sarnath. Dass er dies nicht in der nur acht Kilometer entfernten Stadt Benares tat, mag erstaunen, hatte jedoch gute Gründe. Mit seinen geschätzten 120.000 Einwohnern zur Buddha-Zeit mutet Benares (heute Varanasi) verglichen mit der Millionenbevölkerung und der heutigen Ausdehnung eher wie ein Dorf an, doch schon damals war der Ort ein Zentrum für Handel und Gewerbe. Die feinen Textilien, die in den Manufakturen hergestellt wurden, waren in ganz Indien bekannt, außerdem stand die Stadt bereits zur Zeit Buddhas im Ruf großer Erlösungswirksamkeit, wenngleich noch nicht in dem Maße wie später in hinduistischer Zeit. Man muss sich vorstellen, die klassische indische Mythologie mit dem Ramayana, Mahabharata und der Bhagavad Gita war noch nicht geboren, Shiva nur ein unbedeutender Gott am Rande und die Brahmanen noch nicht die höchste gesellschaftliche Kaste. An den Ghats, den Bade- und Einäscherungsplätzen am Gangesufer, gab es weder gemauerte Treppen noch jene Bauarchitektur, die wir heute als indientypisch empfinden. Doch schon damals hatten die Brahmanen in der Stadt das Sagen. Sie waren die Hohen Priester, Advokaten und Profiteure des vedischen Opferkultes. Auch damals schon lebte ein großer Teil der Bewohner vom Geschäft mit den Heilsuchenden, den Pilgern, die die Stadt besuchten, oder jenen, die zum Sterben und zur Einäscherung hierherkamen. Ganze Handwerkszweige waren mit der Herstellung von Kultgeräten und Devotionalien beschäftigt. Eine beträchtliche Zahl von Benaresern verdingte sich ihren Lebensunterhalt als Nepper, Schlepper und Bauernfänger.

Den Wanderasketen und Medikanten, die vor der Stadt lagerten, ketzerische Reden führten und in Scharen zu Almosengängen kamen, standen die Bewohner kalt und abweisend gegenüber. Mehr noch als die Bürger waren die Brahmanen gegen die Wanderprediger eingenommen. Sie empfanden sie, gelinde gesagt, als geschäftsstörend und nutzten jede Gelegenheit, gegen sie Stimmung zu machen.

In der Tat stand Buddhas Lehre diametral im Gegensatz zur vedischen Religion. Ganz abgesehen davon, dass er die Existenz einer unsterblichen Seele leugnete, polemisierte er auch gegen den exzessiven Opferkult. Dem Brahmanen Sundarika-Bharadvaja, der an die Läuterungswirkung von Feuer glaubte, trat er mit folgenden Worten entgegen: »Doch nicht, o Brahmane, durch Legen von Brennholz erlangst du Reinheit. Nur äußerlich ist dies. Wer Läuterung anstrebt mit äußeren Mitteln, der wird nicht geläutert.«

Einen anderen Brahmanen, der morgens und abends mit dem erklärten Ziel badete, seine Verfehlungen des Tages bzw. der Nacht damit abzuwaschen, forderte er auf, lieber in reinen Taten zu baden, denn kein Wasser könne einen von verwerflichen Taten wieder reinwaschen.

Während Wasser- und Feueropfer in seinen Augen zwar wertlos waren, allerdings auch niemandem schadeten, verhielt es sich mit den blutigen Tieropfern anders: Das Hinschlachten unschuldiger Opfertiere als Kompensation für menschliche Verfehlungen verletzte den Gerechtigkeitssinn und die Ethik des Buddha. Für ihn waren Tiere vollwertige Mitwesen, denen sein Mitgefühl und seine Liebe genauso galt wie den Menschen. Allein schon das Schlachten von Tieren zum Zwecke der menschlichen Ernäh-

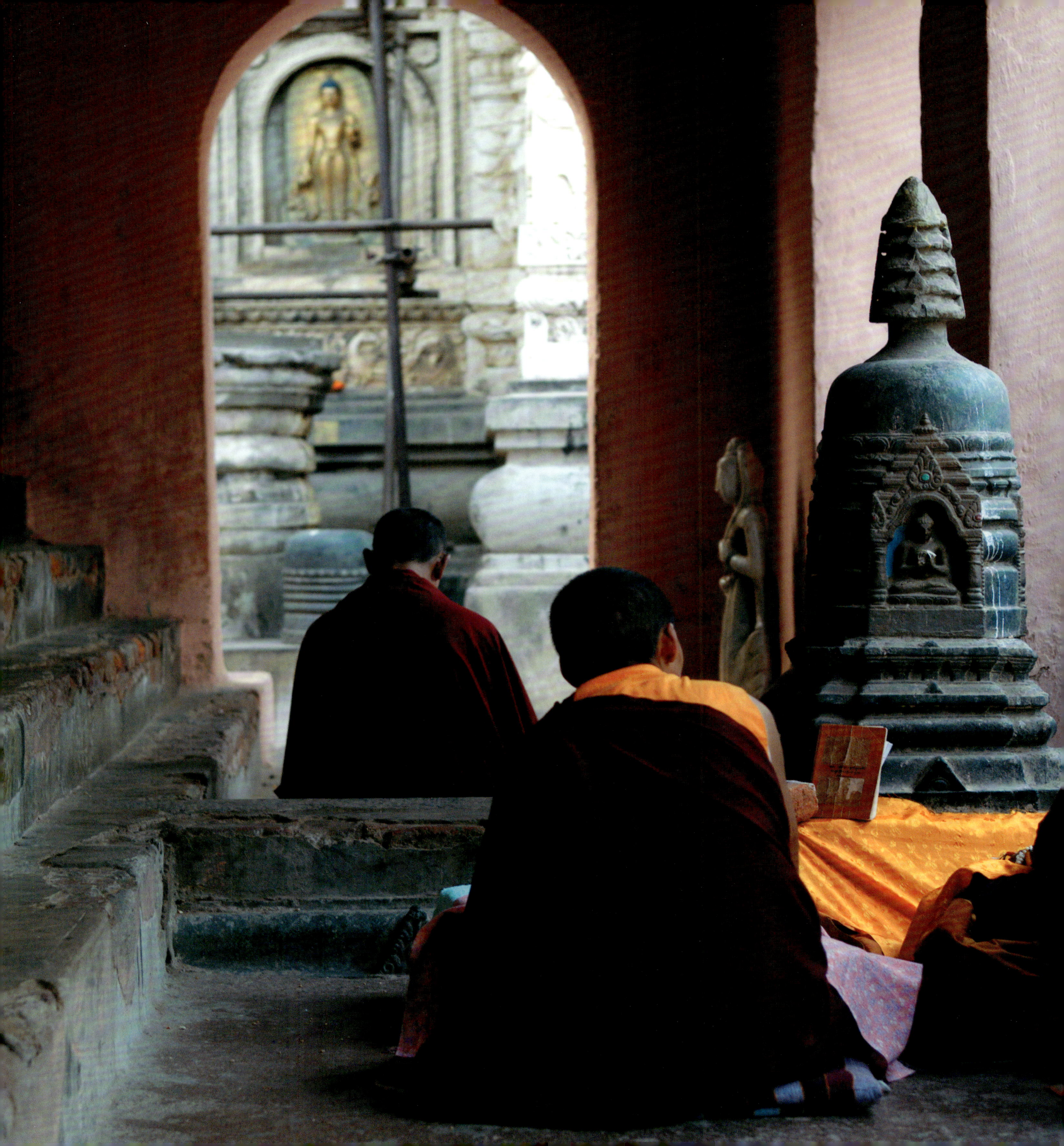

Koreanische Mönche vollziehen eine Gehmeditation um den Mahabodhi-Tempel in Bodh Gaya. Der Baum im Hintergrund gilt als Ableger jenes Bodhi-Baumes, unter dem Buddha einstmals Erleuchtung fand.

rung stieß ihn ab. Wohl wissend, dass sich ein genereller Vegetarismus nicht durchsetzen ließ, durften seine Mönche fleischliche Nahrung dann nicht annehmen, wenn das betreffende Tier eben zu diesem Zweck getötet worden war.

Doch es war nicht allein die ablehnende Haltung gegenüber dem vedischen Opferkult, die die orthodoxen Brahmanen gegen den Buddha mobilisierte, hinzu kam noch seine antiritualistische Einstellung.

Zwar gab es auch in der Mönchsgemeinschaft des Buddha Rituale, doch sie zielten darauf ab, das Zusammenleben zu regeln. In Bezug auf Heilswirksamkeit hingegen sprach der Buddha ihnen jede Berechtigung ab.

Ein anderer Wesenszug der Brahmanen, der dem Buddha missfiel, war deren Auserwähltseins- und Überlegenheitsdünkel. Zu einem echten Brahmanen, so betonte der Buddha, werde man nicht durch Geburt, sondern allein durch ethisches Verhalten. Auf die Frage eines seiner Mönche, welche Qualitäten den echten Brahmanen auszeichnen, antwortete er: »Die schlechten Eigenschaften abgetan und voll besonnen wandeln ihre Bahnen, die geistig wach sind und von Fesseln frei: Sie nennt man hier in dieser Welt Brahmanen.«

Auch in diesen Worten gibt sich der Buddha wieder als radikaler Heilspragmatiker zu erkennen, der die individuelle Erkenntnisfähigkeit und deren Verwirklichung in den Vordergrund stellt. Die Autorität von hierarchischen Strukturen und Traditionen weist er zurück. Sie sind für ihn nur Ballast, hinderliche Fesseln auf dem Weg zur Befreiung, die es abzustreifen gilt.

»Richtet euch nicht nach Hörensagen und Überlieferung«, ermahnte er einmal seine Schüler, »nicht nach landläufigen Meinungen und der Autorität von Schriften, nicht nach Spekulationen und Schlussfolgerungen, nicht nach sinnfälligen Theorien und lieb gewordenen Ideen, nicht nach dem Eindruck persönlicher Vorzüge und nicht nach der Autorität eines Meisters! Nur wenn ihr selbst erkennt: Diese Dinge sind heilsam, annehmbar, führen, wenn verwirklicht, zu Heil und Glück – dann solltet ihr sie euch zu eigen machen.«

Mit dem Ende der Regenzeit ging auch die Periode der jährlichen Sesshaftigkeit zu Ende. Der Buddha begab sich wieder auf Wanderschaft, doch nicht mehr allein wie zuvor, sondern in Begleitung einer wachsenden Anhängerschaft. Das Jahr 528 v. Chr. hatte nicht nur den Durchbruch in seinem Ringen nach Erkenntnis gebracht, sondern ihn auch zum Gründer und Oberhaupt einer ganzen Bewegung gemacht.

Verglichen mit dem späteren Verbrei-

Tibetische Mönche verrichten Niederwerfungen zwischen den zahlreichen Stupas, die den Mahabodhi-Tempel in Bodh Gaya umgeben.

Der Prinz, der zum Buddha wurde

36 *Kapitel 1*

Eine Prozession koreanischer Mönche nähert sich dem Eingang des Mahabodhi-Tempels in Bodh Gaya durch fortwährende Niederwerfungen.

tungsgebiet seiner Lehre, war es lediglich ein winziger Raum, in dem der Buddha wandelte und seine Einsichten verkündete. Das heilige Land des Buddhismus ist nicht viel größer als sechshundert mal dreihundert Kilometer und erstreckt sich von der Ganges-Ebene bis zu den Vorbergen des Himalaya. Zur Zeit des Buddha gab es in diesem Gebiet drei Königreiche mit den städtischen Zentren Benares (heute Varanasi), Pataliputta (heute Patna) und Prayaga (heute Allahabad). Südlich des Ganges befand sich das Königreich Magadha, auf dessen Territorium sowohl der Ort von Buddhas Erleuchtung (Uruvela bzw. Bodh Gaya) als auch der seines Todes (Kushinara) lag. Im Westen schloss sich daran das kleine Reich Vamsa an, dessen König ein ausschweifendes Leben führte und von Buddhas Heilslehre nichts wissen wollte. Dennoch fand der Buddha im Kreise von dessen Untertanen eine Anhängerschaft, doch sie stellte in Bezug auf Ordensdisziplin nicht gerade ein Ruhmesblatt dar. Als der Buddha im Jahre 520 v. Chr. in Kosambi, der Hauptstadt des Reiches, eintraf, fand er einen der Mönche vor den Toren der Stadt liegend, total betrunken. Er hatte sich bei seinem morgendlichen Almosengang die Bettelschale bei jedem Haus mit Palmwein füllen lassen und war beim Herannahen des Buddha außerstande, sich zu erheben.

Der Vorfall veranlasste den Meister, ein Alkoholverbot für seinen Orden zu erlassen. Den Autoren des Pali-Kanon wäre es ein Leichtes gewesen, die für den Sangha peinliche Episode zu eliminieren, dass sie es nicht taten, spricht für ihr Bemühen, das mündlich überlieferte Buddha-Wort wahrheitsgetreu aufzuzeichnen.

Das Leben des Buddha

Nördlich des Ganges lag das mächtige Königreich Kosala mit Sarnath und der Pilgerstadt Varanasi. Dem Kosala-König untertan war auch das Gebiet des Shakya-Fürstentums, das sich im Norden anschloss und heute von der indisch-nepalischen Grenze durchschnitten wird. Dem Shakya-Adel entstammte der Buddha, genauer gesagt war er der Sohn des Raja Suddhodana, der als Primus inter Pares diesem vorstand. Kapilavatthu, der Sitz des Raja, war zwar der Heimatort des Buddha, nicht jedoch sein Geburtsort. Der Überlieferung zufolge soll sich seine Mutter Maya auf dem Weg in ihr Elternhaus befunden haben, als die Wehen einsetzten. Notgedrungen erfolgte die Geburt ohne fachkundigen Beistand im Freien unweit des Dorfes Lumbini. Prinz Siddhartha erblickte, nur beschirmt von der Krone eines Sala-Baums, im Mai des Jahres 563 v. Chr. das Licht der Welt.

Der Prinz, der zum Buddha wurde

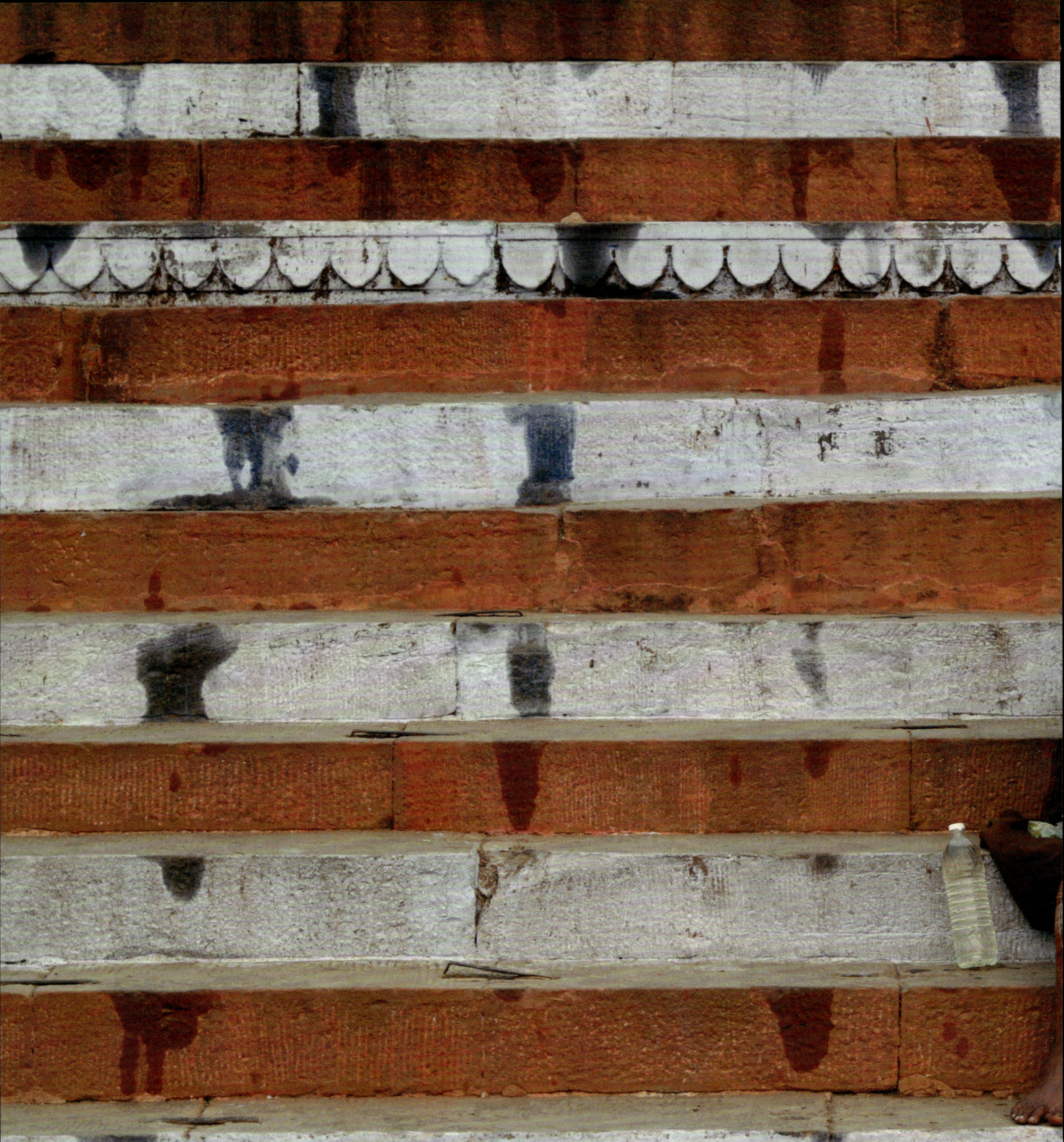

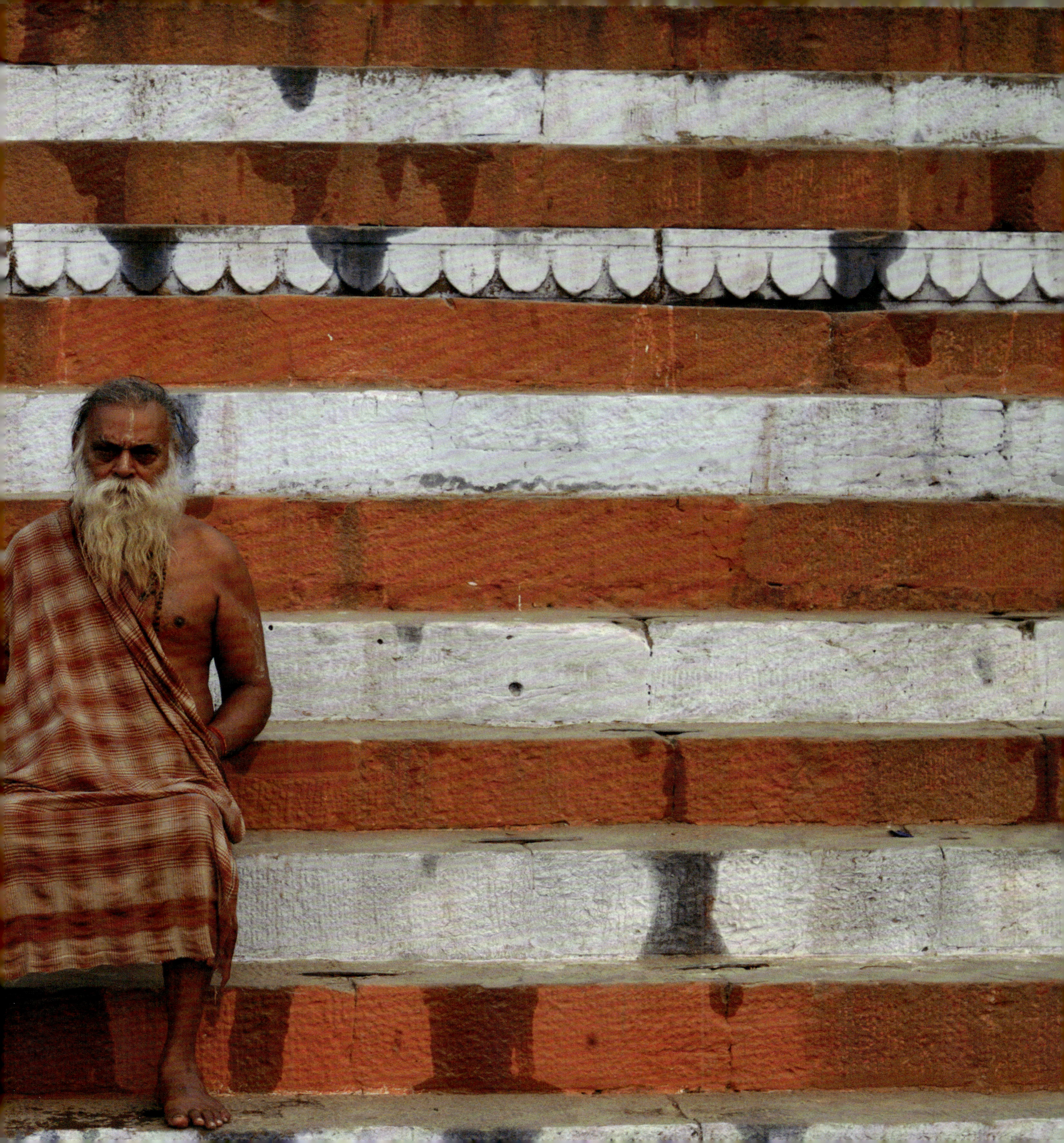

Vorhergehende Doppelseite: Indischer Flechthaar-Asket (Sadhu) auf den Stufen des Kedar-Ghat am Ufer des Ganges in der den Hindus heiligen Stadt Varanasi (Benares).

Bild unten: Ein mit Tausenden kleiner Buddha-Bildnisse überzogener Stupa säumt den Zugang zum Mahabodhi-Tempel in Bodh Gaya.

Bild rechts: Das Rad der Lehre flankiert von zwei Gazellen erinnert an die erste Predigt des Buddha im Gazellenhain von Sarnath. Dieses Ereignis gilt den Buddhisten als erste Drehung des Rades der Lehre.

Die Freude in der Gautama-Familie über den Sprössling wurde bald überschattet durch den Tod von Maya. Sie starb nur acht Tage nach der Geburt ihres Sohnes. Dennoch wuchs der junge Prinz nicht ohne mütterliche Fürsorge auf. Pajapati, Mayas jüngere Schwester und Zweitfrau des Rajas, kümmerte sich um das Kind wie um ihren eigenen Sohn.

Gautama Siddharthas Geburt fiel in die Zeit einer kraftvollen religiösen Erneuerungsbewegung, die sich gegen die zum Ritualkult erstarrte vedische Religion richtete. Schon lange war das Feuer erloschen, das einstmals die indo-arischen Seher entflammt hatten und das sie befähigte, das Wissen (vedas) von den Göttern zu erlauschen und in Hymnen zu gießen. Diese Hymnen waren zwar nach wie vor Bestandteil vedischer Zeremonien, aber nur noch in Form mechanisch heruntergeleierter Formeln, während die Opferrituale selbst immer komplexere Züge annahmen. Den spirituell anspruchsvollen Indern konnte eine solche Religion auf Dauer nicht befriedigen und die Reaktion blieb nicht aus. Sie setzte bereits im 7. Jahrhundert ein und erreichte in der Zeit des Buddha ihren Höhepunkt. Es war eine unorganisierte Aufbruchbewegung, getragen von einer jungen intellektuellen Oberschicht, die nach neuen Heilswegen suchte. Viele von ihnen hatten ihr Leben in Wohlstand aufgegeben und waren in die Hauslosigkeit gezogen. Sie hausten in Wäldern oder zogen als Wandermedikanten (Samanas) durch die Lande und lebten von Almosen. Neben dem Verzicht auf Besitz und Familie waren wilder Haarwuchs und Nacktheit zumeist ihre äußerlichen Erkennungsmerkmale. Vielfältig wie die Skala der asketischen Übungen – das Repertoire reichte vom einfachen Fasten bis hin zur Selbstverstümmelung – waren auch die gesteckten Ziele. Manche glaubten, mittels Askese übernatürliche Fähigkeiten zu erlangen, andere strebten das Einswerden mit einer bestimmten Gottheit an oder sahen in der Erkenntnis des Absoluten ihr Endziel. Auch die Haine vor den Toren der Stadt Kapilavatthu waren von Samanas bevölkert und Siddhartha dürfte ihnen bei seinen Ausflügen schon früh begegnet sein. Es besteht kein Zweifel, dass er sich stark zu ihnen hingezogen fühlte. »Eng ist das Leben in der Häuslichkeit, dieser Stätte der Unreinheit, die Samanaschaft ist der freie Himmelsraum«, so drückte er später dieses Gefühl mit eigenen Worten aus.

Dass sich der Heranwachsende lieber philosophischen Grübeleien hingab als dem Erlernen des Kriegshandwerks, wie es sich für einen Raja-Sohn geziemt hätte, musste sein Vater Suddhodana mit Missfallen registriert haben. Siddharthas Desinteresse an Soldatischem ist in der Überlieferung genauso verbürgt wie sein Hang zur Reflexion. Als er das sechzehnte Lebensjahr erreicht hatte, beschloss sein Vater, ihn mit einer gleichaltrigen Kusine zu verheiraten. Die Ehe wurde – wie es zum Teil in Indien heute noch Brauch ist – über die Köpfe der Beteiligten hinweg arrangiert. Offenbar verlangte die Heiratsregel des Shakya-Clans, dass die Partner aus der Großfamilie stammten, denn auch Suddhodanas Ehefrauen, die Schwestern Maya und Pajapati, waren dem Verwandtschaftsgrad nach seine Kusinen. Sollte Suddhodana mit der frühen Verheiratung die Hoffnung verknüpft haben, sein grüblerischer Sohn würde sich nun stärker den weltlichen Dingen zuwenden, so wurde er enttäuscht. Zwar dauerte es noch mehr als ein Jahrzehnt, bis Siddhartha seine Pläne, sich der Samanabewegung anzuschließen, in die Tat umsetzte, doch ihn davon abzuhalten, vermochte er nicht.

Die Hauslosigkeit

Dass Siddhartha seinen Entschluss, in die Hauslosigkeit zu ziehen, nach vier Ausfahrten fällte, wobei er nacheinander einem Greis, einem Kranken, einem Toten und einem Mönch begegnete, die ihm die Vergänglichkeit und Leidhaftigkeit des Daseins vor Augen führten und ihm nahelegten, dass nur die Entsagung einen Ausweg biete, gehört ins Reich der Legende. Auch ist nicht anzunehmen, dass er sich bei Nacht und Nebel davonstahl, ohne seine Familie eingeweiht zu haben, wie der Pali-Kanon überliefert. Vielmehr legt der unmittelbare Auszug Siddharthas nach der Geburt seines Sohnes Rahula die Vermutung nahe, dass eine männliche Nachkommenschaft die Bedingung war, unter der ihn sein Vater letztendlich ziehen ließ. »Und ich, der ich jung war, im ersten Mannesalter, schor mir Haar und Bart, legte die gelben Gewänder an und zog aus dem Haus in die Hauslosigkeit hinaus«, mit diesen Worten schilderte später der Buddha seinen Mönchen diesen Moment. Zu diesem Zeitpunkt war er neunundzwanzig Jahre alt.

Zunächst wandte sich Siddhartha an diverse Gurus, die im Ruf standen, über höhere Einsichten zu verfügen, doch keiner von ihnen konnte seinen Anspruch, die befreiende Erkenntnis gefunden und verwirklicht zu haben, erfüllen. In kurzer Zeit hatte er sich ihre Lehren zu eigen gemacht und sie als nicht zum Erlösungsziel führend verworfen. Daraufhin beschloss er, es ohne fremde Hilfe zu versuchen. Vielleicht war ja der Weg der Askese der richtige. Um das harte Leben eines Asketen zu führen, zog er sich in einen Wald unweit der Garnisonsstadt Uruvela zurück. Doch statt geistiger Hö-

Der Prinz, der zum Buddha wurde   41

Überall an den Schreinen und Stupas in Bodh Gaya haben Pilger Lotosblüten als Zeichen der Verehrung für den Buddha und den Dharma dargebracht.

henflüge erwarteten ihn dort die Niederungen menschlicher Ängste. »Schwer zu ertragen ist die Wald-Einsamkeit«, gestand er später ein, »schwer ist es, im Alleinsein Freude zu finden … Wenn ich mich in den Nächten an solchen erschreckenden und beängstigenden Plätzen aufhielt und es streifte ein Tier vorbei oder ein Pfau brach einen Zweig oder der Wind raschelte im Laub, dann befielen mich Entsetzen und Angst.«

Erst mit der Zeit schaffte er es durch Selbstdisziplin, seine Furcht zu überwinden. Durch diesen Erfolg angespornt, glaubte er, auch die Erkenntnis willentlich durch Nachdenken erzwingen zu können. Doch so sehr er sich abmühte, seine Gedanken auf das große Ziel zu konzentrieren, nicht höhere Einsichten stellten sich ein, sondern Schweißausbrüche und Kopfschmerzen. Nachdem der intellektuelle Weg sich als Fehlschlag erwies, versuchte er es über den Körper. Der Pali-Kanon überliefert ein lebhaftes Bild vom Spektrum asketischer Selbsttorturen, denen er sich unterzog. Mal lief er nackt herum, mal hüllte er sich in Leichentücher oder trug Kleidung aus Grasgeflecht. Auch die Aufenthaltsorte ließen an Schaurigkeit nichts zu wünschen übrig. Eine Zeit lang pflegte er auf dem »kalten Hain« (Friedhof) zu schlafen oder kampierte auf dem Mist der Tiere. Im Sommer, wenn die Hitze am größten war, stellte er sich in die pralle Sonne, im Winter hingegen, wenn die Temperaturen unter den Gefrierpunkt sanken, schlief er ungeschützt im Freien. Gleichzeitig drosselte er seine Nahrungsaufnahme auf ein Minimum, sodass ihm vor Magersucht bereits die Haare ausfielen. Siddharthas extreme Askese wurde bald in der Umgebung bekannt, und da beim Volk bereits einer, der seine selbst auferlegten Übungen meisterte, als heilig galt, dauerte es nicht lange, bis sich ihm Bewunderer anschlossen. Es waren jene fünf Asketen, denen der Buddha später als Erstes seine Lehre verkünden sollte.

Noch war es jedoch nicht so weit. In der Überzeugung, über den Weg der Askese zur Wahrheit gelangen zu können, wenn man sie nur ernst genug betrieb, verstärkte er seine Anstrengungen, je länger der Erfolg ausblieb. Dass eine derartige Dosissteigerung zu schwerwiegenden gesundheitlichen Problemen führen musste, war nur eine Frage der Zeit. Seine eigenen Worte beschreiben diesen Zustand recht anschaulich: »Gleich dürren, welken Rohrknüppeln wurden meine Gliedmaßen, gleich einem Büffelhuf mein Gesäß und wie eine Kugelkette mein Rückgrat. Einem Bitterkürbis gleich, der, wenn angeschnitten, in der Sonne schnell dorrt und schrumpelt, so war meine Kopfhaut verdorrt und verschrumpelt.«

Schließlich war er so entkräftet, dem

Der Prinz, der zum Buddha wurde 43

Bild unten: Figur eines indischen Flechthaar-Asketen (Sadhu) beim Shiva-Tempel von Varanasi (Benares).

Bild rechts: Eine Laiengläubige aus Korea liest einer Nonne aus den Lehrreden Buddhas vor. Beide haben sich im Schatten eines Bodhi-Baumes vor dem Mahabodhi-Tempel in Bodh Gaya niedergelassen.

Hungertod nahe, dass er nicht einmal mehr imstande war, auf Nahrungssuche zu gehen. Erst jetzt kamen ihm Zweifel, ob er sich auf dem richtigen Weg befand. »Welche Samanas und Brahmanen je schmerzhafte, brennende, schneidende Gefühle empfunden haben, weiter als ich können sie nicht gegangen sein. Und doch gelangte ich mit dieser harten Askese nicht zum höchsten Ziel, zur wahrlich edlen Wissenserkenntnis. Müsste es nicht einen anderen Weg zur Erleuchtung geben?«

Der Weg zur Erleuchtung

Über diesen anderen Weg nachdenkend, erinnerte er sich an ein Kindheitserlebnis. Als sein Vater ihn einmal zur Feldarbeit mitnahm, war er lange Zeit im Schatten eines Rosenapfelbaumes gesessen und dabei unversehens in einen Zustand freudig-heiterer Versenkung geraten. Sollte womöglich diese Art der Kontemplation der richtige Weg sein? Da ein ausgemergelter Körper, der sich ständig meldete, dafür nicht taugte, gab er seine Askese zugunsten einer ausgeglichenen Lebensweise auf. Seine fünf Gefährten waren entrüstet. In ihren Augen war Siddhartha kein Vorbild mehr, denn er hatte sein Askese-Gelübde gebrochen. Enttäuscht wandten sie sich von ihm ab. Im Wald von Uruvela allein gelassen, ging Siddhartha daran, den neu erkannten Weg in die Tat umzusetzen. Dabei erwiesen sich die Meditationskenntnisse, die er bei den Gurus zuvor gelernt hatte, als hilfreich. Im Pali-Kanon ist von der Vierstufigen Versenkung die Rede, die den Boden für den Erkenntnisdurchbruch bereitete. Nachdem Siddhartha auf diese Weise seinen Geist gereinigt und geläutert hatte, richtete er ihn in der sogenannten ersten Nachtwache unter einem Baum auf die Bewusstwerdung früherer Inkarnationen.

»Ich erinnerte mich an mancherlei Vorexistenzen, die ich durchlebt hatte, nämlich an eine Geburt, an zwei, drei, vier fünf, zehn, zwanzig, dreißig, vierzig, fünfzig, hundert, tausend, hunderttausend Geburten, an mancherlei Weltperioden. Ich erkannte, dort war ich, so war mein Name, so meine Familie, meine Kaste, mein Lebensunterhalt, dieses Glück und Leid habe ich durchgemacht, so war mein Lebensende.«

In der darauffolgenden zweiten Nachtwache ging ihm die Erkenntnis von den kausalen Zusammenhängen von Taten und Wiedergeburt auf. Mit anderen Worten: Er erkannte das Karma-Gesetz und seine Konsequenzen.

»Mit dem Himmlischen Auge, dem klaren, über menschliche Grenzen hinausreichenden, sah ich, wie die Wesen vergehen und entstehen, sah ich hohe und

Der Prinz, der zum Buddha wurde   45

Bild unten: Vairocana, der »Strahlende«, auf einem Wandbild in der westtibetischen Klosterstadt Tsaparang. Das älteste Buch des tantrischen Buddhismus, das »Tantra der Geheimversammlung« (Guhyasamaja Tantra) stellt ihn – so wie Shakyamuni – in das Zentrum des Raum-Mandalas, allerdings auf der Ebene der transzendenten »Ur-Buddhas« (Adibuddha). Vairocana hat die linke Hand zur Ermutigungsgeste (Abhaya-Mudra) erhoben, während er die rechte Hand vom Körper wegstreckt – in der Andeutung des Fallenlassens weltlicher Genüsse.

Bild rechts: Dieses Wandbild aus Tsaparang (Westtibet) zeigt den Buddha beim vergeblichen Versuch, über den Weg extremer Askese zur Befreiung zu gelangen.

niedrige, glänzende und unscheinbare, wie ihnen je nach ihren Taten günstige oder ungünstige Wiederverkörperung zuteil geworden war.«

Schließlich, am Ende der dritten Nachtwache, als sich am Horizont im Osten bereits die Morgendämmerung ankündigte, drang sein Geist zur letzten Wahrheit vor, zur Erkenntnis des Leidens und den »Vier Edlen Wahrheiten«, die den Kern seiner Lehre bilden.

»Ich richtete meinen Geist auf die Erkenntnis der Vernichtung der Einflüsse und erkannte wirklichkeitstreu: Dies ist das Leiden; dies ist die Ursache; dies seine Aufhebung; dies ist der Weg zu seiner Aufhebung ... Das Wissen ging mir auf.« Siddhartha war in dieser Nacht des Jahres 528 v. Chr. zum Buddha (Erwachten) geworden. Mit den Menschen hatte er nur noch den Körper gemein, der der physischen Vergänglichkeit unterliegt. Doch er ist bereits ein Erlöster, der nicht mehr an den Kreislauf der Wiedergeburt gebunden ist und nach dem Tod endgültig im Nirvana verlischt. Der Buddha war zwar noch in der Welt, aber nicht mehr von dieser Welt. Das Erleuchtungserlebnis hatte ihn gegen die Wandelwelt immunisiert. »Wie ein blauer oder weißer Lotos im Sumpf entsteht, größer wird, zur Oberfläche kommt und vom Schmutz unbefleckt dasteht, genau so bin auch ich, der Vollendete, in der Welt größer geworden, habe mich über die Welt erhoben und stehe da unbefleckt.« Der Buddha bezog sein Erwachen nicht aus einem Tranceerlebnis oder einer Unio mystica, sondern durch Erkenntniserfahrung, die ihn nicht blitzartig überkam, sondern im Zuge eines längeren intensiven Prozesses heraufdämmerte. Die Bodhi (Erleuchtung) trat in einem Zustand außerordentlich klaren Geistes ein, der den Gegenstand seiner Erkenntnisbemühungen vollkommen durchdrang, und sie gipfelte in der Einsicht, dass die Welt mit ihrem Leiden überwindbar und ein Ausscheiden aus dem Kreislauf der Wiedergeburten durch eigene Anstrengung möglich ist. Der Buddha hatte dabei aus dem Schatz der indischen religiösen Tradition geschöpft, aber er ist auch darüber hinausgegangen. Zu Recht konnte er deshalb behaupten, seine Lehre einerseits »wie einen vom Urwald überwucherten Pfad wiederentdeckt« zu haben, und andererseits, sie sei etwas Neues, »nie zuvor Gehörtes«.

Obwohl Buddhas Worte im Pali-Kanon erst Jahrhunderte später niedergeschrieben wurden, ist noch deutlich die Freude und das Glücksgefühl herauszuspüren, das er in diesem Moment empfand. »Gesichert ist meine Erlösung«, jubelte er triumphierend, »dies ist meine letzte Geburt, ein Wiederentstehen gibt es nicht mehr!«

Der Bodhi-Baum

In der ältesten Überlieferung wird in keinem Wort erwähnt, dass es ein Pippala-Baum war, unter dem Siddhartha zum Buddha wurde, dennoch muss man davon ausgehen, dass es so war. Wo sonst hätte sich der Buddha im Wald von Uruvela wohl zu seinen Nachtwachen hingesetzt? Dass es ein Assattha- oder Pippala-Baum mit seinen herzförmigen Blättern war, mag Zufall sein. Der Buddha dürfte das für ihn unbedeutende Detail seinen Mönchen gegenüber später beiläufig erwähnt haben, die es pflichtgetreu memorierten. Erst die Nachwelt hat den Baum zu dem gemacht, was er heute ist, nämlich einem Kultobjekt, das als Bodhi-Baum in keinem buddhistischen Kloster fehlt. Und der Originalschauplatz des Geschehens bei Uruvela wurde längst in Bodh Gaya umgetauft und zählt neben Sarnath zu den bedeutendsten Pilgerorten der buddhistischen Welt.

Der Überlieferung zufolge verbrachte der Buddha sieben Tage unter dem Bodhi-Baum, »die Wonne der Befreiung genießend«, ehe er seine Wanderungen wieder aufnahm. Zu diesem Zeitpunkt war er sich noch nicht im Klaren darüber, ob er seine Lehre für sich behalten oder anderen Menschen offenbaren sollte. Der Pali-Kanon überliefert diese Zweifel in Form eines Dialogs zwischen dem Buddha und dem Gott Brahma. Der Hindu-Gott appellierte an das Mitgefühl des Erleuchteten und hatte damit Erfolg. Mit den Worten: »Geöffnet seien allen, die hören, die Tore der Todlosigkeit«, willigte der Buddha schließlich ein, seine Lehre zu verkünden.

Bei der Überlegung, wem er zuerst die Früchte seiner Erkenntnisse darbringen sollte, fielen ihm die fünf Asketen ein, die ihn seinerzeit verlassen hatten und die sich, wie er wusste, im Wildpark Issapatana (Sarnath) bei Benares (Varanasi) aufhielten. Die Wegstrecke zwischen Gaya und Issapatana betrug zwanzig Ochsentouren (*yojana*), also rund zweihundert Kilometer, wenn man davon ausgeht, dass ein Ochse im Geschirr pro Tag etwa zehn Kilometer zurücklegt. Der Buddha dürfte für den Weg zwei Wochen gebraucht haben, wobei er unterwegs mehrere Nebenflüsse des Ganges zu überwinden hatte. Heute lässt sich die Strecke von Sarnath nach Bodh Gaya mit dem Fahrzeug in fünf Stunden zurücklegen. Abgesehen davon, dass die Gegend zur Zeit des Buddha wesentlich waldreicher und viel dünner besiedelt war, dürfte das bäuerliche Leben nicht viel anders gewesen sein als heute. Heute wie damals spannt der Bauer seine Ochsen vor den Pflug und lebt von den Früchten seiner Handarbeit. Die Häuser der kleinen Dörfer und Weiler, die zumeist ein wenig

Der Prinz, der zum Buddha wurde   47

Buddha und die fünf Asketen auf einem Wandbild in Tsaparang (Westtibet). Nachdem der Buddha in Bodh Gaya die Erleuchtung fand, wanderte er nach Sarnath und traf dort fünf seiner einstigen Weggefährten aus der Zeit der Askese. Sie waren die Ersten, denen er seine Lehre offenbarte.

abseits der Straße eingebettet in kleinen Hainen liegen, sind aus Lehm oder Holz. Die Wälder, einstmals der Schrecken der Bauern, weil dort Räuber und wilde Tiere lauerten, sind heute weitgehend Feldern gewichen.

Bodh Gaya

Bodh Gaya kommt mit leisen Tönen daher. Kein Marktgeschrei und kein Verkehrsgetümmel wie in Sarnath oder gar Varanasi. Rikschafahrer, die gemächlich in die Pedale treten, bewegen sich auf der Einfallstraße. Nur ein unscheinbares Schild, das bereits vor sich hinrostet, verkündet, dass an diesem Ort einer der größten Söhne Indiens wirkte. Man hat sogar den Eindruck, als wollte sich das Hindu-dominierte Indien dieses Landsmannes nur ungern erinnern, geschweige denn ihm die gebührende Anerkennung zuteil werden lassen. Die kommt dafür reichlich von außen. Ich kenne keinen Ort in Indien, der so international ist wie Bodh Gaya. Mehr noch als in Sarnath trifft sich hier die buddhistische Welt der Gegenwart. Es gibt kein buddhistisches Land Asiens, das hier nicht ein Kloster oder Lehrzentrum unterhält. Die vergoldeten Spitzen thailändischer oder birmanischer Pagoden ragen wie Antennen in den Himmel. Ihre offenen, von Säulen getragenen Hallen mit den aufgesetzten geschwungenen Dächern wirken filigran gegenüber den tibetischen Klöstern, die mit ihren mächtigen Mauern wie Wehrbauten anmuten. Den mit Bildern und Figuren befrachteten Tempeln aus Bhutan oder Nepal stehen die schlichten, puristisch anmutenden Holzbauten der japanischen und koreanischen Buddhisten gegenüber.

Ein Bauwerk jedoch überragt alle anderen: Der mehr als fünfzig Meter hohe graue Sandsteinturm des Mahabodhi-Tempels bildet das religiöse Epizentrum von Bodh Gaya. Er steht unmittelbar neben dem Abkömmling jenes Bodhi-Baumes, unter dem einstmals der Buddha seine Erleuchtung fand. Nur sehr Gutgläubige sind der Ansicht, dass es sich noch um den Originalbaum handelt, unter dem Siddhartha vor 2500 Jahren saß. Historische Überlieferungen belegen, dass dieser bereits dreihundert Jahre nach dem Ableben des Buddha einem Anschlag zum Opfer fiel. Die Zweitgattin des Königs Ashoka soll den Originalbaum vernichtet haben, angeblich aus Eifersucht, weil der Herrscher dem Baum und der Lehre Buddhas mehr Aufmerksamkeit widmete als ihr. Zum Glück hatte Ashoka noch zu Lebzeiten dem König von Sri Lanka einen Ableger des Baumes vermacht und mit dessen Samen konnte in Bodh Gaya ein neuer Baum gepflanzt werden. Doch neunhundert Jahre später wurde dieser abermals Ziel mutwilliger Zerstörung. Diesmal war es der bengalische König Saisanaka, ein fanatischer Shivait und Buddhistenhasser, der die Tat beging. Und wieder kam der Setzling für den Ersatzbaum aus Sri Lanka. Im Jahre 1876 wurde der Bodhi-Baum dann durch einen Sturm entwurzelt. Ob es sich dabei noch um jenen Baum aus dem 7. Jahrhundert handelte, ist genauso ungewiss wie die Herkunft des heutigen Bodhi-Baums. Manche sagen, er sei aus den Wurzeln des umgestürzten Baums wieder erwachsen, andere meinen, er würde wie seine Vorgänger aus Anuradhapura, der alten Königsstadt Sri Lankas, stammen. Im besten Fall ist der heute in Bodh Gaya grünende Baum also ein Ur- oder Ururenkel jenes Assattha-Baumes, unter dem Siddhartha in einer Nacht des Jahres 528 v. Chr. zum Buddha wurde.

Bodhi-Tempel und Bodhi-Baum stehen heute im Mittelpunkt einer Anlage, die dem Muster eines achtspeichigen Rades folgt, Symbol für den Achtfachen Pfad, der zur Aufhebung des Leidens führt. Drei Umwandlungswege – ein äußerer, mittlerer und innerer – umschließen das Heiligtum ringförmig. Morgens und abends, wenn der Andrang am größten ist, bildet der Pilgerstrom eine einzige menschliche Gebetsmühle, die sich im Uhrzeigersinn um den Mahabodhi dreht. Dabei opfern die Pilger Lotosblüten und

Der Prinz, der zum Buddha wurde

Bild links: Eine der 729 Marmortafeln, auf denen der birmanische König Mindon (1853–1878) die Ergebnisse des von ihm einberufenen 5. buddhistischen Konzils in Mandalay eingravieren ließ.

Bild unten: In Palmblätter geritzter und von bemalten Holzdeckeln zusammengehaltener Text des Pali-Kanon aus Sri Lanka. Dort wurde im ersten nachchristlichen Jahrhundert der buddhistische Kanon in Pali, bestehend aus den Lehrreden des Buddha, den dazugehörenden Kommentaren und den Ordensregeln, erstmals niedergeschrieben. Dieser Kanon ist bis heute für die Theravada-Schule verbindlich.

entzünden Kerzen oder Räucherwerk. Ein ganzes Meer von Stupas füllt die Zwischenräume aus. In jeder kleinsten Nische und auf jedem freien Fleck des geheiligten Bodens sitzen Gläubige, zumeist in kontemplativer Versenkung. Mönche, Nonnen und Laienbekenner aus der ganzen Welt sind hier zu einer einzigen großen Familie vereint. Der Gleichklang ihrer gerichteten Gedanken verleiht dem Ort die Aura einer glücklichen Insel inmitten des Stroms des Lebens. Es ist, als würde man mit dem Abstellen der Schuhe draußen vor dem Eingangstor auch die Sorgen und Ängste zurücklassen, denn sobald man seinen Fuß über die Schwelle setzt, taucht man ein in eine Atmosphäre tiefsten Friedens. Zwischen den Steinfiguren und Stupas, die den erleuchteten Buddhageist symbolisieren, sitzen Meditierende, regungslos, mit geschlossenen Augenlidern, als wären sie selbst zu Statuen geworden.

Nur vor dem Bodhi-Baum gibt es Bewegung: Tibetische Mönche verrichten auf abgewetzten Holzplanken Niederwerfungen. In den Fingern halten sie Schnüre, in die sie von Zeit zu Zeit Knoten binden. Jeder Knoten bedeutet hundert Niederwerfungen. Zehntausend gilt als höchstes Maß. Eine Prozession schwarz gekleideter koreanischer Pilger bewegt sich in zwei Reihen um den Mahabodhi-Tempel. Zwei Mönche geben den Rhythmus vor. Ihre Bewegungen sind zeitlupenartig und so synchron, als wären sie Marionetten, die von unsichtbaren Schnüren gelenkt werden. Fünf Schritte vorwärts, niederknien, auf dem Boden ausstrecken, aufstehen, wieder fünf Schritte weitergehen …

Neben den Praktizierenden aus den klassischen buddhistischen Ländern Südostasiens und des Himalayaraumes sieht man auffallend viele westliche Buddhisten. Die meisten von ihnen bekennen sich zur tibetischen Tradition, die nicht zuletzt durch die charismatische Persönlichkeit des Dalai Lama in Europa und Nordamerika immer mehr Anhänger gewinnt.

Das Verbreiten der Lehre

Die erste Regenzeit nach seiner Erleuchtung verbrachte der Buddha in Sarnath. Offenbar mit großem Erfolg, denn die Zahl seiner Anhänger war so angewachsen, dass er sich entschloss, die Ordination von Novizen nicht mehr allein durchzuführen, sondern seine Mönche damit zu betrauen. Mit den Worten: »Wandelt, ihr Mönche, euren eigenen Weg zum Segen und Glück für die Wesen«, erteilte er ihnen den Auftrag, in die Welt hinauszuziehen und die Lehre zu verkünden. Zuvor hatte er ihnen genaue Anweisungen gegeben, wie die Ordination zu erfolgen habe. Nachdem sich

Der Prinz, der zum Buddha wurde

Bilder unten: Thailändische Mönche sind nach Sarnath gepilgert, um vor dem Dhamekh-Stupa zu meditieren und Opfer darzubringen. Der mächtige Rundbau, der auf König Ashoka zurückgeht, soll genau dort stehen, wo der Buddha seine erste Lehrrede hielt.

Bild rechts: Während ein tibetischer Lama rituelle Umwanderungen des Dhamekh-Stupa vollzieht, entzünden zwei Theravada-Mönche aus Thailand Kerzen und opfern Räucherwerk.

der Novize Haare und Bart hatte scheren lassen, durfte er die gelben Gewänder anlegen. Dann wurde er aufgefordert, folgende Sätze nachzusprechen:

»Ich nehme meine Zuflucht zu Buddha,
ich nehme meine Zuflucht zur Lehre (Dharma),
ich nehme meine Zuflucht zur Mönchsgemeinschaft (Sangha).«

Mit dieser dreifachen Zufluchtnahme war der Ordinationswillige in die Mönchsgemeinschaft des Buddha aufgenommen. Durch die Gewährung des Ordinationsrechtes setzte der Buddha eine wichtige Maßnahme für die weitere Entwicklung des Ordens. Der Sangha war nun autark und konnte auch ohne den Gründer auskommen und gedeihen.

Mit dem Ende der Regenzeit nahm der Buddha seine Wanderungen wieder auf. Die erste Etappe führte ihn zurück nach Uruvela (Bodh Gaya), den Ort seiner Erleuchtung. Der Grund: Er wollte jenen Wohltätern die Lehre bringen, die ihn als Asketen mit Almosen versorgt hatten. Auf dem Weg dorthin begegnete er drei Flechthaar-Asketen, die alle dem Feuer- und Wasserkult huldigten und eine größere Anzahl von Schülern um sich geschart hatten. Nachdem der Buddha ihnen die Sinnlosigkeit ihrer Bemühungen vor Augen geführt und sie über den wahren Weg zur Befreiung aufgeklärt hatte, schworen alle drei dem Opferkult ab und baten samt Gefolge, in den Sangha aufgenommen zu werden. Die Überlieferung ist voll von solchen oder ähnlichen Geschichten.

Es fällt dabei auf, wie leicht und binnen kürzester Zeit die Menschen, die dem Buddha begegneten, nicht nur seine Lehre verstanden, sondern sie auch gleich verwirklichten. Man erinnere sich an die fünf Asketen, denen, nachdem sie die erste Lehrrede hörten, gleich das Licht der Erkenntnis aufging, die sie in den Rang von Heiligen (Arhats) katapultierte. Wenn man bedenkt, dass heutzutage die Ausbildung vom Novizen zum Vollmönch Jahrzehnte dauert, wobei die gewonnenen Erkenntnisse noch lange nicht Verwirklichung bedeuten, stellt sich die Frage, ob die Menschen des Buddha-Zeitalters spirituell begabter waren als heute oder ob es die Person des Buddha war, die Unterweisung durch den Meister selbst, die den Ausschlag gab und die Früchte der Erkenntnis gleichsam wie reife Äpfel von den Bäumen fallen ließ. Andererseits ist augenscheinlich, dass die Quellen nur die Erfolgsgeschichten übermitteln und über all jene schweigen, die es nicht schafften. »Nur einige Schüler erreichen, von mir belehrt, das höchste Ziel, das Verlöschen, andere erreichen es nicht«, äußerte sich der Buddha einmal an anderer Stelle und

52 Kapitel 1

Der Prinz, der zum Buddha wurde 53

stellte klar: »Ich bin nur ein Wegweiser.« Mit seiner Rückkehr nach Uruvela (Bodh Gaya) befand sich der Buddha im Magadha-Reich des Königs Bimbisara. Im Wissen, dass die Ausbreitung seiner Lehre wesentlich davon anhing, wie sich die Mächtigen dazu stellten, beschloss er, als nächstes Ziel die siebzig Kilometer entfernte Residenzstadt Rajagaha (heute Rajgir) anzusteuern, um dem König seine Aufwartung zu machen. Kaum hatte der Buddha mit seinem Gefolge in einem Hain außerhalb der Stadtmauern Quartier bezogen, da erschien bereits der König mit großem Brimborium. Entgegen dem ersten Zusammentreffen der beiden, als Siddhartha noch am Anfang seiner Erkenntnissuche stand und das eher kühl verlief, trat ihm der König nun wesentlich offener und freundlicher entgegen. Mag sein, dass er im aufstrebenden Buddha-Orden auch einen politischen Faktor erkannte, der ihm nützlich sein konnte, zumal einer der in Uruvela konvertierten Flechthaar-Gurus auch in Rajagaha eine große Anhängerschaft besaß. Zweifellos war Bimbisara auch von der charismatischen Persönlichkeit des Buddha beeindruckt.

Der Buddha

»Seine Sprache ist kultiviert und ebenso seine Ausdrucksweise, sie ist städtisch, elegant, klar und präzise«, verrät der Pali-Kanon über das Erscheinungsbild des Buddha. Außerdem soll er »wohlgestaltig« und von »lotosblütenartiger Hautfarbe« gewesen sein. Sein heller Teint ist in den Texten mehrfach belegt. Das Bild des Buddha, wie wir es heute kennen, hat jedoch mit dem historischen Buddha so gut wie nichts zu tun. Es ist erst vierhundert Jahre nach seinem Ableben entstanden und stellt nicht mehr seine Person dar, sondern bereits jene überhöhte und verklärte Heiligenfigur, die seine Anhänger aus ihm gemacht haben. Der historische Buddha war ein bild- und schriftloser Buddha. Die schriftliche Aufzeichnung seiner Worte setzte erst im ersten vorchristlichen Jahrhundert ein, also etwa zur selben Zeit, als die ersten bildlichen Darstellungen aufkamen.

Die Sprache des Buddha war Pali, eine gehobene Form der Magadhi, die von den nordindischen Herrschern als Verwaltungs- und Gerichtssprache benutzt wurde und die deshalb auch das einfache Volk verstand. Der Buddha hatte alle Ansinnen zurückgewiesen, das in Brahmanenkreisen verwendete Sanskrit zu benutzen, und ausdrücklich verfügt, dass seine Lehre nur in Pali gelernt werden dürfe, wohl deshalb, weil es eine wesentlich größere Verbreitung hatte.

Es gibt keine Hinweise darüber, ob der Buddha des Schreibens und Lesens mächtig gewesen war. Die wenigen Schriftdokumente seiner Zeit beschränkten sich auf Verträge und öffentliche Bekanntmachungen, die in Stein oder Holz geritzt wurden. Diese Fertigkeit wurde gewöhnlich von einer eigenen Berufsgruppe betrieben und dürfte kaum im Bildungskatalog des Raja-Sohns enthalten gewesen sein.

Doch der historische Buddha war ein wortgewaltiger Buddha. Seine Beredsamkeit wurde von seinen Zeitgenossen gerühmt, wobei er gerne seine Argumente mit anschaulichen Gleichnissen aus dem Alltagsleben unterlegte. Er reklamierte für sich weder Allwissenheit noch den Besitz übersinnlicher Fähigkeiten, wie die wundergläubigen Massen sie jedem Guru automatisch zuschrieben.

»Wer sagt, der Samana Gautama wisse und sehe alles, behaupte Allwissenheit und Allsicht zu besitzen, und zwar beim Gehen, Stehen, Schlafen oder Wachen, wer das sagt, stellt mich falsch und unrichtig dar.« Mit diesen Worten trat der Buddha derartigen Gerüchten entgegen und machte klar: »Wer hingegen sagen würde: Der Samana Gautama besitzt das Dreifache Wissen (der Vorexistenzen, des Karma, der Vernichtung der Einflüsse), der stellt mich richtig dar.«

Seine ganze Aufmerksamkeit galt befreiungsrelevanten Fragen. Er überzeugte kraft seiner Argumente und tröstete durch Wahrheit, auch wenn sie noch so unangenehm war. Dem todkranken Mönch Vakkali, dessen Wunsch es war, seinen Meister noch einmal leibhaftig zu sehen, hielt er entgegen: »Was bedeutet schon der Anblick dieses anfälligen Körpers? Wer, Vakkali, die Lehre sieht, der sieht mich.«

Die Könige

Auch König Bimbisara hielt er eine Lehrrede, nachdem dieser ihm und seinen Mönchen die seltene Ehre zuteil hatte werden lassen, sie mit eigenen Händen zu bewirten.

Ob der König tatsächlich, wie der Pali-Kanon verlautet, dabei so spontan für die Lehre entflammte, dass er gleich zum Laienbekenner wurde, sei dahingestellt. Sicher ist, dass Bimbisara den Mönchsorden mit großzügiger Förderung bedachte, indem er dem Buddha ein Stück Land schenkte, worauf später ein Kloster entstand. Obwohl der König schon aus Gründen der Staatsräson weiterhin andere religiöse Schulen unterstützte, wurden auch kritische Stimmen laut. Man kann sich vorstellen, dass nach Bimbisaras Konversion viele Untertanen dem Beispiel ihres Herrschers folgten. Ganz abgesehen davon, dass ein Heer von bettelnden Mönchen die Stadt allmorgendlich überschwemmte.

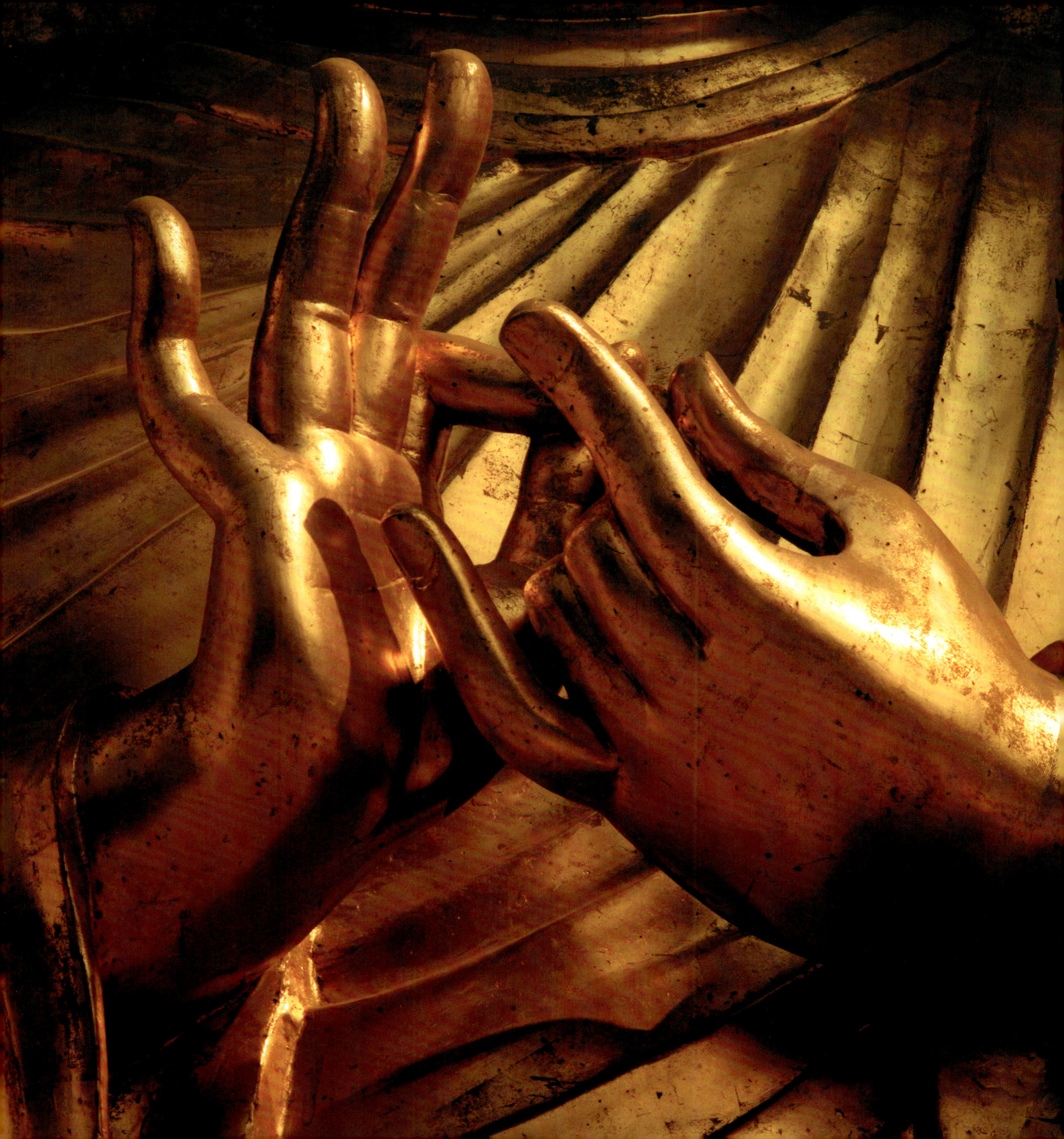

Wie der Bauer Wasser auf seine Felder lenkt, wie der Pfeilemacher sein Holz behaut, so formt der Weise seinen Geist.

...feile glättet, wie der Zimmermann

Dieser Paranirvana-Buddha befindet sich in einer der Nischen der Stupa auf dem Geiergipfel bei Rajgir. Der Ort ist für die Anhänger des »Großen Fahrzeugs« (Mahayana) von besonderer Bedeutung, denn hier soll der Buddha mehrere Sutras verkündet haben, darunter das berühmte Lotos-Sutra.

Viele junge Männer ließen ihre Familien in Not zurück, wenn sie sich der Gemeinschaft des Buddha anschlossen. Die Klage war zu hören: »Der Samana Gautama lebt davon, uns kinderlos, Frauen zu Mönchswitwen und Familien auseinanderbrechen zu machen.« Als sich der Buddha einmal mit seiner Almosenschale in die Reihe der Tagelöhner stellte, die ein reicher Brahmane auf seinen Feldern gerade bewirtete, entspann sich ein Wortgefecht.

»Ich pflüge und säe und nach getaner Arbeit esse ich. Auch du, Samana, solltest pflügen und säen, dann hättest du zu essen«, warf der Brahmane dem Buddha vor.

»Auch ich, Brahmane, pflüge und säe, und habe ich das getan, esse ich«, antwortete dieser.

»Wir sehen bei Herrn Gautama weder Joch noch Pflug und doch spricht er so«, entgegnete der Brahmane.

»Ich säe Glaubensvertrauen, mein Pflug ist die Weisheit, die Willenskraft mein Gespann ... Die Frucht meiner Arbeit ist die Todlosigkeit«, erwiderte der Buddha. Als der Brahmane dem Buddha daraufhin eine Schale Reis anbot, lehnte er ab, weil eine durch rhetorischen Sieg errungene Gabe kein Almosen darstellt und deshalb dem Geber keine religiösen Verdienste einbrachte. Trotz der kritischen Töne, die allenthalben zu hören waren, wurde Rajagaha zum bevorzugten Aufenthaltsort des Buddha und der König blieb ihm bis zu seinem gewaltsamen Tod freundschaftlich verbunden.

Als noch nützlicher für die frühe Glaubensgemeinschaft des Buddha erwies sich die gute Beziehung zu Pasenadi, dem König des Kosala-Reiches. Ihm unterstand auch Buddhas Heimat, das Gebiet des Sakya-Adels, und man kann sich vorstellen, was es für das Ansehen des Buddha bedeutete, als sich dort die Kunde verbreitete, dass der in die Hauslosigkeit gezogene Raja-Sohn zum Guru des Königs aufgestiegen war. Der König pflegte nicht nur praktische Ratschläge beim Buddha zu holen, sondern die Gegenwart des Meisters bot ihm eine Möglichkeit, sich seiner philosophischen und kontemplativen Neigungen hinzugeben. Trotz seiner guten Beziehungen zu den beiden wichtigsten Herrschern Nordindiens mischte sich der Buddha nicht in politische Dinge ein, es sei denn, es betraf seine eigenen Interessen. Als der Kosala-König den Mönchsorden einmal mit einer besonders großzügigen Spende bedachte und ein Minister dies zu verhindern suchte, drückte der Buddha sein Missfallen darüber aus, woraufhin der König den Minister seines Amtes enthob. Dem missratenen Sohn des Magadha-Königs Bimbisara hingegen fiel er nicht in den Arm, als dieser seinen Vater in einem Verließ zu Füßen des Geiergipfels, auf dem der Buddha zu meditieren pflegte, verhungern ließ.

Der Buddha war auch kein Revolutionär, der die soziale Ordnung infrage stellte. Das bestehende Kastensystem, das die Ungleichheit der Menschen festlegte, nahm er als gegeben hin. Seine Kritik richtete sich allenfalls gegen den Überlegenheitsdünkel der Brahmanenkaste, indem er betonte, dass alle Menschen unabhängig von ihrer Kastenzugehörigkeit das Potenzial besitzen, die Erleuchtung zu erlangen. Allerdings hatte die Kastenordnung zur Zeit des Buddha noch nicht jene rigide Ausprägung wie im späteren Hinduismus. Die Kaste der »Unberührbaren« war noch nicht erfunden und die Grenzen zwischen den Kasten noch nicht zu undurchbrechbaren Mauern verfestigt.

In das erste Jahrzehnt seiner Lehrtätigkeit fiel ein zweimaliger Besuch seiner Heimatstadt Kapilavatthu. Der erste davon, unmittelbar nach der Regenzeit des Jahres 527 v. Chr., erwies sich als delikate Mission. Immerhin waren seit seinem Auszug in die Hauslosigkeit acht Jahre vergangen. Wie würde er empfangen werden? Die Begegnung mit dem Vater dürfte alles andere als harmonisch abgelaufen sein. Er empörte sich darüber, dass sein Sohn nun als Bettler zurückgekehrt sei, der um Almosen bettelnd durch die Stadt lief. Noch größer war der Zorn seiner ehemaligen Gattin. Sie schickte ihm den gemeinsamen Sohn Rahula mit dem Auftrag, er solle seinen Vater um sein Erbteil bitten. Daraufhin ließ der Buddha den Knaben als Novizen aufnehmen. Zuvor war bereits Ananda, der Halbbruder Gautamas, dem Buddha-Orden beigetreten. Für Suddhodana musste das eine herbe Enttäuschung gewesen sein, denn nun hatte er neben seinem zweiten Sohn auch noch den Enkel verloren. Der greise Raja hat sich von diesem Schlag nicht mehr erholt. Er starb drei Jahre später. Der Überlieferung zufolge soll sich der Buddha gerade in Vesali, der Hauptstadt der Licchavi-Republik, aufgehalten haben, als ihn die Nachricht erreichte, dass sein Vater im Sterben liege. Um ihn noch lebend anzutreffen, habe er sich in die Lüfte geschwungen und sei nach Kapilavatthu geflogen. Dort angekommen, habe er dem Vater eine Lehrrede gehalten, die Suddhodana noch in letzter Minute die erleuchtende Erkenntnis verschaffte, damit er ins Nirvana eingehen konnte. Nüchtern betrachtet dürfte als historischer Gehalt an der Geschichte nur die Nachricht vom Tod des Vaters übrig bleiben. Als er dann in Kapilavatthu eintraf, war sein Vater längst eingeäschert.

Der Prinz, der zum Buddha wurde

Lotosteich bei Sukhotai, dem Zentrum eines Thai-Reiches, das den Theravada-Buddhismus aus Sri Lanka übernahm.

Nonnenordination

Bei diesem zweiten Besuch wurde ein ihm sichtlich unangenehmes Anliegen an ihn herangetragen. Seine Stiefmutter Mahapajapati, die ihn nach dem frühen Tod Mayas hingebungsvoll aufgezogen hatte, trat mit der Bitte an ihn heran, als Nonne in den Orden aufgenommen zu werden. Doch der Buddha lehnte ab. Die Raja-Witwe, deren Sohn Ananda und Enkel Rahula bereits Mönche geworden waren, ließ sich jedoch nicht so leicht abwimmeln. Sie reiste dem Buddha hinterher und wandte sich, Hilfe suchend, an Ananda. Sie hätte keinen besseren Fürsprecher finden können. Schließlich erlaubte der Buddha die Gründung des Nonnenordens. Als Bedingung dafür erließ er acht zusätzliche Regeln, die allesamt auf die Unterordnung der Nonnen gegenüber den Mönchen abzielten. Mahapajapati war damit die erste Nonne in der Geschichte der buddhistischen Ordensgemeinschaft.

Im Pali-Kanon findet sich die Behauptung, der Buddha habe prophezeit, die Blütezeit seiner Lehre würde sich um fünfhundert Jahre verkürzen, wenn ein Nonnenorden zugelassen werde. Da sich diese Überlieferung nur bei einer einzigen Schule, nämlich der Sthaviras (die sich in Pali dann Theravada nannte) findet, die einer besonders strengen und konservativen Auslegung der Mönchsregeln folgt, ist zu vermuten, dass sie nicht auf den Buddha zurückgeht, sondern Ergebnis späterer Auseinandersetzungen unter den Mönchen ist, die im 3. und 4. Jahrhundert stattfanden und eben diese Mönchsregeln betrafen. Offenbar hatten Frauen im Sangha eine zunehmend größere Rolle gespielt, die einigen Gruppen von Mönchen nicht passte. Die Ordensregel warnt die Mönche vor der Frau, weil diese Begierde wecke. Nicht die Frau ist also das Problem, sondern die Begierde der Mönche. Wären diese Regeln nicht von Mönchen für Mönche aufgeschrieben worden, sondern hätten die Nonnen sich artikulieren können, dann hätten sie wohl vor zu engem Kontakt mit Männern gewarnt. Der Buddha hatte betont, dass seine Lehre für jeden Menschen anwendbar sei und jeder das Potenzial der Erleuchtung besitze. Für die Verwirklichung der Befreiung spielt das Geschlecht keine Rolle, weil es ja nur eine vorläufige Erscheinung ist.

Die Zeit der Wanderschaft

In den ersten zwei Jahrzehnten seiner Mission wanderte der Buddha rastlos durch die Lande, um seine Lehre zu verkünden. Nur zur Regenzeit hielt er sich notgedrungen für längere Zeit an einem Ort auf. Die Wanderungen des Buddha

Der Prinz, der zum Buddha wurde 59

Überreste der berühmten buddhistischen Klosteruniversität Nalanda, die im 5. Jahrhundert gegründet wurde und bis zu ihrer Zerstörung im 12. Jahrhundert durch islamische Eroberer eines der größten Lehrzentren der antiken Welt war. Allein die Bibliothek soll neun Millionen Bücher beherbergt haben. Während der Glanzzeit studierten dort an die zehntausend Studenten.

muss man sich ähnlich vorstellen wie die legendären Fußmärsche Mahatma Gandhis. Der Buddha ging barfuß, allein und schweigend oder zuweilen im Gespräch mit einem Mönch. Vor und hinter ihm marschierten dienstbeflissene Schüler, die zudringliche Besucher von ihm fernhielten. Im Gegensatz zum Mahatma war sein Gewand nicht weiß, sondern gelbbraun und er benutzte keinen Stock.

Im einundzwanzigsten Jahr seiner Missionstätigkeit übernahm sein Vetter Ananda die Aufgabe seines persönlichen Adjutanten und Leibdieners. Er unterrichtete ihn über das Tagesgeschehen, führte Besucher zu ihm oder hielt sie von ihm fern, reinigte seine Almosenschale, reichte ihm Wasser und bereitete täglich sein Nachtlager. Mit zunehmendem Alter begann sich der Buddha wieder mehr nach innen zu wenden. Anstatt mit großem Gefolge durch das Land zu ziehen und an volkreichen Orten Reden zu halten, zog er es vor, allein zu wandern, »dem Nashorn gleich«. Nicht für den, der Gesellschaft sucht, eigne sich seine Lehre, erklärte er.

Die Abnahme seiner Reisetätigkeit dürfte auch noch eine Reihe anderer Gründe gehabt haben. Was das Gedeihen des Sangha betraf, so konnte er durchaus zufrieden sein. In den Reihen seiner Mönche gab es genügend hervorragende Köpfe, die befähigt waren, die Lehre darzulegen und weiter nach außen zu tragen. Er beschränkte sich also darauf, nur noch die Mönche zu unterweisen und die Belehrungen der Laiengemeinde seinen Schülern zu überlassen.

Außerdem plagte den Buddha ab dem sechzigsten Lebensjahr ein Rückenleiden, möglicherweise als Folge eines Bandscheibenvorfalls, das ihn zwang, längere Auszeiten zu nehmen. Sein bevorzugter Aufenthaltsort dafür wurde die Umgebung von Rajagaha. Dort gab es heiße Quellen, in denen zu baden dem malträtierten Rücken guttat. Außerdem liebte er es, zum Geiergipfel hochzusteigen, der eine Naturterrasse bot, auf der er sich ungestört kontemplativer Versenkung oder der Belehrung im kleinen Kreis widmen konnte. Ein gutes Dutzend Lehrreden hat er hier gehalten, darunter das berühmte Lotos-Sutra. Zwei Höhlen auf der Nordseite gewährten im Bedarfsfall Schutz vor den Unbilden des Wetters.

Der Geiergipfel

Heute ist der Geiergipfel auf dem Ratnagiri-Berg ein beliebtes Ausflugsziel für Inder und ein wichtiger buddhistischer Pilgerort zugleich. Ein leuchtend weißer Marmor-Stupa, den eine japanische Zen-Schule gestiftet hat, krönt die dunkle Felskuppe. In den Nischen thronen goldene Figuren. Zwei davon stellen den Buddha in den wichtigsten Lebenssituationen dar: beim Andrehen des Rades der Lehre und nach seinem Eingang ins Paranirvana. Gleich daneben befindet sich ein kleines Zen-Kloster, von dem ein mit Votivstupas markierter Pfad zum Geierplateau hinüber führt, der von einer Horde ziemlich aufdringlicher Tempelaffen belagert wird. Von seiner Höhe bieten sich fantastische Ausblicke bis hin zum elf Kilometer entfernten Nalanda, einstmals die berühmteste Lehrstätte der buddhistischen Welt. Zu Füßen des Geierberges ist noch gut die Stadtmauer des antiken Rajagaha zu erkennen, das zwischen vier Hügeln eingebettet lag.

Im letzten Jahrzehnt seines Lebens hatte der Buddha eine Reihe von Krisen zu meistern, die zwar den Sangha betrafen, jedoch das Eingreifen des Ordensoberhauptes erforderten. Der Erfolg seiner Bewegung rief Neider auf den Plan, die keine Mittel scheuten, um den Sangha in der Öffentlichkeit zu diskreditieren. Hinzu kamen noch hausgemachte Probleme, die beinahe zu einer Ordensspaltung geführt hätten. Der Buddha musste seine ganze Autorität in die Waagschale werfen, damit sich die Wogen wieder glätteten.

Gleichzeitig verschlechterte sich sein Gesundheitszustand und Ananda, der sich rührend um ihn kümmerte, musste hilflos zusehen, wie seine Lebenskräfte allmählich schwanden. In der Regenzeit des Jahres 484 v. Chr., der Buddha hatte sich nur in Begleitung Anandas in der Nähe von Vesali zur Meditation zurückgezogen, befiel ihn ein schweres Leiden. Unter Aufbietung aller Willensstärke gelang es ihm, die Krankheit noch einmal zu überwinden. Nach dem Ende der Regenzeit setzte er in kleinen Etappen seine Wanderung fort. Als Ananda, der dem Buddha am nächsten stand, erkannte, dass der Tag nicht mehr allzu fern war, an dem der Meister sie verlassen würde, flehte er ihn an, den Sangha nicht im Stich zu lassen, ehe die Nachfolge geregelt war.

»Wieso, Ananda, erwartet der Mönchsorden das von mir?«, erwiderte der Buddha ungehalten. »Ich bin jetzt alt, ein Greis, meine Reise geht zu Ende, ich habe die Grenze erreicht ... Darum, Ananda, seid von nun ab euch selbst eine Insel, euch selbst eine Zuflucht, sucht keine andere Zuflucht; nehmt die Lehre als Insel, die Lehre als Zuflucht, nehmt keine andere Zuflucht!«

Nicht einen Lehrer, sondern die Lehre bestimmte der Buddha zum Oberhaupt des Sangha. Nur daran sollten sie sich in Zukunft orientieren.

Es war auf dem Weg nach Savatthi, wo der Buddha und sein kleines Gefolge von

Der Prinz, der zum Buddha wurde

Kapitel 1

Von japanischen Zen-Buddhisten errichteter Stupa auf dem Geiergipfel bei Rajgir, auf dem sich der Buddha in der späten Phase seines Lebens gerne und oft aufhielt.

einem Schmied zum Essen eingeladen wurden. Obwohl dem Buddha die Speise bedenklich vorkam, nahm er die gut gemeinte Gabe an, den Mönchen jedoch enthielt er sie vor. Tags darauf erkrankte er schwer an Ruhr, trotzdem setzte er seine Wanderung fort. Von Durchfällen geschwächt und Krämpfen gepeinigt, schaffte er es noch, bis zu einem Hain in der Nähe des Dorfes Kushinara zu gelangen. Dort bat er Ananda, ihm unter Sala-Bäumen ein Lager zu bereiten. Als sich sein Zustand weiter verschlechterte und es offenkundig war, dass sich der Buddha nicht mehr erheben würde, konnte Ananda seine Tränen nicht mehr zurückhalten und begann lauthals zu klagen: »O weh, ich bin noch ein Lernender, habe noch viel an mir zu arbeiten und jetzt geht der Meister, der sich meiner erbarmte, ins Paranirvana ein!«
Als der Buddha dies vernahm, ließ er ihn rufen.
»Lass es gut sein, Ananda, gräme dich nicht, lass das Weinen«, tröstete er ihn. »Habe ich nicht stets betont, dass wir uns von allem Lieben und Angenehmen einmal trennen, von ihm Abschied nehmen müssen, dass nichts ewig so bleiben kann?«
Als der Buddha fühlte, dass seine Stunden gekommen war, rief er alle anwesenden Schüler zusammen und fragte sie, ob es noch irgendwelche Unklarheiten bezüglich der Lehre gebe. Die Mönche blieben stumm.
»Nun denn, Mönche, ich beschwöre euch: Die Persönlichkeitsbestandteile unterliegen dem Gesetz der Vergänglichkeit. Bemüht euch angestrengt!«, waren seine letzten Worte.
Dann fiel er ins Koma, das von den Mönchen als Meditationszustand gedeutet wurde, und ohne daraus wieder zu erwachen, ging der Achtzigjährige ins Paranirvana ein. Nach mehrheitlicher Ansicht der Fachgelehrten geschah dies im Jahre 483 v. Chr.

Der Prinz, der zum Buddha wurde

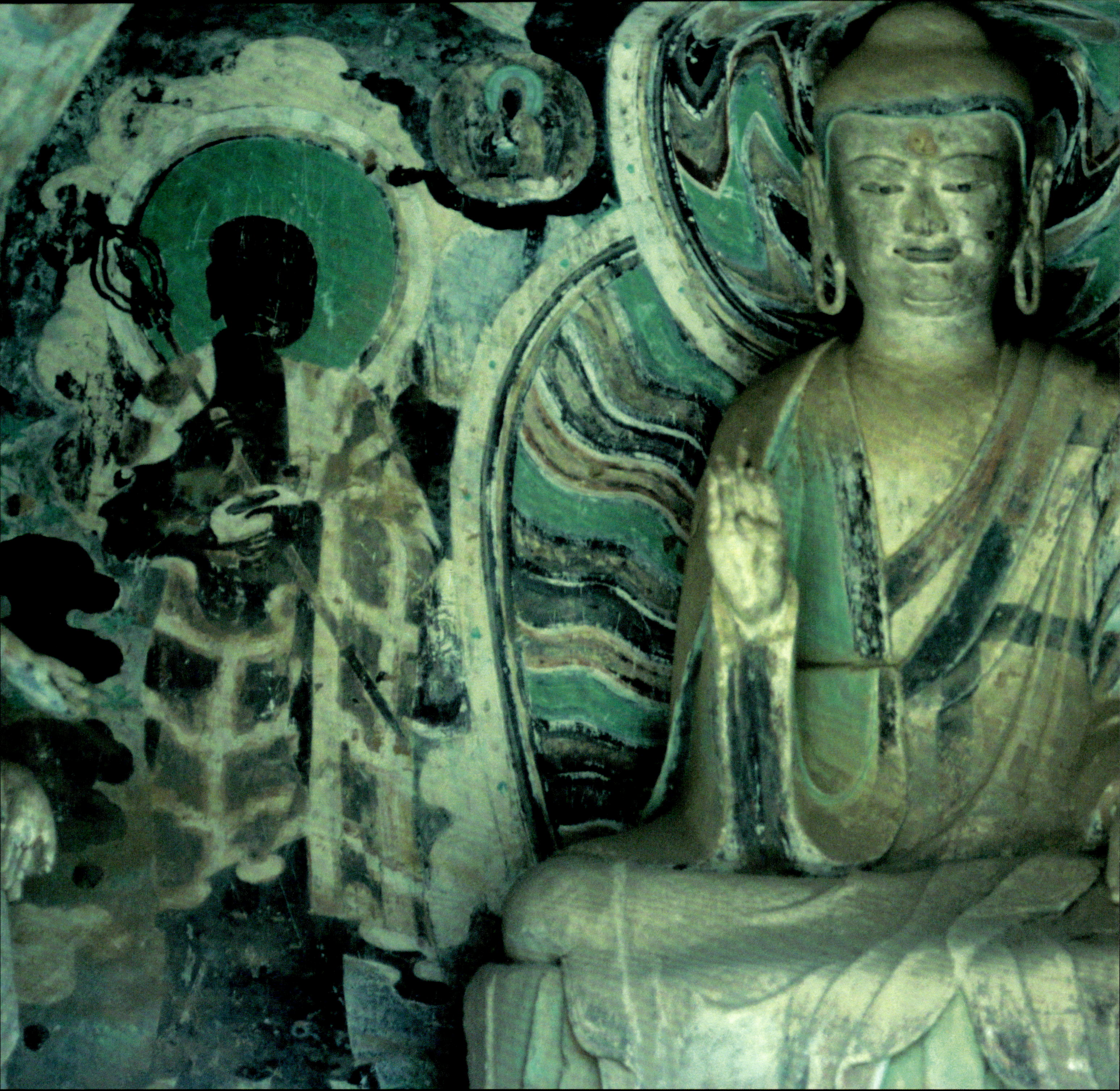

*Er ist ans Ende des Weges gelangt;
er hat den Strom des Lebens durchquert.
Alles, was er vollbringen musste, ist vollbracht:
Er ist eins geworden mit allem Leben.*

Dhammapada

Das Bild des Buddha

Vorhergehende Doppelseite: Chinesische Darstellung des Buddha mit der Geste (Mudra) der Lehrdarlegung im Höhlenheiligtum Bingling Si am Gelben Fluss bei Lanzhou.

Bild rechts: Künstler aus Luang Prabang (Laos), der alten Königsstadt am Mekong-Fluss, bei der Arbeit an einer Steinfigur des Buddha.

Zu Lebzeiten des Buddha und auch noch in den darauffolgenden drei Jahrhunderten wurden keine bildlichen Darstellungen des Meisters angefertigt. Dies lag nicht an mangelnder Fertigkeit lokaler Künstler, sondern entsprach indischer Sitte. Auch die Anhänger der vedischen Religion verzichteten darauf, ihre Götter abzubilden. Der Buddha selbst hatte zwar kein ausdrückliches Abbildungsverbot verfügt, jedoch auch keinen Zweifel daran gelassen, dass ihm übertriebene Huldigung oder gar Idolisierung zuwider war. Die Nichtdarstellung des Buddha war auch dadurch geboten, dass der Erleuchtete nach seinem Tod als ein unwiderruflich im Nirvana Verloschener betrachtet wurde, der keinerlei Existenz mehr besitzt. Eine bildliche Darstellung hätte das Gegenteil signalisiert und den Buddha wieder in diese Welt gezogen, ihn anbetbar gemacht – wie es dann später der Fall war.

Der Stupa

Der Verzicht auf Buddha-Bildnisse verhinderte jedoch keineswegs die Entstehung und Entfaltung buddhistischer Kunst. Diese setzte schon sehr früh ein, und zwar bereits unmittelbar nach dem Ableben des Buddha. Nach indischem Brauch wurden die sterblichen Überreste des Buddha dem Scheiterhaufen überantwortet. Was nach der Verbrennung noch übrig war – Asche und Knochenreste –, wurde als kostbare Reliquien eingesammelt und aufbewahrt. Dazu benutzte man Gefäße, über die Schreine errichtet wurden. Damit war eigentlich bereits die Geburtsstunde eines Typus von Bauwerk gegeben, das bis heute das bekannteste und am meisten verbreitete buddhistische Denkmal darstellt: der Stupa.

Freilich dürften die ersten Stupas ihrer Art noch denkbar schlicht gewesen sein, schnörkellose Zweckbauten, die die Funktion erfüllten, die Reliquien des Buddha zu schützen. Dies änderte sich erst in der Regierungszeit (272–232 v. Chr.) König Ashokas. Der Maurya-Herrscher, der sich durch blutige Kriege ein großes Reich geschaffen hatte, war von dem durch ihn verursachten Leiden so entsetzt, dass er zur Lehre Buddhas konvertierte. In dem Bemühen, den Dharma bei seinem Volk zu verbreiten, ließ er an Buddhas Sterbeort die Stupas mit den Reliquien öffnen und an mehreren Plätzen seines Reiches verteilen. Überall dort entstanden »Stupas des gerechten Herrschers« von der Art wie der aus Ziegeln gebaute Dhamekh-Stupa in Sarnath.

In der Folgezeit wurden diese Ur-Stupas durch Ummantelungen vergrößert, mit einer schirmartigen Spitze gekrönt und der Sakralbereich mit Steinzäunen und

Kapitel 2

Das Bild des Buddha 67

O Bikshus und Weise, wie ein Goldschmied das Gold durch Brennen, so sollt auch ihr meine Worte aufgrund der Untersuchung annehmen

Toren abgegrenzt. Die mit Steinreliefs geschmückten Toreingänge und Balustraden, die die Umwandlungswege im Inneren säumten, wurden zum Ausgangspunkt buddhistischer Kunstentfaltung. Dabei blieb kaum ein Ereignis im Leben des Buddha ausgespart – nur seine Person selbst. An seiner Stelle setzten die Künstler Symbole: Buddhas Anwesenheit wird durch einen Fußabdruck angedeutet oder auch durch das Triratna-Zeichen, das für die »Drei Juwelen« – Buddha, Dharma und Sangha – steht, seine Geburt wird durch das Gefäß der Fülle, seine Erleuchtung durch den Thron unter dem Bodhi-Baum, die erste Lehrrede durch das Rad der Lehre und sein Eingehen ins Nirvana durch einen Stupa dargestellt.

Buddha-Bildnisse

Knapp drei Jahrhunderte lang verzichteten die indischen Künstler auf die Abbildung des Buddha, doch dann gaben sie den Wünschen der Laiengemeinde nach und begannen, den Meister in Stein zu meißeln. Dies geschah offenbar unabhängig voneinander an zwei Orten gleichzeitig. Anfang des 1. Jahrhunderts n. Chr. tauchten sowohl in dem südöstlich von Delhi gelegenen Mathura und in Gandhara, einer Region im heutigen Grenzgebiet zwischen Pakistan und Afghanistan, die ersten Buddha-Bildnisse auf.

Beide Gebiete waren zur damaligen Zeit Hochburgen des Buddhismus und hatten ihren eigenen Kunststil entwickelt. Die Kunst Gandharas war durch den Feldzug Alexanders des Großen und Handelsbeziehungen zum Mittelmeerraum hellenistisch geprägt. Der Buddha tritt uns hier mit Faltenwurf bekleidet, welligem Haar und europiden Gesichtszügen entgegen, während die Künstler von Mathura, die den Buddha in den dort vorkommenden roten Sandstein meißelten, ihn zwar mit indischen Gesichtszügen, aber eher untypisch mit kleinen Löckchen abbildeten.

Das eigenständige Nebeneinander der beiden Kunststile währte jedoch nicht lange. Als sich das Kushan-Reich bildete und seine Herrschaft von Afghanistan bis an die Ufer des Ganges ausdehnte, vermischten sich die Stile. Ein zusätzlicher Impuls, der die Nachfrage nach Buddha-Bildnissen sprunghaft ansteigen ließ, kam vom Kushan-Kaiser selbst: Er ließ nämlich den Buddha auf die Rückseite einer Goldmünze prägen.

Kunst war im alten Indien nie Selbstzweck, sondern stets Kunst auf Bestellung. Auftraggeber für Buddha-Bildnisse waren Klöster, einzelne Mönche und Laienbekenner. Die Bildnisse dienten den Praktizierenden als religiöse Gebrauchs-

*Schneiden und Reiben prüft,
und nicht aus Verehrung für mich.*

Bild links: Völlig von einem Baum umschlungener Buddha-Kopf aus Ayutthaya, dem Zentrum eines mächtigen Thai-Reiches, von dem 33 Könige mehr als vier Jahrhunderte lang regierten. Als Gönner und Förderer der Lehre Buddhas ließen sie 375 Tempel errichten, die allerdings beim Fall Ayutthayas im Jahre 1767 zum Großteil von birmanischen Truppen zerstört wurden.

Bild rechts: Buddha aus Sri Lanka mit dem typischen harfenähnlichen Triratna-Zeichen als Scheitelspitze, das für die Dreiheit – Buddha, Lehre und Orden – steht.

gegenstände und nicht als Objekte der Kunst und sollten in erster Linie belehren. Die richtige ikonografische Darstellung war also wichtiger als künstlerische Ästhetik. Deshalb waren Buddha-Bildnisse von Anfang an Symbolbilder. Die Künstler fertigten sie nicht nach eigenen Vorstellungen an, sondern hatten sich nach strengen Regeln zu richten. Diese sind im Digha-Nikaya, einer Pali-Textsammlung, verzeichnet. Demnach besitzt ein Buddha zweiunddreißig äußere Merkmale, die ihn als außergewöhnlichen Menschen auszeichnen. Sie beginnen am Scheitel und enden an der Sohle.

Die wichtigsten Elemente der Buddha-Gestalt

Der Scheitelwulst

(Sanskrit: Ushnisha) »Und es hat der große Mann einen Scheitelkamm«, heißt es im Digha-Nikaya. Zuerst war der Scheitelwulst ein hochgebundener Haarknoten, der sowohl in der Gandhara-Kunst als auch in Mathura als solcher dargestellt wurde. Später wurde daraus eine wulstartige Erhöhung, die als Zeichen des Erleuchteten interpretiert wird. Nur einem Buddha ist dieses Zeichen vorbehalten. Eine Ausnahme bildet der Mönchsphilosoph Nagarjuna, der als Wesen buddhagleicher Erkenntnis in der Kunst des Mahayana-Buddhismus mit diesem Attribut dargestellt wird.

Die Scheitelspitze

Die den Scheitel krönende Spitze ist ein späteres Attribut, das weder im Digha-Nikaya noch in den frühen Buddha-Darstellungen Gandharas und Mathuras vorkommt. Die Künstler entwickelten darin eine außerordentliche Vielfalt, die von einem einfachen zwiebelförmigen Knauf bis zu langen flammenartigen Spitzen reicht.

Das Haar

Der Buddha selbst wie auch seine Schüler hatten ihr Haupthaar geschoren. Im Digha-Nikaya hingegen, das nicht mehr den realen Buddha, sondern bereits eine Symbolfigur beschreibt, heißt es: »Flaumhaare sind nach oben gerichtet, schwarz wie Augenschminke, wie Ringe geringelt, rechts herum sind sie gedreht.«

Das Stirnmal

(Sanskrit: Urnah) »Eine Flocke ist zwischen den Brauen des Buddha gewachsen, weiß und weich wie Baumwolle«, verlautet der Pali-Text dazu.
Demnach ist das Stirnmal kein drittes Auge oder Weisheitsauge, wie immer wieder behauptet wird.

Das Bild des Buddha 69

Vergoldeter Buddha aus Alabaster mit der Geste der Erdberührung im Kloster Yele bei Kyauktan. Das Heiligtum liegt auf einer kleinen Insel im Irrawaddy-Delta südwestlich der birmanischen Hauptstadt Yangoon.

Die Ohren

»Mächtig sind die Ohrmuscheln«, steht es geschrieben. Sie gelten als Zeichen seiner Herkunft und suggerieren zugleich, dass er sein Leben in Wohlstand zugunsten der Erlösungssuche aufgab. Bekanntlich war Siddhartha der Sohn einer vermögenden und einflussreichen Raja-Familie. Als er noch als Jüngling im Anwesen seiner Eltern lebte, trug er schweren Ohrschmuck. Nach seinem Entschluss, als Wandermönch in die Hauslosigkeit zu ziehen, legte er diesen ab. Die Ohrläppchen blieben gedehnt.

Der Körper

Nachdem sich die extreme Askese als Irrweg erwiesen hatte, ging Siddhartha Gautama zu einer ausgewogenen Ernährungsweise über. Sein Körper wird in der Kunst deshalb wohlgenährt, aber nicht dick, dargestellt. Über seine Hautfarbe heißt es im Digha-Nikaya: »Gülden leuchtet der Körper, wie Gold glänzt seine Haut.«

Die Füße

»Unten sind bei dem großen Manne, an den Sohlen der Füße, Räder zu sehen, mit tausend Speichen, mit Felge und Nabe und allen Abzeichen geziert«, verlautet der Pali-Text.

Buddha mit der Geste der Lehrdarlegung im Borobudur, dem steinernen Wunder auf der indonesischen Insel Java. Das Bauwerk wurde als dreidimensionales Mandala angelegt und der Pilger, der von einer Stufe zur anderen höher steigt, vollzieht gleichsam den Aufstieg seines Bewusstseins nach – bis zur höchsten Vollkommenheit, zur Erleuchtung.

Alle Darstellungen zeigen den Buddha barfüßig – zuweilen mit dem im Digha-Nikaya geforderten Radsymbol auf den Sohlen.

Die Kleidung

Das Untergewand ist ein um die Hüfte geschlungenes Tuch, das durch ein Stoffband um die Taille zusammengehalten wird. Das Obergewand des Buddha ist, wie bei den Theravada-Mönchen bis heute üblich, ein orange- oder ockerfarbenes Tuch, das aus drei rechteckigen Teilen zusammengenäht ist. In der Kunst werden diese Nähte bisweilen durch Linien angedeutet.
Die Toga wird dann so um den Körper geschlungen, dass rechte Schulter und rechter Arm unbedeckt bleiben.

Die Handgesten

(Sanskrit: Mudra) Buddha-Figuren sprechen in erster Linie durch ihre Gestik. Sie drücken die wichtigsten Ereignisse im Leben des Buddha aus.

Durch diese vorgeschriebenen Merkmale, an die sich die Künstler zu halten hatten, besaß das Buddha-Bild ein unverwechselbares Profil und gleichzeitig blieb noch genügend gestalterischer Spielraum für kulturelle Einfärbungen

Das Bild des Buddha

In einem der vielen Heiligtümer von Mandalay, der alten Königsstadt in Birma, haben sich Gläubige in stiller Andacht vor diesem vergoldeten Buddha niedergelassen, der in der Geste der Erdberührung auf seinem Thron sitzt. Dieses Mudra deutet das zentrale Ereignis seines Lebens, nämlich den Erleuchtungsmoment, an.

und lokale stilistische Einflüsse. Damit war eine ideale Voraussetzung gegeben, um das Bild des Buddha zu einem Exportschlager zu machen. In der Tat löste das Bild einen regelrechten Buddha-Kult aus, der nicht unwesentlich zur Verbreitung seiner Lehre außerhalb Indiens beitrug. Die heitere Gelöstheit und der innere Frieden, die eine Buddha-Figur ausstrahlen, flößten Ehrfurcht und Vertrauen in seine Lehre ein.

Heute sind Buddha-Darstellungen überall auf der Welt anzutreffen und jeder Laie kann sie erkennen. Doch trotz aller gemeinsamen Merkmale sind sie sehr verschieden. Es gibt stehende, sitzende, liegende und schreitende Buddhas. Gesichtszüge und Attribute verraten den Kulturkreis, aus dem sie stammen. Chinesische Buddhas haben runde Gesichter und tragen prachtvolle Gewänder. Im Vergleich zu den eher asketisch anmutenden Darstellungen aus Indien oder Südostasien besitzen sie mehr Körperfülle – ein Merkmal, das seit alters her im Reich der Mitte als Synonym für Glück gilt. Die populäre Figur des dickbäuchigen »Lachenden Buddha« jedoch ist keine Manifestation des Buddha, sondern ein Zen-Meister namens Poe Tai Hoshang, der zwischen dem 6. und 10. Jahrhundert lebte und als Glücksbringer durch die Lande zog.

Birmanische Buddhas wirken eher un-

Die buddhistische Kunst stellt den Buddha liegend auf zweierlei Arten dar, die sich auf zwei verschiedenen Phasen des Sterbeprozesses beziehen. In diesem Fall ist der Tod bereits eingetreten, der Kopf des Buddha ruht auf einem Kissen und die Augenlider sind geschlossen. Der Buddha ist bereits im Paranirvana verloschen.

Das Bild des Buddha

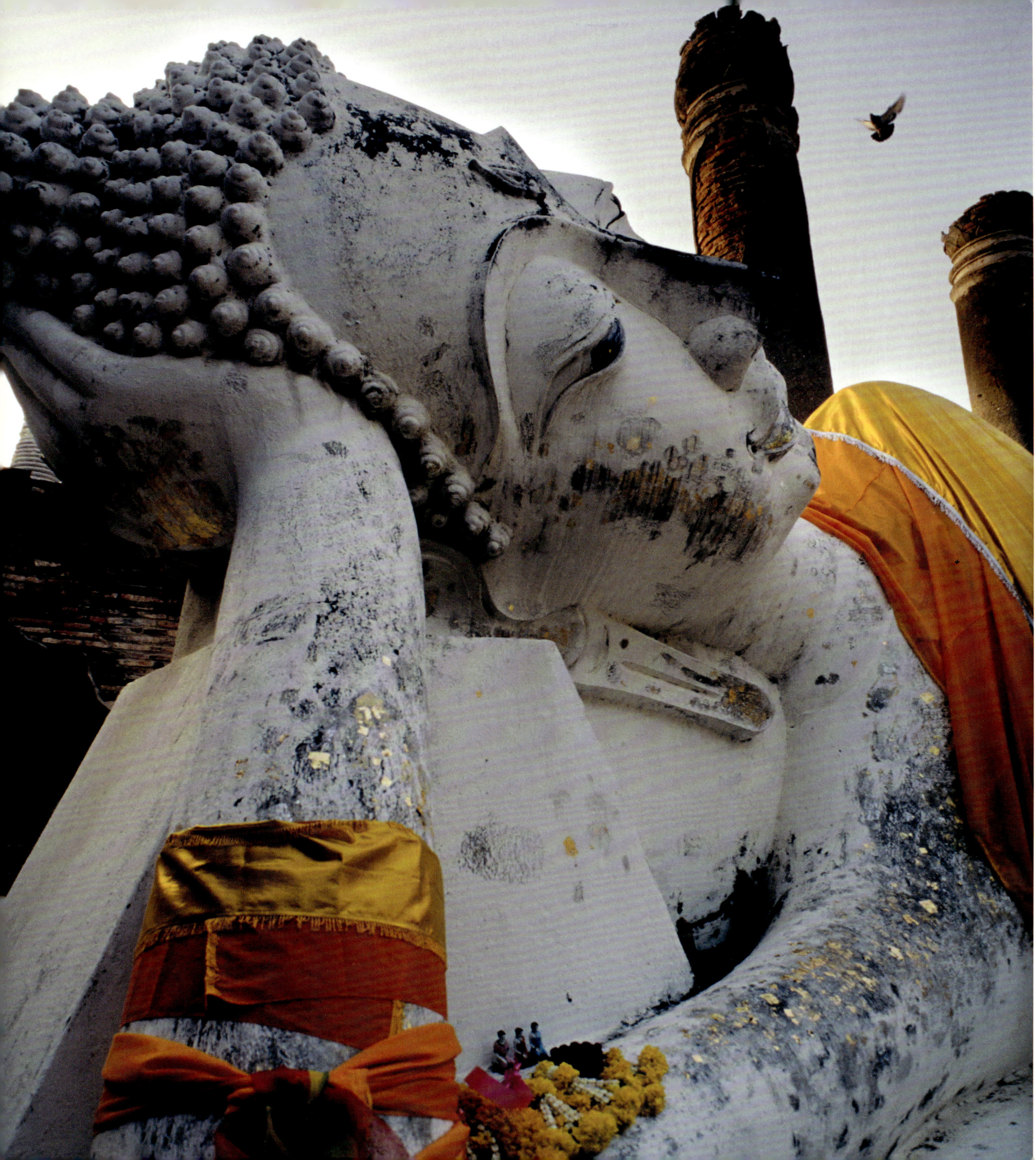

Bild links: Bei dieser Darstellung liegt der Buddha ebenfalls ausgestreckt auf seinem Sterbelager in Kushinara. Doch sein Kopf wird von einem Arm gestützt und die Augen sind geöffnet. Es ist der Augenblick kurz vor seinem Tod, bei dem er die letzten Worte an seine Schüler richtet.

Bild unten: Gekrönter Buddha aus den Pindaya-Höhlen im Shan-Bergland Nordostbirmas. Diese Form der Darstellung des Buddha im vollen Ornat eines Königs ist nur in Birma und Thailand zu finden.

männlich, fast androgyn. Dort hat sich auch ein besonderer Typus in der Buddha-Darstellung entwickelt: Gautama in königlicher Aufmachung.

Auf dem Haupt trägt er eine vielzackige Krone und sein Mönchsgewand ziert kostbarer Schmuck. Die Darstellung basiert auf einer Legende, die erst im 13./14. Jahrhundert entstand und vom Weltenherrscher Jambupati erzählt, der einstmals Buddhas königlichen Mentor, den Magadha-König Bimbisara, bedrohte. Kraft seiner übersinnlichen Fähigkeiten verwandelte sich der Buddha in einen Himmelskönig und befahl Jambupati, vor seinem Thron zu erscheinen. Angesichts des glanzvollen Palastes und des Ehrfurcht gebietenden, im vollen Königsornat erschienenen Buddhas schwor Jambupati seinen Machtgelüsten ab und wurde Buddhas Schüler.

Eine andere in Birma sowie in den Nachbarländern Thailand und Kambodscha verbreitete Buddha-Darstellung geht auf eine weitere legendenhafte Begebenheit zurück. Bald nach seiner Erleuchtung hatte sich der Meister für sieben Tage und sieben Nächte zu Füßen eines Mucilinda-Baumes zurückgezogen. Als ein schweres Unwetter aufkam, kroch der Schlangenkönig in Gestalt einer mehrköpfigen siebenköpfigen Kobra unter dem Baum hervor. Er umwand den Buddha siebenmal und richtete sich ge-

Das Bild des Buddha

Buddha mit der Geste der Erdberührung in der Shwedagon-Pagode (Yangoon, Birma). Über seinem Haupt spreizt sich schützend wie ein Schirm eine Kobra. Diese auf einer legendenhaften Begebenheit basierende Darstellung ist in Birma und Thailand häufig anzutreffen.

spreizt über dem Haupt des Buddha auf, um ihn vor dem Regen zu schützen.

Auch eine in der Kunst von Birma, Laos und Kambodscha anzutreffende Geste – nämlich die beidseitig abgewinkelten Unterarme mit den nach vorn gerichteten Handflächen – nährt sich aus dem reichen Schatz an Buddha-Legenden. In seinem letzten Lebensabschnitt hatte sich der Buddha gegen allerlei Anfeindungen zu wehren. Sein Vetter Devadatta trachtete ihm sogar nach dem Leben. Nachdem die ersten beiden Anschläge fehlgeschlagen waren, ließ er einen wild gewordenen Elefanten auf ihn los. Doch der Buddha durchstrahlte ihn mit seiner Güte, sodass der Elefant vor ihm anhielt und sich bezähmen ließ. Die Doppelgebärde spielt auf diese Episode an und wird deshalb als Geste der Güte bezeichnet. Im erweiterten Sinn gilt sie auch als Mudra der Bezähmung von Leidenschaften und Befriedung von Gier und Hass.

Stehender Buddha mit der Geste der Furchtlosigkeit in der berühmten Höhle Pak Ou am Ufer des Mekong unweit von Luang Prabang (Laos). Die Kulthöhle ist mit Buddhas angefüllt und nur mit dem Boot erreichbar.

Das Bild des Buddha 77

Mae Chee Sansanee war ein erfolgreiches Laufsteg-Model, als sie sich im Alter von siebenundzwanzig Jahren entschloss, den Weg einer buddhistischen Nonne einzuschlagen. Im Jahre 1987 gründete sie das Meditations-Zentrum Sathira Dhammasathan in Bangkok, das sie bis heute leitet.

Interview mit Mae Chee Sansanee

Was bedeutet Ihnen der historische Buddha?

Ich sehe ihn als Mensch, der eine Vision hatte, wie sich das leidvolle Dasein überwinden lässt, und der sich zeit seines Lebens dieser Aufgabe widmete. Nachdem er die erleuchtende Erkenntnis erlangte, gab er dieses Wissen weiter. Er war ein großer Lehrer und großer Mensch, der uns ein Beispiel gab, welcher Weg einzuschlagen ist, um die Freiheit zu verwirklichen.

Gibt es nach dem Verlöschen des Buddha (Paranirvana) noch etwas, was von ihm fortbesteht, wie manche Buddhisten glauben?

Diese Frage ist ohne Bedeutung für mich. Seine Lehre ist da, das ist es, was zählt. Wer sich daran orientiert, kann den Buddha in sich selbst finden und zum Wohle anderer wirken. Doch dieser Zustand ist nur zu erreichen, wenn man seinen Geist unter Kontrolle bringt.

Welcher Aspekt seiner Lehre ist für Ihr Leben besonders nützlich?

Die letzte Stufe im Leben des Buddha, nämlich aus Mitgefühl anderen zu helfen. Das ist es, was ich jeden Tag versuche. Ein anderer Aspekt ist das, was Buddha als den Mittleren Weg (= der Weg zwischen Askese und Sinnesfreude) ge-

Sathira Dhammasathan ist eine Oase des Friedens und innerer Einkehr im lauten und geschäftigen Bangkok. Die Gründerin Mae Chee Sansanee widmet sich besonders der Arbeit mit Kindern und Jugendlichen, engagiert sich jedoch auch in der Friedensbewegung der Frauen (Global Peace Initiative of Women).

lehrt hat. Ich versuche diesen in allen meinen Lebensbereichen umzusetzen und den Menschen zu zeigen, wie es ihnen gelingen kann.

Sie folgen der ältesten Schule des Buddhismus, dem Theravada. Was sind die Unterschiede zu anderen Schulen bzw. was ist das Gemeinsame aller Buddhisten?

Wir alle haben dasselbe Ziel, nämlich Erleuchtung zu erlangen. Alle Menschen, ob Mann oder Frau, haben das Potenzial dazu, denn die Natur des Geistes ist rein. Unterschiede bestehen in den Wegen und Methoden, die zur Erleuchtung führen.

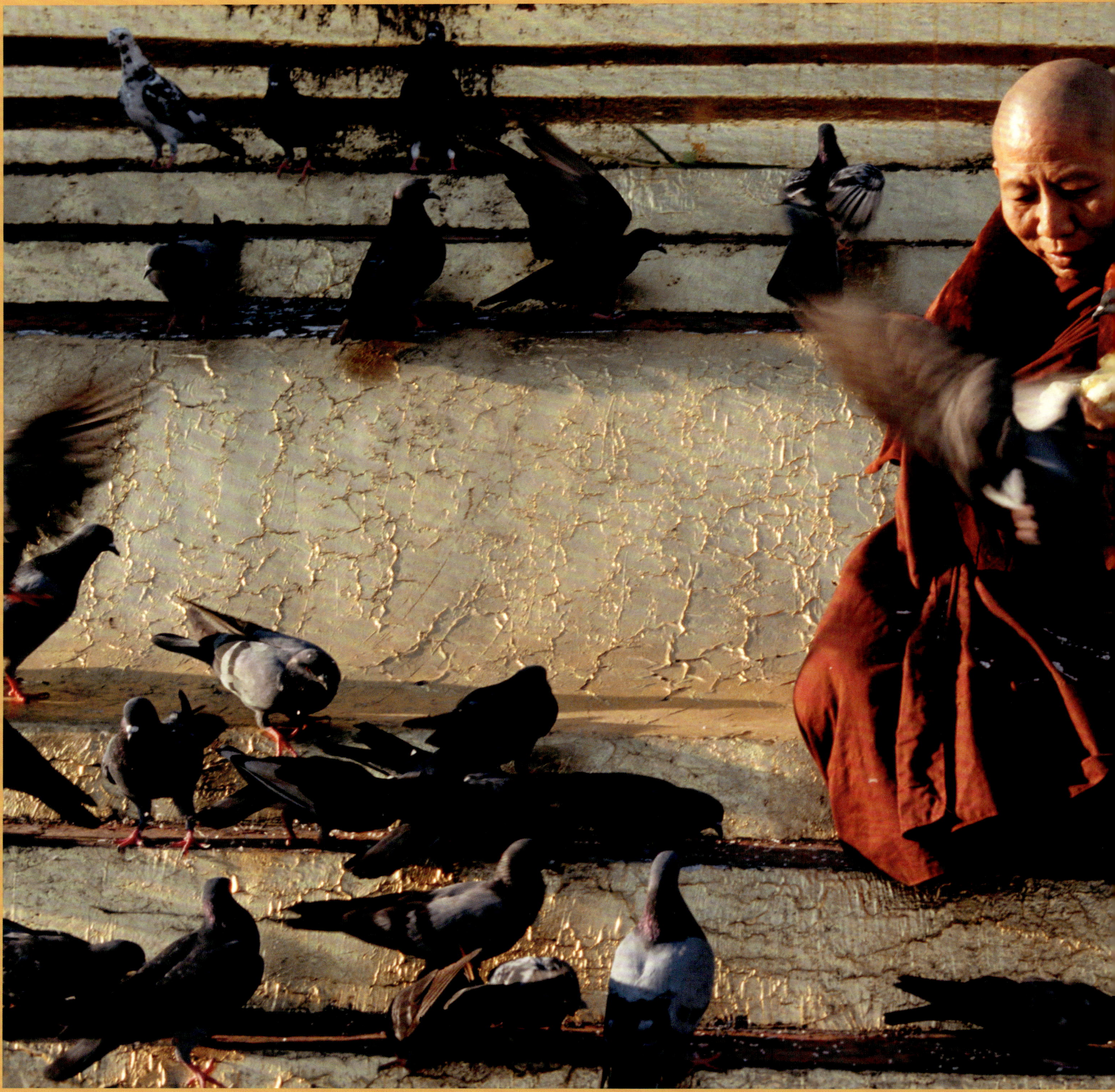

Für diejenigen, die in der Flussmitte kämpfen, in großer Angst vor der Flut, vor dem Altwerden und dem Sterben – für alle die sage ich, dass es eine Insel gibt, wo kein Raum ist für Hindernisse, kein Raum für Anhaften: die Insel des äußersten Überschreitens. Ich nenne sie Nirvana, die vollständige Vernichtung von Alter und Tod.

Dhammapada

Die Hüter der alten Lehre

Vorhergehende Doppelseite: Nach der täglichen Morgenandacht füttert dieser Mönch die zahlreichen Tauben, die die Naungdawgyi-Pagode bevölkern. Sie ist vollkommen vergoldet und gilt als ebenso heilig wie Shwedagon, denn in ihr wurden ursprünglich die kostbaren Buddha-Reliquien aufbewahrt.

Bild unten: In einer feierlichen Prozession wurden die Knaben in Begleitung ihrer Verwandtschaft zum Kloster Wan Seng geleitet, um dort als Novizen in die Gemeinschaft der Mönche einzutreten. Der mit Gaben behangene »An-Geschenkbaum« symbolisiert die Entsagung von weltlichen Dingen.

Für die prächtig herausgeputzten Jünglinge steht das größte Ereignis ihres Lebens bevor: Sie sollen als Novizen im Kloster aufgenommen werden. Familienangehörige und Bewohner des kleinen Dorfes Wan Seng im abgelegenen Shan-Bergland Nordostbirmas waren seit Wochen mit den Vorbereitungen beschäftigt. Für jeden der zukünftigen Novizen wurde eine Art »Geschenkbaum« dekoriert, ein riesiges Gestell aus Holz, das mit Kleidern, Gebrauchsgegenständen und Nahrungsmitteln behangen ist. Es steht als Symbol für den materiellen Reichtum, den sie nun zugunsten eines Lebens im Mönchsorden aufgeben werden. Doch an diesem Tag, dem letzten vor ihrem Auszug aus der familiären und dörflichen Gemeinschaft, dürfen sie all das noch einmal ausgiebig genießen. Mit ihren kostbaren Gewändern aus Goldbrokat, der Schminke und den Kronen auf den Häuptern sehen die Jünglinge wie kleine Prinzen aus – so wie auch Siddhartha Gautama einer war, ehe er sein Luxusleben für ein Dasein als Bettelmönch eintauschte. So bescheiden die Lebensbedingungen hier auch sein mögen, in der die Jünglinge aufwachsen, an diesem Abend dürften sie sich in der Tat wie Prinzen fühlen. Sie werden gehätschelt, von den Angehörigen bedient und alle ihre Wünsche erfüllt. Auch die Erwachsenen nutzen die Gelegenheit, um ausgelassen zu feiern. Während die »klei-

Voller Stolz trägt ein Vater seinen mit prächtigen Gewändern gekleideten Sohn, der wie ein kleiner Prinz aussieht, zum Kloster, wo er die Gewänder gegen einfache safrangelbe Mönchsroben tauscht – wie einst Siddhartha Gautama.

nen Prinzen« zu fortgeschrittener Stunde nach und nach erschöpft in Schlaf sinken, feiert die Dorfgemeinde bis in die Morgenstunden ausgelassen weiter.

Dennoch sind alle Akteure am nächsten Tag früh auf den Beinen. Angeführt von Musikanten, formiert sich eine pompöse Prozession. Edel bestickte Schirme werden aufgespannt, um die Jungen vor der Sonne zu schützen. Die »kleinen Prinzen« sitzen voller Stolz auf den Schultern ihrer Väter, die sich im Rhythmus der Musik tänzelnd vorwärts bewegen. Dahinter folgen Verwandte und Freunde, deren Aufgabe es ist, die schwer behangenen Holzgestelle zu schleppen. Frauen mit langstieligen Besen laufen dem Zug voraus, um die Steine vom Weg zu fegen. Beim Kloster angekommen, vollzieht sich eine erstaunliche Metamorphose. Der ganze Prunk wird am Eingang zurückgelassen wie ein nutzlos gewordener Ballast. Wer Buddhas Pfad folgen will, muss sich von allem Besitz trennen.

Aus den »kleinen Prinzen« werden nun Samanera, Novizen, deren Leben sich fortan nach den strengen Regeln des Bhikshu-Sangha, des Mönchsordens, zu richten hat. Sie werden geschoren und anstelle der kostbaren Seidengewänder legt man ihnen nun die gelbrote Mönchsrobe an. Die Ordination wird vom Abt des Klosters höchstpersönlich vollzogen. Der Sayadaw, der Abt, sitzt auf einem

Nachdem ihnen der Kopf geschoren wurde und sie die Mönchsrobe angelegt haben, erfolgt die Aufnahme als Samanera (Novizen) durch Nachsprechen der dreifachen Zufluchtsformel.

Die Hüter der alten Lehre

Kyaik-tiyo, der »Goldene Felsen«, zählt zu den wichtigsten Pilgerorten Birmas. An Feiertagen und zu Vollmondfesten strömen Tausende auf den 1102 Meter hohen Aussichtsberg, der von einem 5,5 Meter hohen, mit Blattgold beklebten Granitfelsen gekrönt wird.

Thronsessel und davor knien die Novizen in einer Reihe nebeneinander. Nachdem sie die vom Buddha einstmals festgelegte dreifache Zufluchtsformel nachgesprochen haben, sind sie offiziell in die Mönchsgemeinschaft aufgenommen. Der Abt legt jedem von ihnen segnend die Hand auf die Stirn, dann erhalten sie ihre Bettelschalen ausgehändigt, einer der wenigen persönlichen Gegenstände, die die Ordensregel erlaubt. Damit werden sie jeden Morgen in der Reihe der anderen Mönche ausschwärmen, um ihre tägliche Essensration zu erbetteln, die – auch das ist vorgeschrieben – nur bis Mittag zu sich genommen werden darf.

Jeder männliche Birmane, der sich zum buddhistischen Glauben bekennt, wird auf diese Art und Weise einmal in seinem Leben zum Mönch. Die meisten bleiben es allerdings nur für wenige Tage oder höchstens ein paar Wochen und kehren dann wieder ins normale Leben zurück. Die Beziehung, die daraus erwächst, bleibt hingegen ihr ganzes Leben bestehen. Für viele Laiengläubige ist es selbstverständlich, einmal im Jahr einige Zeit im Kloster zu verbringen, um Vipassana, eine in Birma (Myanmar) entwickelte Meditationsmethode, zu praktizieren. Überall im Land gibt es Vipassana-Zentren und, wie mir Sayadaw U Pandita (siehe Interview) versicherte, der selbst etliche solcher unterhält, ist diese Tradition auch in der jungen Generation nach wie vor ungebrochen.

Trotz materieller Armut oder vielleicht gerade deshalb steht Geben noch vor Nehmen. Sichtbares Zeichen sind die ungezählten Pagoden, die das Land wie Antennen überziehen und deren Zahl weiter zunimmt. An allen Ecken wird für den Bau von Heiligtümern oder deren Erhaltung gesammelt.

Was für ein Unterschied, wenn man nach vierzigminütigem Flug von Thailands Hauptstadt Bangkok in Yangoon ankommt und statt Lärm, chronischem Verkehrsinfarkt und monströser Hochhäuser eine Stadt erlebt mit Straßen, auf denen überwiegend »Oldtimer« verkehren, deren größter Teil aus Wasser- und Grünflächen besteht und in der die schlanken goldenen Spitzen von Pagoden selbst die höchsten Gebäude überragen – allen voran die Shwedagon-Pagode. Freilich ist diese Rückständigkeit staatlich verordnet durch die Diktatur einer Militärjunta, die mit den wertvollen Ressourcen des Landes sich selbst und ihren Machtapparat mästet, während das Volk darbt. Umso mehr knüpfen die Menschen ihre Hoffnung an die Religion, deren Ausübung die Militärs zwar kontrollieren, aber immerhin dulden.

Die Hüter der alten Lehre 85

86   *Kapitel 3*

Noch bevor die Morgendämmerung einsetzt, schlägt die Stunde der Gläubigen an der Shwedagon-Pagode. Sie kommen, um dem Heiligtum durch Umwandlung Verehrung zu zollen, um an den Schreinen, die Tierkreiszeichen und Wochentagen zugeordnet sind, Opfergaben darzubringen oder in den Pavillons und Andachtshallen, die die oberste Plattform säumen, zu beten und zu meditieren.

Die Shwedagon-Pagode

Die Shwedagon-Pagode ist dabei weit mehr als nur Ort religiösen Kults, sie ist längst zum Symbol nationaler Identität geworden. Nicht zufällig war Shwedagon die Keimzelle des Widerstandes gegen die britische Kolonialmacht. Hier planten und organisierten die Studenten ihre Streiks und beim Nordeingang befindet sich das Grabmal des Nationalhelden Aung San, der das Land in die Unabhängigkeit führte, aber am Vorabend des Unabhängigkeitstages von politischen Gegnern erschossen wurde.

Seine Tochter Aung San Suu Kyi war zu diesem Zeitpunkt gerade zwei Jahre alt. Heute ist die charismatische und mutige Buddhistin in die Fußstapfen ihres Vaters getreten und verkörpert wie keine andere Person die Hoffnung der Birmanen auf eine gerechtere Zukunft. Es war die Shwedagon-Pagode, zu deren Füßen sie ihre erste flammende Rede hielt, die zur Gründung der »Nationalen Liga für Demokratie« führte, die mit überwältigender Mehrheit die ersten freien Wahlen des Landes gewann. Das Militärregime ignorierte das Votum des Volkes. Seitdem steht Aung San Suu Kyi unter ständigem Hausarrest und jeder Protest wird mit brutaler Gewalt niedergeschlagen, wie zuletzt jener der Mönche im Jahr 2007, die sich mit dem unterdrückten Volk solidarisierten. Aus Angst, die Shwedagon könnte als Versammlungsort oppositioneller Kräfte benutzt werden, blieb die Pagode tagelang geschlossen. Doch den Blick auf das Bauwerk konnten die Militärs nicht verhindern, denn es ist nach wie vor das höchste Bauwerk der Stadt und die goldene Kuppel, die die Birmanen mit einer umgestülpten Bettelschale vergleichen, gleicht einem Leuchtturm des Glaubens, der zu jeder Tages- und Nachtzeit aufblitzt.

Der Anblick dieses Wunders hat den Schriftsteller Rudyard Kipling, der Yangoon im Jahre 1881 besuchte, zur Äußerung hingerissen: »Und die goldene Kuppel sagte zu mir: Das hier ist Birma, ein Land, das anders ist als alle anderen, die du kennst.« Diese Andersartigkeit hat Birma bis heute bewahrt. Allein der Besuch von Shwedagon reicht aus, um sich davon zu überzeugen. Es sind nicht die Superlative, mit denen das Bauwerk klotzt, die geschätzten sechzig Tonnen Gold, die die Pagode bedecken, oder die Tausende von Edelsteinen, mit denen sie bestückt ist, die das Besondere dieses Epizentrums religiösen Lebens in Birma ausmachen. Die Einmaligkeit dieses Ortes ist die Atmosphäre, die Stimmung, die dort herrscht. Sobald man die Plattform am Ende eines der vier Treppenaufgänge betritt, fühlt man sich in eine andere Welt versetzt. Alles Profane scheint von die-

Ein Mönch hat sich zwischen den kleinen Pagoden, die den Naungdawgyi-Stupa ringförmig umschließen, zu einer Sitzmeditation zurückgezogen.

Die Hüter der alten Lehre

Einer der begehrtesten Plätze zur Meditation ist der Pavillon (Tazaung) mit der Maha-Tissada-Glocke (= großer süßer Klang). Sie ist die größte der 29 Glocken rund um den Shwedagon-Stupa und wurde von König Tharrawaddi im Jahre 1841 gespendet.

sem heiligen Bezirk verbannt, nicht durch Verbote und Verordnungen, sondern auf ganz natürliche Weise. Die Menschen kommen hierher, um in stiller Andacht innezuhalten und angeleitet durch Bilder und Symbole sich mit den ethischen Idealen des Dharma, den der Buddha lehrte, zu verbinden. Sie kommen auch, um durch Opfergaben und Rituale Punya zu sammeln, religiöse Verdienste, die das Karma verbessern und für eine günstige Wiedergeburt sorgen. Sie ahnen, dass das oberste Heilsziel, das Nirvana, zwar noch in unbestimmter Ferne liegt, aber sie wissen, dass sie ihm durch altruistische Handlungen näher kommen können. Wenn es ein Volk gibt, das vollständig vom Buddhismus durchdrungen ist, dann sind es die Birmanen, und Shwedagon ist der Ort, an dem sich dies am eindrucksvollsten zeigt. Es gibt wohl kaum einen buddhistischen Bewohner der Stadt, der nicht mindestens einmal in der Woche hierherkommt, viele kommen täglich, manche sogar zweimal am Tag, vor und nach der Arbeit. Von Anbeginn des Tages bis spät in die Nacht hinein ist die von polierten Marmorplatten ausgelegte Fläche, auf der sich die über hundert Meter hohe Pagode erhebt, von Menschen bevölkert. Zwischen der Menge der Laiengläubigen, die die überwiegende Mehrheit der Besucher ausmachen, sieht man auch Mönche in ihren safranfarbenen Roben würdevoll den Stupa umschreiten oder in meditativer Versenkung vor einer der vielen mit Buddha-Figuren besetzten Nischen sitzen. Auch erstaunlich viele Nonnen finden sich darunter. Sie tragen rosa Gewänder und in der Mehrheit sind sie noch sehr jung, ein Beleg dafür, dass sich heute wieder mehr junge Frauen dem Orden anschließen. Allerdings bleibt ihnen die volle Ordination verwehrt, da in der Theravada-Tradition des Buddhismus, die hier in Birma gelebt wird, diese Tradition im 12. Jahrhundert abgerissen ist.

Geisterkult und Astrologie

Es mag erstaunen, dass trotz des Anspruches des Theravada, die reine Lehre Buddhas zu vertreten, auch der vorbuddhistischen Religion ein Platz eingeräumt wird, und das nicht nur in dörflichen Götter- und Geisterkulten, sondern auch im zentralen Heiligtum des Landes, der Shwedagon-Pagode. Solche Gestalten heißen in Birma Nats und der Buddhismus hat offenbar kein Problem mit ihnen, weil sie wie die Menschen der Welt der Vergänglichkeit zugeordnet werden. Sie werden von den Menschen angerufen, um weltliche Wünsche zu erfüllen, und gelten als Beschützer auf verschiedenen Ebenen. So gibt es Familien-Nats, Dorf-Nats, regionale Nats und schließlich sechsunddreißig nationale Nats, de-

In der nordwestlichen Ecke von Shwedagon findet sich dieser Pavillon mit vier Buddhas, die entsprechend den vier Himmelsrichtungen angeordnet sind.

Die Hüter der alten Lehre

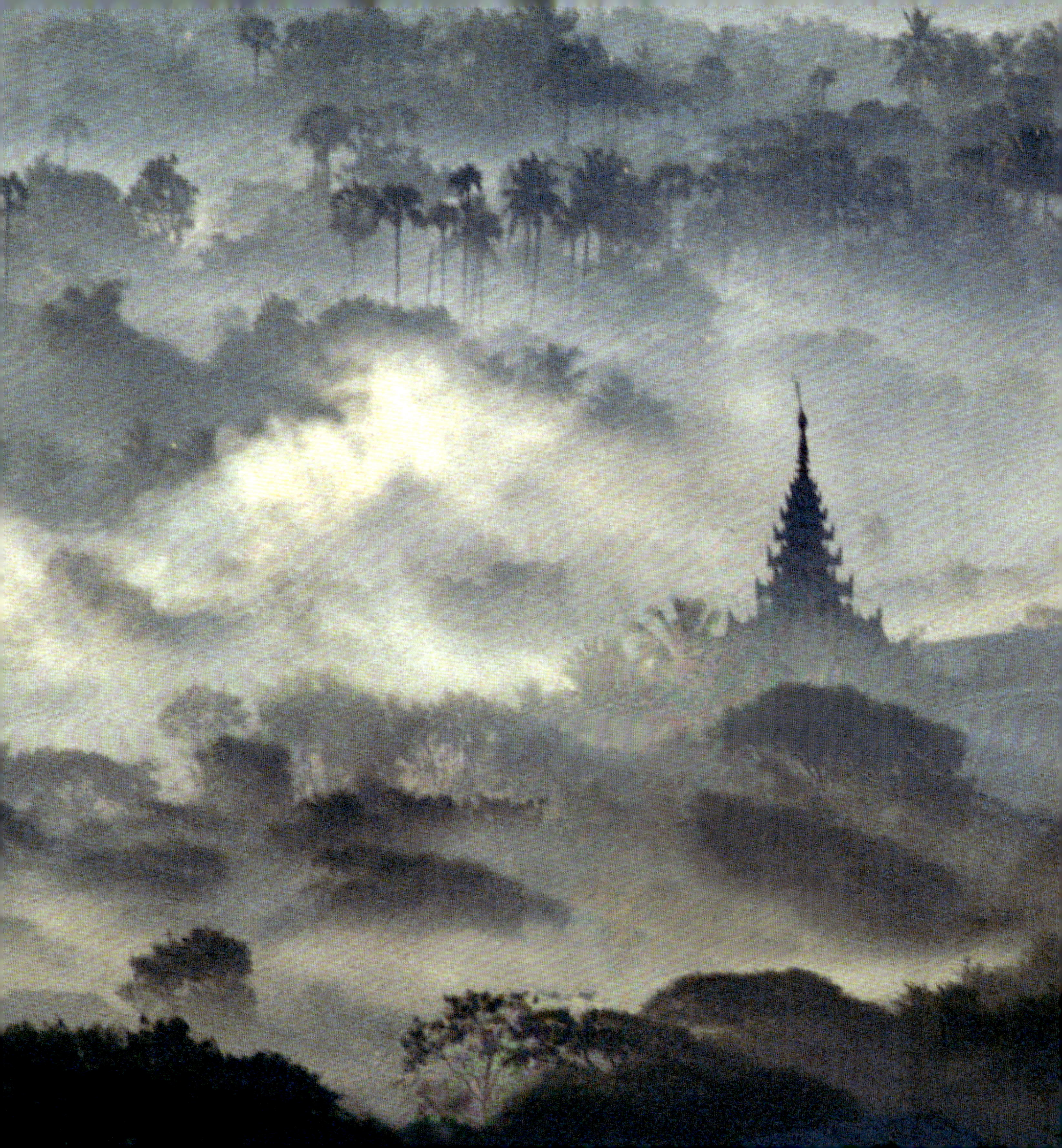

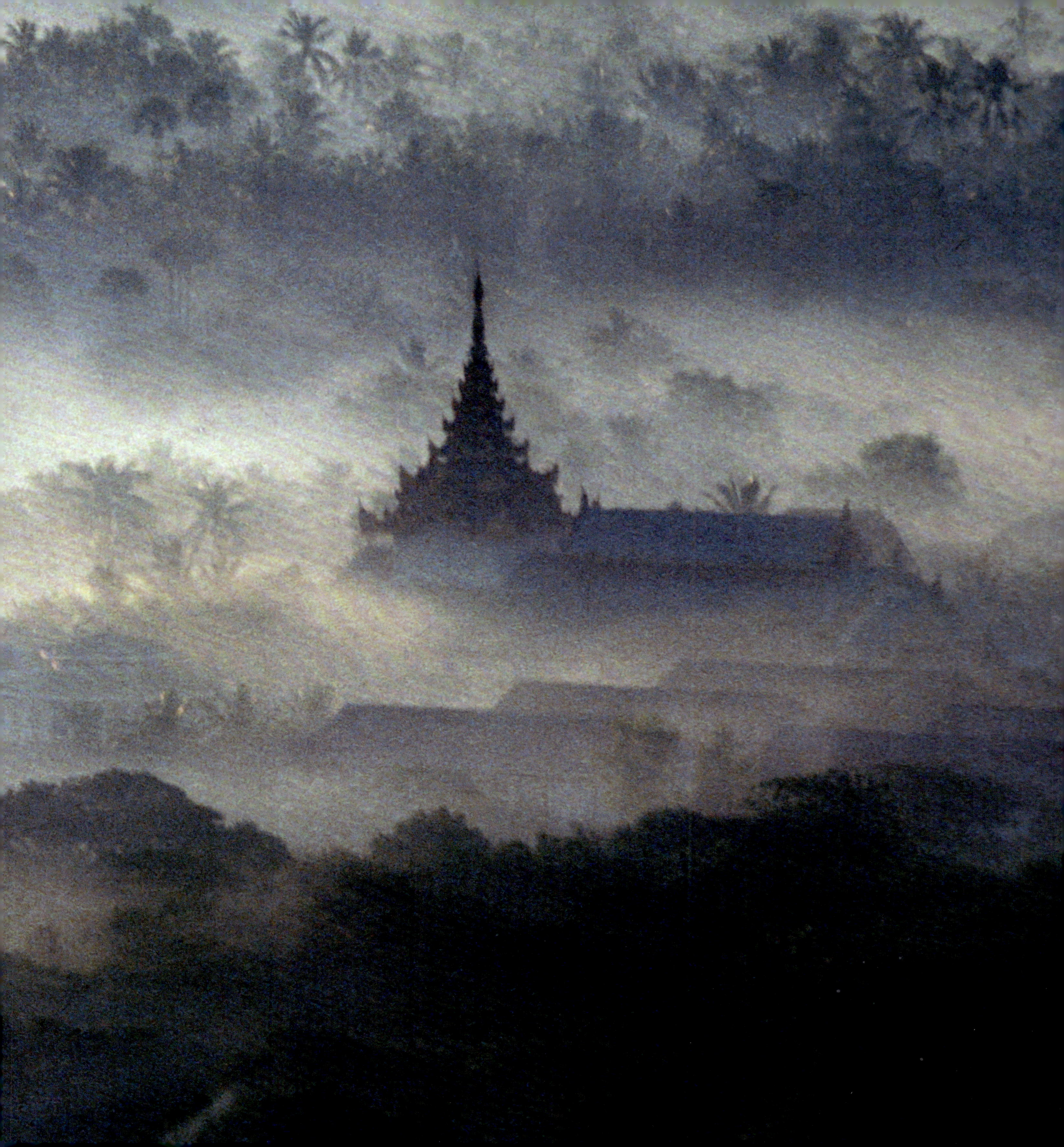

Vorhergehende Doppelseite: Blick vom Mandalay-Berg über die weite Irrawaddy-Ebene zu Füßen, aus der die schlanken Spitzen von Pagoden wie Antennen aus dem Morgennebel ragen.

Bild unten: Schutz-Nat der Shwedagon-Pagode. Dabei handelt es sich um eine Gestalt aus dem vorbuddhistischen Geister- und Dämonenglauben, die in den Buddhismus integriert wurde. Nahezu jedes buddhistische Heiligtum besitzt einen Schrein, in dem Nats als Schutzgottheiten verehrt werden.

Geht daher hinaus, ihr Brüder, auf eure Reise, um de[s Heils] der Vielen willen, aus Mitgefühl für die Welt. Unte[rweist …] Anfang, herrlich in der Mitte und herrlich am Ende.

ren zentrales Heiligtum der erloschene Vulkan Mt. Popa ist. Unter dem Einfluss des Buddhismus wurde den sechsunddreißig nationalen Nats ein siebenunddreißigster in Gestalt des indischen Götterkönigs Indra übergeordnet. Die beiden Schutz-Nats von Shwedagon stehen hinter Glas in der südwestlichen Ecke der Anlage.

Einen wesentlich gewichtigeren Platz als der Nat-Verehrung wird dem Kult um die Astrologie eingeräumt. Die acht Ecken des Sockels der Pagode stehen für die Himmelsrichtungen, für die vier Haupt- und die vier Nebenhimmelsrichtungen. Jedem dieser Punkte ist ein Planet zugeordnet, der durch ein Tier an einer roten Säule dargestellt wird. Jedes Tier ist mit einem Wochentag assoziiert. Damit die Rechnung von sieben Wochentagen und acht Tieren aufgeht, ist der Mittwoch geteilt in Vormittag und Nachmittag. Besucht man beispielsweise Shwedagon an einem Samstag, dann wird man stets eine große Menschenmenge am Planetenposten für die Richtung Südwesten antreffen. Dieser wird durch die Naga-Schlange repräsentiert und ihm ist der Samstag zugeordnet. Die an diesem Tag Geborenen bringen dort Opfergaben dar und übergießen die an dieser Stelle befindlichen Buddha-Statuen mit Wasser.

Sowohl die Astrologie als auch die Praxis, den Buddha-Figuren symbolisch ein Bad zukommen zu lassen, erinnern stark an hinduistische Traditionen, die schon sehr früh auf den nördlichen Handelswegen über Assam und Indochina sowie auf dem Seeweg von Südindien das Gebiet des heutigen Birma erreichten. Die buddhistische Überlieferung will davon freilich nichts wissen. Sie hat die Legende gewoben, dass die Lehre des Buddha früher als andere Religionen in Birma Fuß fasste, nämlich bereits zu Lebzeiten des Buddha. Demnach sollen zwei Kaufmannssöhne per Schiff nach Indien gesegelt sein, wo sie den Buddha predigend unter einem Bodhi-Baum antrafen. Woraufhin er den Brüdern Haare seines Hauptes gab mit dem Auftrag, diese nach ihrer Heimkehr eingemauert aufzubewahren. Über diesen Reliquien soll später die Shwedagon-Pagode errichtet worden sein.

Die anrührende Geschichte ist reine Fiktion. Fakt hingegen ist, dass es zu Lebzeiten des Buddha das heute staatstragende Volk der Birmanen hier nicht einmal gab, weil es erst viel später in dieses Gebiet einwanderte, und die heute in Birma verbreitete Theravada-Schule erst 1500 Jahre nach dem Buddha von einem birmanischen König eingeführt wurde, und zwar nicht direkt aus Indien, sondern durch Vermittlung Sri Lankas.

Das Wort des Buddha

Die Theravada-Tradition beruft sich darauf, »das Wort des Buddha« zu verkünden, das besagt jedoch nicht viel, denn das tun alle buddhistischen Schulen. Theravada bedeutet wörtlich »Lehre der Alten«, gemeint ist damit ein bestimmter Katalog von Ordensregeln, die sich diese Schule zu eigen gemacht hat und die jede Abweichung davon als unorthodox betrachtet. Philosophisch bezeichnen sie sich selbst als »Analytiker«, ihre Lehrmeinung jedoch niemals als Hinayana: als Kleines Fahrzeug. Dies ist ein abschätziger Begriff, den die Anhänger des Mahayana, des Großen Fahrzeugs, geprägt haben. Auf den Mahayana-Buddhismus wird im folgenden Kapitel näher eingegangen.

Für einen Theravada-Mönch ist Pali eine heilige Sprache, in der das »Wort des Buddha« überliefert ist. Die Theravadins erkennen nur den Pali-Kanon als verbindlich an. Das tun zwar die anderen Schulen auch, aber eben nicht ausschließlich. Historisch gesehen entwickelte sich die Theravada-Tradition innerhalb des 1. Jahrhunderts nach dem Ableben des Buddha, als es im Sangha zu heftigen Richtungsstreits kam, infolge derer die ersten Abspaltungen erfolgten.

Wie der Pali-Kanon überliefert, hatte der Buddha bei seinem Dahinscheiden den Mönchen den Dharma als Erbe gegeben,

*...Freude der Vielen willen, um des Glücks
...weist im Dharma, der herrlich ist am...
Keine zwei von euch sollen gemeinsam gehen.*

Vor der Kulisse des rot gefärbten Abendhimmels wirken die filigranen Spitzen und Dächer der Tempel und Pagoden von Shwedagon wie Scherenschnitte.

die Lehre, an die sie sich halten und die sie verbreiten sollten. Er hatte keinen Nachfolger bestimmt, keine Hierarchie geschaffen, nach der der Sangha, die Gemeinschaft der Mönche, sein Zusammenleben regeln sollte. Die Mönche waren nun auf sich allein gestellt, den Auftrag des Meisters zu erfüllen.

Schon bald nach dem Paranirvana des Buddha trafen sich die Jünger zum 1. Konzil, das in Rajagaha (heute Rajgir) stattfand. Das Wort Konzil ist etwas irreführend, denn in Wirklichkeit war es eine Zusammenkunft von Mönchen mit gemeinsamen Rezitationen der »Worte Buddhas«. Zweck dieser ersten Versammlung war der buddhistischen Überlieferung zufolge die Festlegung des Kanons gewesen, also zu entscheiden, was als das »Wort des Buddha« zu gelten habe und was nicht. Den Vorsitz soll der greise Kasyapa geführt haben. Der Kanon entstand, indem er andere Mönche nach Aussprüchen des Buddha befragte. Auf diese Weise soll das von allen Buddhisten anerkannte Tripitaka entstanden sein, die drei mit Texten gefüllten Körbe der Lehre, nämlich das Sutra-Pitaka, der Korb mit den Lehrreden Buddhas, das Vinaya-Pitaka, der Korb mit den Verhaltensregeln für Mönche und Nonnen, und das Abidharma-Pitaka, der Korb mit den Kommentaren zu den Sutras.

Das anschauliche Bild der drei mit Texten

Die Hüter der alten Lehre

Frauengruppe bei einer morgendlichen Sitzmeditation in einem mit Buddha-Figuren angefüllten Pavillon bei der Shwedagon-Pagode.

gefüllten Körbe ist freilich erst in späterer Zeit entstanden, denn der Pali-Kanon, den die Theravada-Tradition bewahrt hat, wurde erst im 1. Jahrhundert n. Chr. als Ganzes schriftlich fixiert. Bis dahin erfolgte die Überlieferung in mündlicher Form. Nach der Mahayana-Tradition wurde der Kanon erst während eines Konzils, das der Kushan-König Kanishka im 2. Jahrhundert n. Chr. abhalten ließ, in Sanskrit niedergeschrieben. Das mindert jedoch nicht die Glaubwürdigkeit, dass die wesentlichen Teile des Tripitaka, nämlich Sutra- und Vinaya-Pitaka, tatsächlich auf das erste, kurz nach dem Paranirvana des Buddha abgehaltene Konzil zurückgehen. Nach buddhistischer Überlieferung soll es der Mönch Upali gewesen sein, der den Korb der Regeln, Vinaya-Pitaka, erklärte, während Ananda, Buddhas Lieblingsschüler und persönlicher Begleiter, den Korb der Lehrreden, Sutra-Pitaka, aus dem Gedächtnis vortrug. Deshalb beginnt jede Lehrrede mit den Worten »So habe ich gehört …«. Der dritte Korb hingegen, das Abidharma-Pitaka, das die umfangreiche Kommentarliteratur zu den Sutras enthält, wurde erst nach und nach geschaffen, wobei jede Schulrichtung ihre eigene Kommentarliteratur hervorbrachte. Die der Theravadins wurde erst im 5. Jahrhundert vom indischen Gelehrten Buddhagosa in Sri Lanka endgültig niedergeschrieben.

Mönche und Nonnen

Dem Aufruf des Buddha folgend, zogen nun die Mönche und Nonnen in kleinen Gruppen durch das Land, um die Lehre zu verbreiten. Schon früh erreichten die ersten von ihnen Nord- und Südindien. Ihre Spuren lassen sich anhand alter Stupas wie Bharhut, Sanchi oder Mathura nachverfolgen. Bereits hundert Jahre nach dem Tod des Buddha gelangte der Buddhismus in das Kaschmir-Tal. Zweifellos musste die Lehre Buddhas eine große Anziehungskraft für die Menschen besessen haben, denn sonst hätte sie sich kaum in relativ kurzer Zeit so erfolgreich entwickeln können. Ursprünglich hatte der Buddha den Sangha als kleine Gruppe umherziehender Bettelmönche (Bhikshus) gegründet, die sich nur während der Regenzeit irgendwo sesshaft niederließen. Es war eine überschaubare Gemeinschaft von Individuen, die sich untereinander kannten und von denen jeder seine eigene Erleuchtung suchte. Die Regeln des Zusammenlebens waren auf Gleichheit bedacht und Entscheidungen über Angelegenheiten der klösterlichen Disziplin und die Aufnahme neuer Mitglieder mussten einstimmig gefasst werden. In allen anderen Fragen galt das Senioritätsprinzip, d.h. Mönche, die schon länger dem Sangha angehörten, hatten höheres Ansehen und ihr Wort mehr Gewicht als

Eine Nonne wartet auf das Fährboot für die Überfahrt zur Khyauktan-Pagode. Das Heiligtum befindet sich auf einer Insel inmitten des Yangoo-Flusses und die legendenhafte Überlieferung behauptet, dass es auf wundersame Weise jedem Hochwasser trotzt, selbst wenn die ganze Umgebung überflutet ist.

Die Hüter der alten Lehre

Riesige sphinxähnliche Gestalten bewachen die vier Ecken der Shwedagon-Pagode.

das der jüngeren. Die Nonnen waren in dieses Gleichheitsprinzip nicht eingeschlossen, denn sie waren der Hierarchie des Geschlechts unterworfen, was so viel bedeutet wie, dass selbst die am längsten ordinierte Nonne dem jüngsten Mönch untergeordnet war.

In Bezug auf persönlichen Besitzstand von Mönchen und Nonnen ist in den Vinaya-Regeln von »vier Utensilien« die Rede, die der Buddha seinen Ordensmitgliedern erlaubt hat: Kleidung, Bettelschale, Wohnung und Arznei. Diese Verpflichtung auf ein Mindestmaß an Eigentum verhinderte, dass die Mönche die Laien ausbeuteten. Allerdings wurde diese Regel später dadurch unterlaufen, dass Spenden, die nicht zu den »vier Utensilien« gehörten, der Körperschaft des Sangha als Gemeinbesitz zuflossen und nicht einem einzelnen Mönch – was beispielsweise in Sri Lanka zu der bizarren Entwicklung führte, dass die Klöster zu den größten Grundbesitzern des Landes aufstiegen.

Der Wandel vom Bettelorden umherziehender Wanderasketen zu festen klösterlichen Institutionen setzte schon bald nach dem Ableben des Buddha ein, und zwar synchron zum Anwachsen der buddhistischen Gemeinde, sowohl der Mönche und Nonnen als auch der Laienanhängerschaft. Durch großzügige Förderung wohlhabender Laien oder Könige entstanden weit voneinander entfernte große Gemeinschaften, die fest in Klöstern lebten, die wiederum an Städte, dörfliche Kommunen oder gar an den Königshof gebunden waren.

Gleichzeitig gab es weiterhin die Wandermönche, die genau dem von Buddha vorgelebten Weg folgten.

Die Fortführung der Lehre

Der Buddhismus war also von Anfang an keine homogene Bewegung, sowohl was die Struktur des Sangha betrifft als auch die Gestalt der Lehrinhalte. Allein die sprachliche Vielfalt der im Pali-Kanon und den Sanskrit-Texten überlieferten Lehrreden des Buddha belegt dies. Der Buddha wandte sich mit seiner Botschaft an Menschen unterschiedlicher Herkunft und unterschiedlichstem Bildungsgrad. So stehen fantastische Wundergeschichten neben scharfsinnigen rationalen Analysen, anschauliche Gleichnisse neben abstrakt zusammengefassten Begrifflichkeiten. Gemeinsam war allen das Streben nach dem obersten Heilsziel, also der Befreiung vom Anhaften und das Erreichen des Nirvana bzw. diesem durch Disziplin und Praxis näher zu kommen. Die Fortführung der wahren buddhistischen Tradition muss in den ersten Jahrhunderten nach dem Ableben des Buddha tatsächlich ein großes Problem

Die Hüter der alten Lehre

Novizen beim täglichen Studium im abgelegenen Kloster Wan Seng des Shan-Berglandes Nordostbirmas. Das moderne Transistorradio daneben deutet auf eine Lockerung der strengen Mönchsregeln hin.

gewesen sein. Sie sollten »wie Inseln, wie ihre eigenen Zufluchtsorte« sein, hatte ihnen der Buddha mit auf den Weg gegeben. Als einzige Orientierung hatten die Mönche und Nonnen den Dharma, die Lehre. Diese war jedoch noch nicht in Texte gegossen, sondern wurde mündlich tradiert. Die Sanghas lebten oft weit voneinander entfernt, weitgehend autark. Die meisten Sanghas hatten selten bis gar keinen Kontakt mehr zueinander, was natürlich die Entwicklung voneinander abweichender Interpretationen von »Buddhas Wort« begünstigte.

In ihrer ersten gemeinsamen Zusammenkunft, dem bereits erwähnten 1. Konzil in Rajagaha, hatten sie dem Sangha einen Katalog fester Regeln gegeben und im Vinaya-Pitaka kanonisiert. Dazu zählte, dass wenigstens fünf Mönche oder Nonnen zugegen sein mussten, deren volle Ordination selbstverständlich auch gültig sein musste, um ein neues Mitglied in den Sangha aufzunehmen. Die Entscheidung darüber musste einstimmig erfolgen.

Dies waren jedoch nicht die einzigen Voraussetzungen. Der Sangha definierte sich auch über eine Reihe von Beichtformeln, Patimoksa genannt, die ebenfalls während des 1. Konzils festgelegt wurden und die die Mönche und Nonnen zweimal im Monat gemeinsam rezitieren müssen. Diese Patimoksa-Zeremonie erhielt in der weiteren Entwicklung des Sangha eminente Be-

Bild oben: Novizen (Samanera) vor einer der vielen Nischen mit Buddha-Figuren, die den Rundgang um die Shwedagon-Pagode säumen.

Bild unten: Der Sayadaw (Abt) des Klosters Wan Seng legt einem Novizen zum Segen die Hand auf die Stirn, während dieser die dreifache Zufluchtsformel spricht. Damit ist der Eintritt in den Orden Buddhas besiegelt.

deutung. Ein Sangha ist demnach eine Gruppe von Mönchen oder Nonnen, die dieselben Beichtformeln miteinander teilen, und zwar unabhängig davon, ob die Mitglieder unter einem Dach miteinander leben oder in kleinen und großen Gemeinschaften weit voneinander entfernt. Vor diesem Hintergrund ist die Patimoksa-Zeremonie mehr als ein bloßes Ritual, es ist der Mörtel, der den Sangha zusammenhält, denn diese Gemeinsamkeit war die Voraussetzung dafür, dass der Sangha gültige Rechtshandlungen wie die Ordination neuer Mitglieder durchführen konnte, also imstande war, sich zu erneuern.

Unterschiedliche Meinungen bei der Auslegung der Lehre konnten durchaus innerhalb eines Sangha existieren, diese wurden sogar gefördert und offen diskutiert, wie der regelmäßige philosophische Disput eindrucksvoll belegt, der bis heute in den Klöstern Tibets Bestandteil des Unterrichtsplans ist. Nicht zufällig bedeutet der Begriff »vada« nicht nur »Ansicht« bzw. »Lehrmeinung«, sondern zugleich auch »Debatte«. In Bezug auf die Ordensregeln hingegen wurde keinerlei Abweichungen geduldet.

Aus dieser Sicht ist auch der Mahayana-Buddhismus nur eine andere Lehrmeinung, und wie der chinesische Pilgermönch Xuanzang berichtet, der die berühmte Klosteruniversität Nalanda im 7. Jahrhundert besuchte, lebten und studierten dort Angehörige des Mahayana als auch Theravada-Mönche unter einem Dach.

Glaubt man der buddhistischen Überlieferung, so kam es schon sehr früh zu ersten Abspaltungen. Das konnte allein schon durch die geografische Trennung geschehen. Es genügte bereits, wenn eine Gruppe in ihrer Abgeschiedenheit dem Patimoksa-Kodex neue Regeln hinzufügte oder bestehende veränderte und dadurch die Zeremonie nicht mehr mit den anderen Gruppen gemeinsam abhalten konnte. Freilich haben sich die abgespalteten Gruppen mit der Zeit auch in Bezug auf die Lehrtradition von den anderen abgegrenzt und es entstanden verschiedene Schulen (Nikaya). Die Geschichte der einzelnen Abspaltungen lässt sich historisch nicht nachvollziehen, denn nur von wenigen Schulen sind schriftliche Zeugnisse überliefert.

Offenbar führten diese Abspaltungen zu so heftigen Auseinandersetzungen zwischen den buddhistischen Gruppen, dass es geboten war, neuerlich eine Zusammenkunft einzuberufen. Dieses 2. Konzil fand etwa hundert Jahre nach dem Ableben des Buddha in Vaisali statt. Das Ziel war es, den Richtungsstreit beizulegen, was letztlich misslang, denn es kam dabei zur ersten größeren Abspaltung. Die Meinungsverschiedenheiten betrafen die Aus-

Die Hüter der alten Lehre

Bild oben: Nonnen eines nahe gelegenen Klosters kommen allabendlich nach Lumbini, um am Geburtsort des Buddha religiöse Verdienste zu sammeln. Die archäologischen Überreste werden heute von einem modernen Gebäude beschützt. Daneben befindet sich jene berühmte Säule, die einst der indische König Ashoka hier aufstellen ließ.

Bild unten: Der Garuda-Tempel auf einem Hügel am Rande des Kathmandu-Tals ist ein großartiges Beispiel für das Kunstschaffen der Newari. Bei diesem Kulturvolk Nepals konnte der indische Buddhismus nach seinem Untergang im Mutterland fortleben.

legung der Mönchsregeln und das Ideal des Arhat. Ein Teil der Anwesenden wollte an der überlieferten Auffassung festhalten und keine Lockerung zulassen. Sie schlossen sich in der Ordensgemeinschaft der Sthaviras, der »Lehre der Beharrenden«, zusammen. Die Mehrheit plädierte jedoch für eine großzügigere Auslegung der Mönchsregeln – offenbar unter dem Eindruck der veränderten Verhältnisse. Die Reformer nannten sich Mahasamghikas, diejenigen, die den »großen Orden« repräsentieren. Inhaltlich unterschieden sich die beiden Schulen vor allem in Bezug auf den Status des Arhat. Die Sthaviras vertraten die Ansicht, dass ein Mönch, der durch Befolgung des vom Buddha festgelegten Weges die Stufe eines Arhat erreicht hat, bereits vollkommen sei, während die Mahasamghikas der Auffassung waren, auch ein Arhat sei noch nicht ganz frei von Verunreinigungen. Diese Schulen spalteten sich im Laufe der Zeit immer weiter auf und zur Zeit des Königs Ashoka (reg. 268–239 v. Chr.) soll es angeblich bereits achtzehn Schulen gegeben haben.

König Ashoka

Die Regentschaft des Maurya-Königs Ashoka bedeutete einen Meilenstein in der Geschichte des Buddhismus, denn auf seine Initiative hin verbreitete sich die Lehre über die Grenzen des indischen Subkontinentes. In einem Felsenedikt, das der König um die Mitte des 3. vorchristlichen Jahrhunderts anbringen ließ, verkündet er, dass er einen Dharma-Sieg errang, indem er Missionen an fünf Könige und mehrere andere Länder entsandte. Diese Missionen verfolgten den Zweck, den Dharma in den benachbarten Reichen zu verbreiten.

In der historischen Überlieferung gibt es zwei Ashokas: denjenigen, den die buddhistische Geschichtsschreibung zeichnet, und denjenigen, der uns in den Edikten entgegentritt. Letztere sind unbestechliche und unverfälschte Zeugnisse, denn aus ihnen spricht Ashoka selbst. Sie enthüllen das Bild einer in jeder Hinsicht ungewöhnlichen Herrschergestalt. Wo sonst in der Weltgeschichte findet man einen Potentaten, der das von ihm verursachte Leid öffentlich bereut und erklärt, dass er fortan anstatt mit militärischer Gewalt durch moralische Überzeugungskraft regieren wolle? Dabei herrschte Ashoka nicht über ein Kleinreich, sondern über das größte Reich, das bis dahin auf indischem Boden entstanden war und das fast den gesamten Subkontinent umfasste.

Dass er seine Ankündigung auch in die Tat umsetzte, beweisen eindrucksvoll die über das ganze Reich verstreuten Felsenedikte. In ihnen hielt er seine Untertanen zu einer der buddhistischen Ethik entsprechenden Lebensführung an. Er selbst ging dabei mit gutem Beispiel voran. Er pflanzte Bäume, grub Brunnen, ließ die blutigen Tieropfer verbieten. Freilich konnte er auf das Gewaltmonopol nicht gänzlich verzichten, doch er bemühte sich, Gerichtsurteile abzumildern. Unermüdlich war er im Dienst der Menschlichkeit tätig, »denn ich bin nie zufrieden mit meinen Anstrengungen und der Erledigung meiner Geschäfte«, ließ er seine Untertanen auf eine Säule gemeißelt wissen, und er lieferte gleich die Begründung dazu: »… weil ich denke, dass ich zum Wohl der ganzen Welt arbeiten muss«. Auf seiner längsten Inschrift, in der er seine Bemühungen zur Verbreitung des Dharma dargelegt hat, resümiert er abschließend: »Der Fortschritt der Menschen im Dharma wird auf zweifache Weise erreicht, durch Dharma-Vorschriften und Überzeugung. Vorschriften bewirken wenig, Überzeugung viel.«

Ashoka hat den Buddhismus nie zu einer Staatsreligion erhoben, sondern förderte in bester indischer Herrschertradition alle Religionen, wenngleich er aus seinem persönlichen Glaubensbekenntnis keinen Hehl machte. In einer Inschrift, die in Lumbini gefunden wurde, verlautet er, dass er den Geburtsort des Buddha besucht hat, um ihm Verehrung zu zollen. Er ging also auch auf Pilgerreisen und ließ an besonderen Plätzen Stupas errichten.

Der Newari-Buddhismus ist von hinduistischen Traditionen durchsetzt. Neben Buddha werden auch Hindu-Götter verehrt – vor allem Vishnu, dem sogar ein eigener Tempel gewidmet ist, wo die Figur der Gottheit getragen von der Weltenschlange in einem »Ur-Ozean« schwimmt.

Die Hüter der alten Lehre

Der Dharma wird nicht aufrechterhalten, indem man darüber redet. De[r Dharma wird] aufrechterhalten, indem man im Einklang mit ihm lebt, selbst wenn ma[n ...]

In mindestens zwei seiner Inschriften wandte sich der König direkt an die Mönche und Nonnen und rief sie zur Bewahrung der Einheit des Sangha auf. Er mischte sich sogar so weit in die Ordensangelegenheiten ein, dass er verkündete, Mönche und Nonnen, die den Sangha spalteten, müssten weiße Gewänder tragen, was so viel bedeutete wie, dass sie aus dem Sangha ausgeschlossen wurden und wieder in den Laienstatus zurückkehren mussten. Daraus lässt sich schließen, dass Sektierertum und Abspaltung zur Zeit Ashokas ein ernstes Problem darstellten. Vor diesem Hintergrund soll Ashoka ein Konzil einberufen haben, das die Orthodoxie des Pali-Kanon bestätigte. Die Historizität dieses 3. Konzils ist äußerst umstritten und es wird von keiner der anderen Schulen anerkannt. Da es nur in den Theravada-Texten überliefert ist, dürfte es, sofern es überhaupt stattfand, nur diese Schule betroffen haben. Des Weiteren soll dieser Schriften-Kanon von Ashokas Sohn Mahinda nach Sri Lanka gebracht worden sein, wo er schließlich von der Mahavihara-Linie bewahrt und weiter überliefert wurde.

Ashokas Tochter Sanghamitta folgte bald darauf nach und soll den Nonnenorden in Sri Lanka begründet haben. Es muss bezweifelt werden, dass diese Geschichte so stimmt, denn sie wird durch keine der Ashoka-Inschriften gestützt. Überhaupt

Dharma wird nicht gelehrt ist.

Bild links: Mönche bei einer Rast während des Aufstiegs zum Mandalay-Berg.

Bild rechts: In diesem goldenen »Tresor« der Botataung-Pagode in Yangoon befinden sich die kostbaren Haarreliquien Buddhas. An dieser Stelle soll bereits im 1. Jahrhundert n. Chr. ein Stupa entstanden sein. Die heutige Pagode entspricht zwar dem ursprünglichen Stil, doch sie ist neu, nachdem die alte im Jahre 1943 zerstört wurde. Das Besondere dieser Pagode ist, dass man das Innere begehen kann.

gibt es große Widersprüche zwischen den Darstellungen der Ereignisse in den Edikten und der Überlieferung der Theravada-Traditon. Es ist klar zu erkennen, dass die Mönche die Geschichte zu ihren Gunsten durch Weglassen und Umdeutungen zurechtschrieben. Das beginnt bereits bei Ashokas Bekehrung zum Buddhismus. In den Felsenedikten erklärt er, dass er nach einem siegreichen Feldzug gegen das Reich Kalinga (heute Orissa) über das von ihm verursachte Leid so entsetzt war, dass er fortan der Gewalt abschwören und sich dem Dharma zuwenden wollte. In der Theravada-Überlieferung, die erst Jahrhunderte später in Sri Lanka niedergeschrieben wurde, soll der König nicht durch eigene Einsicht auf den Pfad Buddhas gelangt sein, sondern mithilfe eines Mönchs. Die Geschichte besagt, dass er einmal einem Novizen begegnete und von dessen Gelassenheit so beeindruckt war, dass er ihn in den Palast einlud. Dort wies er ihn an, auf einem passenden Sitz Platz zu nehmen. Der Novize blickte sich um, und nachdem er keinen anderen Mönch sah, setzte er sich auf den Thron des Königs und begann, ihn zu belehren. Die Botschaft ist klar: Selbst der jüngste Mönch steht im Rang über dem höchsten Laienanhänger.

Um das Bekehrungswerk des Novizen in ein noch besseres Licht zu rücken, wurde die Grausamkeit des Königs besonders herausgestrichen und zuweilen ins Absurde übertrieben, wenn es heißt, er hätte neunundneunzig Halbbrüder getötet, um an die Herrschaft zu kommen. Außerdem, so wird behauptet, hätte nicht Ashoka die Missionen ausgesandt, sondern sie seien vom Sangha beauftragt worden. Während in den Edikten und Inschriften nur davon die Rede ist, dass Ashoka »Dharma-Botschafter« in Gegenden jenseits seines Reiches aussandte, war es nach Lesart der Theravada-Tradition der Mönch Tissa Moggaliputta, der neun Missionen losschickte mit dem Auftrag, den Buddhismus zu verbreiten. Gemeint ist natürlich den der Theravada-Linie, die ganz offensichtlich der Versuchung erlag, die Geschichte ihrer Schulrichtung, die nur eine von vielen war, mit der Geschichte des Buddhismus gleichzusetzen. Den nachhaltigsten Einfluss auf die weitere Entwicklung des Theravada-Buddhismus hatte die Ashoka-Legende von der Aneignung der Buddha-Reliquien. Demnach soll Ashoka in den Besitz der acht ursprünglichen Reliquien des Buddha gelangt sein, um daraus den ganzen Körper wiederherzustellen. Durch diesen Akt legitimierte er sein buddhistisches Königtum. König und Buddha, Staatsmacht und Mönchtum, wurden hier miteinander verschmolzen und bedingten einander. Anschließend, so führt die Legende aus, zerteilte der König den Kör-

Die Hüter der alten Lehre

per in vierundachtzigtausend Stücke und verstreute sie als Reliquien über das ganze Universum. Daraus entwickelte sich die Vorstellung eines Königtums, dessen Legitimation mit der Präsenz Buddhas verknüpft war. Diese war für alle sichtbar in der Gegenwart einer Reliquie gegeben und natürlich durch den Sangha, der die Lehre bewahrte und fortführte. Wirklichkeit wurde diese Legende in Sri Lanka, wie das Beispiel der Zahnreliquie zeigt. Wer immer diesen heiligen Zahn des Buddha besaß, hatte die Legitimation zur politischen Herrschaft. Die Strahlkraft des Ashoka-Mythos ging aber weit über Sri Lanka hinaus und wurde zum Vorbild für Könige in Birma, Thailand, Laos und Kambodscha, jenen Ländern also, in denen sich die Theravada-Tradition nach und nach verbreitete.

Der Buddhismus in Sri Lanka

Sri Lanka gehört zusammen mit Birma, Thailand, Laos und Kambodscha zu den fünf klassischen Ländern des Theravada-Buddhismus. Allerdings verging zwischen seiner Ankunft in Sri Lanka und der Weiterverbreitung nach Birma mehr als ein Jahrtausend. Während dieser Zeitspanne durchlief die Theravada-Tradition in Sri Lanka einen Entwicklungsprozess, der aus einer relativ kleinen Ordensgemeinschaft eine institutionalisierte Staatsreligion werden ließ. Die Theravada-Überlieferung stellt die Einführung der Lehre Buddhas als singuläres Ereignis dar, garniert mit allerlei wundersamen Begebenheiten und fantastischer Zahlenarithmetik. Hauptquelle dafür ist der Mahavamsa, die »Große Chronik«, ein von Mönchen in Pali niedergeschriebenes Werk. Gleich in mehreren Kapiteln wird darin die Mission von Ashokas Sohn Mahinda geschildert. Demzufolge erschien er gleichsam aus der Luft und traf – welch glückliche Fügung – bei seiner ersten Begegnung gleich auf den König des Landes, der gerade mit vierzigtausend Mann auf der Jagd war. Nachdem ihm Mahinda in einer Predigt über die Vorzüge des Lebens eines buddhistischen Mönchs belehrt hatte, trat der König samt Gefolge zur Lehre Buddhas über.

Vieles in dieser Geschichte wirkt exemplarisch und sollte wohl eine beispielgebende Wirkung ausüben. Mahindas Delegation umfasste vier weitere Mönche, einen Novizen und einen Laienanhänger. Mit Mahinda zusammen waren es fünf voll ordinierte Mönche, also exakt jene Anzahl, die notwendig war, um gültige Ordinationen durchzuführen. Indessen zog die Gesellschaft in Richtung der Hauptstadt weiter.

Interessant ist die Bemerkung, dass Mahinda auf dem Weg dorthin Scharen übernatürlicher Wesen zum Buddhismus bekehrte. Auch dies ist ein typischer Vorgang, denn die Lehre Buddhas traf in Sri Lanka wie überall in Südostasien auf bäuerliche Gesellschaften, die in ihrem eigenen Geister- und Dämonenglauben verhaftet waren, die sich um Fruchtbarkeitskulte und Ahnenverehrung drehten. Er fand keine rivalisierende Religion vor, die ihm auf intellektueller und organisatorischer Ebene etwas entgegenzusetzen gehabt hätte, und füllte somit eine Lücke. Die lokalen Gottheiten wurden umgedeutet und auf einer niedrigen Stufe als Schützer der Lehre integriert oder großzügig toleriert, indem die dörflichen Kulte weiterbestanden. Bis zu einem bestimmten Grad übernahmen dann die buddhistischen Dorfmönche die Rolle traditioneller Ritualspezialisten und wurden zu Zeremonienmeistern, die bei Glück verheißenden und unglückträchtigen Anlässen diverse Formeln rezitierten.

In Anuradhapura angekommen, setzte Mahinda sowohl bei den Bewohnern als auch in Kreisen des Königshofs sein Missionswerk mit großem Erfolg fort. Wie die »Große Chronik« verlautet, sollen die lokalen Wahrsager angesichts des triumphalen Empfangs prophezeit haben: »Sie werden die Herren der Insel sein.« Sieht man einmal von derlei Übertreibungen ab, so ist es durchaus nachvollziehbar, dass die fremden Mönche den direkten Weg in die Hauptstadt und insbesondere zum Königshof suchten, denn ein Sangha war auf sofortige und dauerhafte Unterstützung angewiesen. Das war in Städten, wo es reiche potenzielle Gönner gab, leichter zu erreichen als auf dem Land. Außerdem machte es Sinn, mit der Überzeugungsarbeit auf den obersten Sprossen der gesellschaftlichen Hierarchie zu beginnen. Der Präzedenzfall dazu findet sich im Pali-Kanon durch Buddha selbst. Dort wird überliefert, dass König Bimbisara von der Persönlichkeit des Buddha und seiner Lehre so angetan war, dass er sich spontan dazu bekannte. Als Dank für das Geschenk der Lehre spendete er dem Buddha und seiner Gefolgschaft einen Bambushain am Rande der Stadt Rajagaha (Rajgir), wo sie regelmäßig während der Regenzeit Quartier bezogen.

Auch der König Sri Lankas zeigte sich den Mönchen gegenüber großzügig. Wie die Inselchronik weiter ausführt, schenkte er dem Sangha zum Einstand einen großen Park in der Stadt, auf dem das erste Kloster gegründet wurde. Es ist in die Geschichte als Mahavihara, das »Große Kloster«, eingegangen und die Traditionslinie, die daraus hervorging, ist bis heute die dominierende Schulrichtung nicht nur in Sri Lanka, sondern auch in Birma, Thailand, Laos und Kambodscha. Wann immer heutzutage vom Theravada-Buddhismus die Rede ist, ist diese eine Schule (Nikaya) gemeint. Anders als in

Bild links: Junge Singhalesin auf Pilgerschaft. Auch in Sri Lanka gilt die Pilgerreise den Laiengläubigen als Möglichkeit, religiöse Verdienste anzusammeln und dadurch das eigene Karma zu verbessern.

Bild unten: Die riesige, gegen eine Felswand lehnende Figur des Aukana-Buddha wird sowohl von Mönchen als auch von Laien besucht, die zu seinen Füßen Blumen opfern und Räucherwerk entzünden.

Die Hüter der alten Lehre

Indien, wo es eine ganze Reihe verschiedener Schulen nebeneinander gab, die mehr oder weniger miteinander rivalisierten, nahm in Sri Lanka von Anfang an dieser eine Nikaya eine Monopolstellung ein. Das war freilich noch kein Garant dafür, dass es nicht zu Abspaltungen kam, wie die spätere Geschichte beweist.

Nachdem nun das erste Kloster etabliert war und damit der Sangha eine Basis hatte, die Lehre zu bewahren und weiterzuverbreiten, verbrachte Mahinda die folgende Regenzeit dort, um öffentliche Lehrreden zu halten – und zwar in der Landessprache, wie die Chronik ausdrücklich vermerkt. Die Früchte dieser Bemühungen waren neue Anhänger, deren Zahl in die Tausende ging.

Die Reliquien-Verehrung

Am Ende der Regenzeit wandte sich Mahinda mit den Worten an den König: »Es ist lange her, dass wir unseren Lehrer, den Buddha, sahen. Wir lebten ohne einen Schutzherrn. Es gibt hier nichts für uns zu verehren.« Der König schien sichtlich darüber verwundert und fragte Mahinda: »Haben Sie nicht behauptet, dass der Buddha schon lange tot ist?« Dieser antwortete: »Wenn wir seine Reliquien sehen, sehen wir den Buddha!« Das ursprüngliche Buddha-Wort »Wer die Lehre sieht, der sieht mich« wurde also zwischenzeitlich auch auf seine Reliquien ausgedehnt. Die Botschaft von Mahinda an den König ist klar. Er solle gefälligst Reliquien herbeischaffen. Hier findet sich bereits die Begründung für den in Sri Lanka aufblühenden Reliquienkult, der seinen Höhepunkt in der berühmten Zahnreliquie von Kandy erfuhr, die in einer pompösen Zeremonie einmal im Jahr zur Schau gestellt wird und an deren Besitz sogar die Legitimation des Königtums geknüpft wurde.

Der König kam dem Wunsch bereitwillig nach, indem er den mit Mahinda gekommenen Novizen nach Indien schickte, um Reliquien zu beschaffen. Mit Ashokas Hilfe erhielt er ein Schlüsselbein des Buddha, über den der erste Stupa auf der Insel errichtet wurde. Bald darauf, so geht aus der »Großen Chronik« hervor, erschien Ashokas Tochter, die Nonne Sanghamitta, mit weiteren Reliquien im Gepäck. Darunter befand sich auch ein Zweig des Bodhi-Baumes, unter dem der Buddha Erleuchtung fand. Der Ableger schlug in Anuradhapura Wurzeln, wo der Baum bis heute verehrt wird. Der Hauptgrund für den Besuch der Tochter Ashokas war die Gründung des Nonnenordens, der allerdings um das Jahr 1100 n. Chr. wieder zum Erliegen kam.

Selbstverständlich erfolgte die Einführung des Buddhismus in Sri Lanka nicht allein durch eine einzige Mission, wie die Chronik dies vorgibt, sondern es war ein Prozess, der sich über längere Zeit hinzog. Auch dürfte der König bei aller Sympathie für die Lehre des Buddha sich durch die Rezeption der neuen Religion auch politische Vorteile versprochen haben. Mag sein, dass die zivilisatorische Kraft, die vom Ashoka-Reich ausstrahlte, den Boden bereitete. Denn mit dem Buddhismus übernahm Sri Lanka auch andere zivilisatorische Errungenschaften wie die Schrift, Kosmologie oder das indische Hofzeremoniell. Offenbar gab es schon vorher gute Kontakte zwischen den beiden Königshäusern, denn aus einer Quelle geht hervor, dass Ashoka dem singhalesischen König die Insignien zur Königsweihe schickte.

Der Bericht der Mahinda-Mission wirft auch ein Licht auf die innere Struktur des Sangha und sein Verhältnis zu den Laien. Im frühen indischen Sangha bildeten Mönche und Laiengläubige eine zweistöckige Gesellschaft – jedenfalls aus der Sichtweise der Mönche. Den Mönchen war der Dharma, die Lehre anvertraut, die es zu bewahren und individuell zu verwirklichen galt. So lautet jedenfalls die Theorie. Betrachtet man die Geschichte des Theravada-Buddhismus, die weitgehend die Geschichte des Sangha ist, beschleicht einen das Gefühl, dass das Bewahren im Laufe der Zeit wichtiger wurde als das Verwirklichen. Wer sich an die vorgeschriebenen Ordensregeln hält, dem mag zwar ein Leben mit hohen ethischen Werten und Moral sicher sein, aber nicht das Nirvana, denn dazu bedarf es mehr. Der Buddha wurde nicht müde zu predigen, dass es der Geist ist, der zählt. Ihn gilt es zu schulen und zu formen. Die Mönchsregeln, die zur Disziplin und zu einem einfachen Leben aufrufen, können bestenfalls ein Hilfsmittel sein, aber es ist die Frucht der Erkenntnis, die zur Weisheit reift und damit zur Befreiung führt. Die Aufgabe der Laien ist es, dafür zu sorgen, dass die Mönche leben können, indem sie sie unterstützen. Im Gegenzug erhalten die Laien von den Mönchen ebenfalls ein Geschenk, das aus der Sicht der Mönche noch viel wertvoller ist, nämlich Belehrungen. »Denn das Geschenk der Lehre«, so heißt es in einem Kommentar, »ist das beste Geschenk.«

In der strengen und kompromisslosen Auffassung, die das Theravada vertritt, konnte sich die im Mahayana und vor allem im Tantrayana entwickelte Vorstellung, dass Laien Erleuchtung erlangen können bzw. Erleuchtung ohne die Befolgung der Ordensdisziplin möglich ist, nie durchsetzen. Das höchste Ideal blieb das des Arhat, des Mönchs, der auf diesem vorgezeichneten Weg Erleuchtung erlangt. Aus diesem Verständnis heraus wird das Leben im Sangha grundsätzlich höher bewertet als das eines Laien.

Bild links: Diese beiden Mädchen sind aus einem abgelegenen Dorf im Norden Sri Lankas gekommen, um im Zahntempel von Kandy Blumenopfer darzubringen – und vielleicht einen Blick auf die Zahnreliquie des Buddha werfen zu können.

Bild unten: Dalada Maligawa, der Tempel der Zahnreliquie Buddhas, ist Sri Lankas zentrales buddhistisches Heiligtum und das am besten beschützte zugleich. Aus Angst vor Anschlägen gleicht die Anlage einem Hochsicherheitstrakt. Nur dreimal am Tag wird die Kammer, die die Zahnreliquie beherbergt, für die Gläubigen geöffnet, und einmal im Jahr wird der heilige Zahn in einer pompösen Prozession auf einem Elefanten durch die Straßen von Kandy getragen.

Die Hüter der alten Lehre

Der Stupa-Kult

Die Laien freilich wollten sich nicht damit begnügen, nur durch Unterstützung des Sangha religiöse Verdienste erwerben zu können. Aus dieser Bewegung heraus entstand der Stupa-Kult. Ursprünglich waren die Stupas Grabmäler für die Überreste Buddhas, doch diese waren rar. So setzte sich die Meinung durch, auch den Arhats, also allen, die Erleuchtung erlangten, solche Grabmäler zuzugestehen. Aber auch das genügte nicht, um die Nachfrage der Laiengläubigen zu stillen, die derartige Bauten zum Zwecke kultischer Verehrung verlangten. Deshalb ging man dazu über, Texte als Reliquien einzumauern, getreu dem Buddha-Wort »Wer die Lehre sieht, der sieht mich«. Der Text war also der »Dharma-Körper« des Buddha.

Die Laienanhänger gehen zu solchen Reliquienschreinen, um sie zu umwandeln. Sie opfern Blumen oder Räucherwerk, rezitieren heilige Formeln oder verweilen in stiller Andacht. In den Theravada-Ländern, wo der Stupa-Kult explodierte, werden sogar die Überreste aller Mönche in kleinen Stupas bestattet. Außerdem betätigen sich die Laien als Stifter von Votivstupas. Wenn man durch Birma reist, finden sich ganze Areale, die wie ein Wald mit Stupas überzogen sind. Je nach Reichtum der Stifter sind sie ganz oder nur teil-

Mönche des Maluwatte Vihara, dem bedeutendsten Kloster in Kandy, beobachten die Vorbereitungen zu einer Ordination, die einmal im Jahr hier stattfindet.

weise an den Spitzen vergoldet. Ebenso oft sieht man Stupas in allen Stadien des Verfalls. Dahinter steckt der Glaube, dass ein Stupa nur dem Stifter Verdienste einbringt, weshalb die Nachkommen nach dessen Ableben nicht mehr für die Erhaltung des Bauwerks sorgen und stattdessen lieber in die Errichtung eines neuen Stupa investieren.

Die Mönchsweihe

Der Bericht über die Mahinda-Mission verrät auch etwas über die Mönchs- bzw. Nonnenweihe. Während zu Buddhas Zeiten und im frühen indischen Sangha die Zufluchtnahme durch die dreifache Formel genügte, um als volles Mitglied aufgenommen zu werden, war man indessen dazu übergegangen, die Ordination in zwei Schritten zu vollziehen, und dieses wurde zur gängigen Praxis im Theravada. Der erste Schritt – die Aufnahme als Novize – ist denkbar einfach. Gemäß den Vinaya-Regeln kann ein Knabe Novize werden, wenn er alt genug ist, »Krähen zu verscheuchen«, was ein Alter von sieben bis acht Jahren bedeuten soll. Einzige Voraussetzung dafür ist, dass er die Zustimmung der Eltern besitzt. Die Aufnahme erfolgt durch einen einzelnen Mönch. Es werden ihm die Haare geschoren, daher auch das Schermesser als einer der wenigen erlaubten persönlichen Be-

Die Hüter der alten Lehre

Die vollplastischen, aus dem Fels gearbeiteten Buddhas von Gal Vihara im Bereich der alten Königsstadt Polonnaruwa stellen die krönende Leistung singhalesischer Bildhauerkunst dar. Mit einer Länge von 14 Metern ist die Darstellung des ins Paranirvana eingegangenen Buddha die größte des Ensembles.

sitzgegenstände des Mönchs, eine Mönchsrobe angelegt, und indem er die Formel der dreifachen Zufluchtnahme nachspricht, ist er formell Mitglied des Sangha. Bezeichnenderweise heißt diese erste Stufe der Ordinierung in Pali Pappaija, was so viel wie »Fortgehen« bedeutet, gemeint ist damit das Fortgehen von zu Hause. Während der Zeit des Noviziats ist der Mönch nur an zehn Vorschriften gebunden, nicht an die gesamten 227 Vinaya-Regeln, allerdings bleibt er von der so wichtigen Patimoksa-Zeremonie ausgeschlossen. Seine Bezugsperson ist sein Lehrer, dem er nach dem Eintritt in das Kloster unterstellt wird und der sich um Wissensvermittlung kümmert. Die zweite Stufe der Ordinierung kann daher nur auf Vorschlag des Lehrers erfolgen und muss von der Versammlung voll ordinierter Mönche, deren Zahl mindestens fünf sein muss, einstimmig angenommen werden.

Zu den zehn Regeln, an die sich der Novize zu halten hatte, zählte das Gebot der Nahrungsaufnahme. »Nichts zu sich nehmen, was nicht gegeben ist«, lautet der Grundsatz. Der Buddha hielt seine Schüler von vornherein dazu an, die tägliche Nahrung durch morgendliche Almosengänge zu erbetteln. Diese Tradition hat sich im Theravada noch teilweise erhalten. Vor allem in Ländern wie Birma, Laos und Kambodscha, wo sich nicht wie in

Sigiriya – der Löwenfelsen – ragt als 200 Meter hoher Monolith aus einer mit Reisfeldern und Dschungel bedeckten Ebene. König Kasyapa ließ sich im 5. Jahrhundert auf dem Gipfelplateau einen Palast errichten, nachdem er durch Vatermord die Herrschaft an sich gerissen hatte. Auf dem Weg zum Gipfel sind 1860 Treppen zu bewältigen, die teils in Form von Metallbrücken am senkrechten Fels kleben. Die Bergfestung zählt heute zum Weltkulturerbe der UNESCO.

Thailand Versorgungsvereine gebildet haben, die die Klöster mit Nahrung beliefern, gehören die Prozessionen von Mönchen, die in Reih und Glied durch die Straßen der Dörfer und Städte ziehen, um ihre Nahrung zu erbetteln, zum gewohnten Bild.

Nach strenger Regelauslegung sah der Buddha nur eine einzige Mahlzeit am Tag vor und diese musste noch vor Mittag eingenommen werden. In der Praxis der Theravada-Länder nehmen die Mönche heute mindestens zwei Mahlzeiten ein, eine am Morgen und eine zu Mittag. Abends gibt es oft noch einen kleinen Snack, der dann als »Arznei« bezeichnet wird, wodurch der Anschein erweckt wird, die Disziplin zu wahren.

Die Mahavihara-Schule

Nach der Einführung des Buddhismus blühte dieser unter dem Patronat des Königs rasch auf. Doch bereits ein dreiviertel Jahrhundert später wurde diese erste Blüte auf traumatische Weise erschüttert. Der Einfall des Tamilen-Königs aus dem südindischen Chola-Reich im Jahre 177 v. Chr. führte zu brutaler Zerstörung buddhistischer Heiligtümer. Erst im Jahre 101 v. Chr. gelang es dem buddhistischen Prinzen Dutthagamani, die Eindringlinge militärisch zu besiegen und die Insel wieder von Anuradhapura aus zu regieren.

Die entscheidende Schlacht war zugleich die Geburtsstunde des singhalesischen Nationalismus unter buddhistischer Flagge. Die »Große Chronik« vermeldet, dass Dutthagamani, mit einer buddhistischen Reliquie auf seinen Speer geheftet, die Mönche zuvor gesegnet hatten, gegen den Tamilen-König in den Kampf zog. Die Gleichsetzung von Reich und Religion als nationale Identität ist neu. Aufschlussreich in diesem Zusammenhang ist die Begründung, die die Chronik sich angedeihen ließ, um etwas zu sanktionieren, das gänzlich unvereinbar mit der Lehre Buddhas ist. Als der König nach gewonnener Schlacht ob des angerichteten Gemetzels Reue zeigte, versicherten ihm die Mönche, er hätte nur anderthalb Menschen getötet, einen Buddhisten und einen halb Konvertierten, die anderen zählten nicht, weil sie Ungläubige waren. Mit dieser skandalösen Argumentation wurde ein Präzedenzfall geschaffen, der fortan in den immer wiederkehrenden Auseinandersetzungen zwischen Singhalesen und Tamilen eine Rolle spielte.

Die Mönche des Mahavihara-Klosters hatten sich indessen tief in die Machtkämpfe am Hof verstrickt. Ständige Palastintrigen schwächten das Reich. Nutznießer war die südindische Tamilen-Dynastie, die abermals die Macht in Sri Lanka übernahm. Es folgte eine Zeit schlimmer Unterdrückung des Buddhismus. Klöster

Kapitel 3

Bild unten: Diese Wandbilder in einer Nische des »Löwenfelsens« Sigiriya repräsentieren die ältesten erhaltenen Fresken (5. Jahrhundert) eines originär in Sri Lanka entstandenen Kunststils. Doch die Darstellungen der barbusigen Schönheiten geben Rätsel auf. Manche Forscher glauben, dass es sich dabei um Apsaras, himmlische Nymphen, handele, andere meinen darin Hofdamen des Königs Kasyapa zu erkennen, dessen Palast einstmals auf der Spitze des Felsens stand.

wurden geschlossen, Mönche und Nonnen vertrieben.

Erst im Jahre 29. v. Chr. gelang es dem buddhistisch-singhalesischen König Vattagamani, die Herrschaft auf der Insel wieder zurückgewinnen. Seiner Thronbesteigung ging ein folgenschwerer Konflikt mit dem Mahavihara-Sangha voraus. Dieser betätigte sich als »Königsmacher«, sodass mithilfe der Mönche zunächst sein jüngerer Bruder an die Macht kam. Schließlich schaffte er es trotzdem, die Krone für sich zu erobern. Einmal an der Macht, rächte sich Vattagamani, indem er ein zweites Großkloster in der Hauptstadt gründete. Die Mahavihara-Mönche reagierten auf ihre Entmachtung, indem sie die Mönche des neuen Klosters – es hieß Abhayagiri – exkommunizierten und damit eine Abspaltung provozierten. Unter königlicher Gunst entwickelte sich die neue Gemeinschaft schnell und schuf sogar eine eigene Schulrichtung. Um ihr eigenes Lehrsystem gegenüber der Konkurrenz besser abzusichern, begann die Mahavihara-Schule, den bis dahin mündlich überlieferten Kanon schriftlich zu fixieren. Auf diese Weise entstand im 1. Jahrhundert v. Chr. in einem kleinen Kloster fern der Hauptstadt der Pali-Kanon, wie er im Wesentlichen bis heute besteht und Gültigkeit hat.

Die Auseinandersetzungen zwischen den beiden Schulen zogen sich über mehr als ein Jahrtausend hin, mit wechselnden Vorteilen. Wie der chinesische Pilgermönch Xuanzang berichtet, der die Insel im 7. Jahrhundert besuchte, war das Mahavihara rein theravadisch ausgerichtet, während im Abhayagiri sowohl Theravada- als auch Mahayana-Lehren studiert würden, und dass beide Schulen in Blüte standen. Der berühmte Indienpilger erwähnt auch die Reliquie des heiligen Zahnes des Buddha, die bereits im 4. Jahrhundert auf die Insel gekommen sein soll und zur Legitimation königlicher Herrschaft diente. Da um diese Zeit gerade der Abhayagiri-Sangha in königlicher Gunst stand, befand sich die Reliquie zunächst unter dessen Aufsicht. Dies änderte sich, als Anfang des 5. Jahrhunderts der herausragende indische Gelehrte Buddhagosa in Sri Lanka eintraf und im Mahavihara-Kloster der Hauptstadt Residenz nahm. Er übersetzte und bearbeitete die bis dahin zum Teil nur mündlich überlieferten singhalesischen Kommentare und fügte sie dem Pali-Kanon hinzu. Daneben verfasste er sein berühmtes Werk »Weg der Reinigung«, das in konzentrierter Form und präziser Klarheit den buddhistischen Heilsweg darlegt und große Popularität in den Theravada-Ländern erlangte.

Damit hatte sich die Mahavihara-Linie intellektuell einen Vorteil verschafft, der die Waagschale im Richtungsstreit mit dem Rivalen zu ihren Gunsten verschob. Den-

*Es ist leicht, die Fehler anderer zu erkennen; wir sondern sie aus wie
eigenen zu erkennen; wir verheimlichen sie, wie ein Glücksspieler über*

noch durchlebte der buddhistische Sangha in den folgenden Jahrhunderten schwere Krisen. Grund dafür waren weniger interne Zwistigkeiten, sondern die immer wiederkehrende Bedrohung von außen.

Die Theravada-Schule des Mahavihara hat sich indessen nicht nur in Birma, sondern auch in Thailand, Laos und Kambodscha durchgesetzt, dabei spielte die enge Allianz zwischen Sri Lanka und Birma eine wesentliche Rolle. Die heutige dominierende Stellung einer einzigen Theravada-Linie kann leicht darüber hinwegtäuschen, dass es anfänglich alles andere als sicher war, welche Form des Buddhismus, Theravada oder Mahayana, in Südostasien angenommen wird.

Indonesien

Das erste große und stabile buddhistische Reich dieser Region entstand im Gebiet des heutigen Indonesien und nannte sich Sri Vijaya (etwa 7.–9. Jahrhundert). Von seinem Zentrum in Java dehnte es sich über die Inseln Bali und Sumatra bis nach Malaysia hin aus. Beide großen Richtungen des Buddhismus – Theravada und Mahayana – existierten hier nebeneinander und hatten über den Seeweg von Indien aus die Inselwelt erreicht.

Im 8. Jahrhundert ließen buddhistische Könige den Borobudur errichten, der ein

Kapitel 3

Spreu. Es ist schwer, unsere
seine schlechten Karten hinwegtäuscht.

Der Borobudur auf der indonesischen Insel Java war einst zentrales Heiligtum des mächtigen Sri-Vijaya-Reiches, das sich über die gesamte Inselwelt bis hin zur malaiischen Halbinsel erstreckte. Das Bauwerk ist ein dreidimensionales Mandala, in dem der Besucher physisch und psychisch den Aufstieg des Bewusstseins von Stufe zu Stufe bis zur höchsten Vollkommenheit nachvollzieht.

gigantisches dreidimensionales Mandala darstellt. Das als Stufenpyramide angelegte Bauwerk stellt in Bildern und Figuren den Bodhisattva-Weg dar, also den Aufstieg des Bewusstseins von den Niederungen bis zur Erleuchtung. Diesen Weg kann der Besucher physisch und psychisch nachvollziehen, indem er den Borobudur begeht. Der Initiationsweg führt in kreisförmiger Bewegung von unten Stufe um Stufe nach oben. In den unteren Ebenen ist der Weg schmal und dunkel, gesäumt von einer verwirrenden Bilderwelt. Man schwitzt in der feuchtheißen tropischen Schwüle und das Blickfeld ist begrenzt. Je höher man steigt, desto besser wird die Sicht und schließlich erreicht man die höchste Stufe, dort gibt es keine Bilder mehr, nur noch glockenförmige Stupas als Symbole für den erleuchteten Buddha-Geist. Oben ist es angenehm. Eine leichte Brise verschafft wohltuende Kühlung und der Blick schweift über eine üppig grüne Landschaft aus Reisfeldern, aus denen in größerer Entfernung ebenmäßig geformte Vulkane aufragen.

Birma

Noch früher als die indonesischen Inseln dürfte die indische Kultur – und zwar in brahmanischer und buddhistischer Gestalt – Indochina und das fruchtbare Irrawaddy-Becken Birmas erreicht haben. Von Norden her existierten uralte Handelsverbindungen, die über Assam und durch Indochina bis an den Golf von Siam führten. Auf ihnen wurden nicht nur Waren ausgetauscht, sondern es erfolgte auch ein Kulturtransfer. Die »Große Chronik« Sri Lankas berichtet von einer Mission des Königs Ashoka, die der König in das »Goldland« Suvarnabhumi entsandt haben soll, der auch zwei Mönche angehörten. Wo dieses Goldland genau liegt, ist umstritten. Es wird immer wieder mit dem Mon-Reich identifiziert, das sich über Teile des heutigen Thailand und Südbirma erstreckte. Das kann jedoch schwerlich zutreffen, denn das Volk der Mon ist erst im 6. Jahrhundert aus Innerasien entlang der Flusswege von Irrawaddy und Mekong eingewandert. Die bisher älteste Mon-Inschrift ist auf das Jahr 600 n. Chr. datiert und wurde beim Stupa von Nakorn Pathom in der Nähe der thailändischen Hauptstadt Bangkok gefunden. Dieses größte buddhistische Bauwerk Thailands geht auf eine Mon-Gründung zurück.

Vieles spricht also dafür, dass die Mon in Birma bereits eine von Indien beeinflusste Kultur vorfanden, die sie übernahmen. Dies lässt sich schon daran erkennen, dass sie ihrem Reich den Sanskrit-Namen Dvaravati gaben. Neben dem Hofzeremoniell des indischen Königtums übernahmen sie auch hinduistische Götterkulte, in deren Mittelpunkt die Verehrung von Vishnu und Shiva stand. Als sie später mit dem Theravada-Buddhismus in Berührung kamen, nahmen sie diesen als Religion an. In der Folgezeit prägten neue Einwanderungen aus dem Norden, wechselnde Reichsgründungen, deren Grenzen sich laufend verschoben, und kriegerische Auseinandersetzungen die Geschichte. Einer der von Norden einströmenden Migranten war das Volk der Pyu, das, aus seiner osttibetischen Heimat kommend, bis ins Irrawaddy-Delta vorstieß und dort ein Reich gründete. Als sie mit den Mon in Berührung kamen, rezeptierten sie den dort bereits verankerten Theravada-Buddhismus.

Ihnen folgten weitere tibeto-birmanische Stämme, die schließlich von König Anuruddha (reg. 1044–1077) zu einem Reich geeint wurden, das er von Pagan aus regierte. Es wird überliefert, dass Anuruddha zunächst dem Mahayana-Buddhismus anhing und sogar tantrische Lehren verbreitet waren – gut möglich, dass die nach dem 8. Jahrhundert eingewanderten tibetischen Stämme diese aus ihrer Heimat mitgebracht hatten. Die Hinwendung zum Theravada soll erst unter dem Einfluss eines gelehrten Mon-Mönchs erfolgt sein. Es zeugt nicht gerade von Dankbarkeit, dass Anuruddha daraufhin vom Mon-König ultimativ die Preisgabe theravadischer Schriften for-

Die Hüter der alten Lehre

Der Khmer-König Suryarvarman II. (reg. 1113–1150) hatte Angkor Wat zu Ehren des Hindu-Gottes Vishnu errichten lassen, doch Jahrhunderte später wurde das Bauwerk in ein buddhistisches Heiligtum umgewandelt. Die Anlage wird als ein Abbild des Universums interpretiert, das von einem breiten Wassergraben umgeben ist, der den Ur-Ozean darstellt. Das Zentrum bildet ein Tempel mit fünf Türmen, die Lotosblüten nachempfunden sind und deren höchster mehr als 60 Meter in die Höhe ragt.

Diese buddhistischen Laiengläubigen haben sich in aller Frühe vor Angkor Wat versammelt, um ungestört noch vor Tagesanbruch, ehe der Besucherstrom einsetzt, eine Gebetszeremonie abzuhalten.

derte und, als dieser sich weigerte, er gleich mit seiner Armee im Mon-Reich einmarschierte und den König samt seiner Familie gefangen nahm. Im Zuge dieses unbuddhistischen Vorgehens gegen Glaubensbrüder soll Anuruddha nebst umfangreichen Pali-Texten auch noch Mönche und Handwerker aus der Mon-Hauptstadt Thaton nach Pagan verschleppt haben. Ob diese Geschichte so stimmt oder nicht, Faktum ist, dass unter dem Patronat des Königs der Theravada-Buddhismus in Pagan aufblühte und einen gewaltigen Bauboom auslöste, der die großartigen Tempelbauten schuf, vor deren Überresten wir heute noch staunend stehen.

Kambodscha und Thailand

Etwa zeitgleich mit dem Aufstieg des Pagan-Reiches errichteten im heutigen Kambodscha die Khmer ein Reich, das sie von Angkor aus regierten. Es stand von Anfang an unter einer viel stärkeren »Indisierung« als das Mon- oder Pagan-Reich. Die Khmer-Könige trugen Sanskrit-Namen, betrieben einen Gottkönigskult (Devaraja), ihre Regierung und Verwaltung folgte dem Vorbild der brahmanischen Hindu-Reiche. Auch die religiöse Ausprägung war rein indisch. Neben dem Mahayana bekannten sich die Könige von Angkor zum hinduistischen Brahmanis-

Die Hüter der alten Lehre 117

Bild oben: Zwischen die mit Blattgold beklebten Finger eines Riesenbuddha in Sukhotai haben Gläubige Blumen als Opfergaben gelegt.

Bild unten: An Festtagen verschwinden die Füße der über 30 Meter hohen Buddha-Figur des Wat Indraviharn in Bangkok unter einem Teppich von Blumen, die die Gläubigen als wunscherfüllende Opfergaben darbringen.

mus. Neu war nur, dass sie diese beiden Strömungen sowohl in der Lehre als auch im Ritual miteinander verschmolzen. Aus den Inschriften geht hervor, dass die Herrscher den Buddha zusammen mit brahmanischen Gottheiten anriefen.

Die größte Blüte erreichte das Khmer-Reich unter König Suryavarman (1010–1050). In dieser »klassischen« Periode entstanden in Angkor Bauwerke von noch nie gesehener Größe und Schönheit. Auch außenpolitisch standen die Khmer auf dem Zenit ihrer Macht. Sie eroberten und beherrschten ein gutes Jahrhundert lang weite Teile Zentralsiams. Der Einfluss der Khmer-Kultur auf Thailand (Siam) ist unübersehbar. Die siamesischen Könige übernahmen von den Khmer nicht nur den »Hof-Brahmanismus«, sondern gestalteten auch die Verwaltung nach dem Vorbild Angkors.

Die unerhörte Bautätigkeit und der Unterhalt der Tempelstadt, die eine riesige Anzahl an Arbeitskräften erforderten, erschöpften jedoch die Kräfte des Khmer-Reiches. Schon in der »klassischen Periode« gab es soziale Unruhen und sogar Aufstände, die den Niedergang der Zivilisation einläuteten. Die Schwäche machten sich die Thai zunutze. Im Jahre 1260 gelang es ihnen, sich vom Joch der Khmer zu befreien. Sie gründeten ihrerseits ein Königtum mit dem Zentrum in Sukhotai. Schon der erste König und Dynastie-

Pilgermönch in Angkor Thom. Dieser Gebäudekomplex wurde von Angkors letztem großen König Jayavarman VII. (reg. 1181–1206) als neue Hauptstadt errichtet. Er war ein Anhänger des Mahayana-Buddhismus und auf ihn geht der Bau des Bayon zurück, der mit riesigen, in Stein gehauenen Gesichtern des Bodhisattva Lokeshvara (Avalokiteshvara) geschmückt ist.

Gründer Rama Khambaeng (ca. 1275–1317) förderte die Lehre Buddhas. Allerdings war es nicht die Mahayana-Richtung, zu der sich die Khmer-Könige bekannten, sondern das Theravada, das sowohl die Thai als auch die mit ihnen verwandten Völker der Shan und Lao bereits von den Mon übernommen hatten. Ram Khambaeng ging noch einen Schritt weiter, indem er Mönche aus Sri Lanka kommen ließ, den Theravada-Buddhismus in seinem Reich zur Staatsreligion erhob und den Bau von Tempeln großzügig förderte. Die Ergebnisse sind heute noch zu bewundern und sie verzaubern mich immer wieder aufs Neue, wenn ich vor den Gelöstheit und inneren Frieden ausstrahlenden Buddha-Figuren von Sukhotai stehe.

Im 13. Jahrhundert brachte die Expansion der aus China kommenden Mongolen das Gefüge dieser alten Reiche ins Wanken. Als die mongolischen Heere heranrückten, ließ der Pagan-König eine große Zahl von Tempeln und Stupas niederreißen, um daraus Wälle und Befestigungen zu bauen. Genützt hat es freilich nichts. In der entscheidenden Schlacht unterlagen die Birmanen den kampferprobten Mongolen, die bereits zuvor die halbe Welt erobert hatten. Im Reisebericht des venezianischen Kaufmanns Marco Polo findet sich ein Bericht, der ein lebhaftes Bild zeichnet, wie es dabei zu-

Die Hüter der alten Lehre

Mönche eines nahe gelegenen Klosters haben sich vor einer Buddha-Figur des Wat Mathatat versammelt, dem einstigen zentralen buddhistischen Heiligtum von Sukhotai. Zur Blütezeit des Sukhotai-Reiches nahm der Gebäudekomplex eine Fläche von 400 Quadratmetern ein, von dem nur noch Sockel und Säulen die einstige Größe anzeigen.

Während sich der Abendhimmel über Ayutthaya, der alten Thai-Königsstadt, rot einfärbt, spiegelt sich die weiße Pagode (Chedi) des Wat Phu Khao Thong auf der glatten Oberfläche des Chao Praya. In diesem 80 Meter hohen Chedi vereinigen sich zwei unterschiedliche Baustile: Der Unterbau zeigt den birmanischen Mon-Stil, dem später eine Spitze im thailändischen Stil aufgesetzt wurde.

ging. Demzufolge sollen die mongolischen Reiter beim Anblick der birmanischen Kriegselefanten in Panik geflohen sein. Als sich die Streitmacht wieder gesammelt hatte, ließ der mongolische Heerführer die Elefanten mit Pfeilen beschießen, wodurch diese außer Kontrolle gerieten und Chaos in den eigenen Reihen verbreiteten. Nach dieser Niederlage war Pagan nicht mehr zu halten und wurde im Jahre 1287 zerstört. Auch das Khmer-Reich von Angkor befand sich im Niedergang. Gründe dafür waren innerer Zerfall und vor allem die Stärke der Thai. Dies lässt sich daran ablesen, dass der Khmer-Herrscher Jayavarman VII. um 1200 »offiziell« zum Mahayana konvertierte, aber schon zwanzig Jahre später sich die Theravada-Tradition durchgesetzt hatte. Sanskrit wurde durch Pali als liturgische Sprache ersetzt. Dahinter steckte natürlich der Einfluss der Thai, die das Theravada verbreiteten.

Ende des 14. Jahrhunderts wurden die letzten großen Khmer-Tempel in Angkor gebaut. Nach dem Untergang der Dynastie wurde Angkor aufgelassen und verschwand allmählich wieder im Urwald, der die Tempelstadt völlig überwucherte. Sie wurde erst im 19. Jahrhundert durch französische Forscher wiederentdeckt. Indessen wurden die wichtigsten Baudenkmäler wieder vom Würgegriff der Pflanzen befreit und trotz systematischen

122   *Kapitel 3*

Der Wat Yai Chai Mongkon liegt zwar außerhalb der alten Stadtmauer von Ayutthaya, doch seine Gründung im Jahre 1357 geht auf den Rama Thibodi, den ersten Herrscher des Ayutthaya-Reiches, zurück. Er besitzt einen sorgsam gepflegten Garten mit ganzen Reihen von Buddhas.

Kunstraubs – die Roten Khmer hatten mit den Schätzen Waffenkäufe finanziert – ist der Eindruck überwältigend, wenn man vor Angkor Wat steht, wo Buddha und Vishnu einander begegnen, oder vor dem Bayon, um nur zwei der großartigsten Bauten zu nennen.

Im 13. und 14. Jahrhundert zerschlugen Thai und Mongolen das bis dahin so mächtige Sri-Vijaya-Reich. Gleichzeitig breitete sich der Islam bis nach Indonesien hin aus, wo er den Buddhismus, so wie bereits zuvor in Indien, fast vollständig verdrängte. Der Theravada-Buddhismus der Thai blieb vom Auftreten rivalisierender Religionen verschont. Er verschmolz sogar noch enger mit dem Königtum. Im Jahre 1350 übernahm das Königreich von Ayutthaya das Erbe von Sukhotai und bescherte dem Land eine lange stabile Phase. Die Könige waren nicht nur äußere Schutzherrn des Sangha, sondern mischten sich auch in innere Angelegenheiten ein. So ließ Songdharm (1610–1628) eine »königliche« Ausgabe des Pali-Kanon herstellen und einen Tempel für Fußabdrücke des Buddha bauen.

Die Beziehungen zu Sri Lanka waren eng und freundschaftlich. Als dort die Ordenstradition abbrach, schickte der Ayutthaya-König siamesische Mönche auf die Insel, um diese zu erneuern. Ab dem 16. Jahrhundert gab es wachsende Spannungen mit dem Nachbarreich der Birmanen, die zu einer Reihe von blutigen Kriegen führten und mit der Zerstörung Ayutthaya im Jahre 1767 endeten.

Die Birmanen vermochten sich in Thailand aber nicht zu halten und so konnte Taksin (1767–1782) das Reich wiederherstellen, allerdings verlegte er die Hauptstadt nach Thonburi am Menam-Fluss. Sein Nachfolger Rama I. (1782–1809), Begründer der heute regierenden Dynastie, wechselte auf die andere Seite des Flusses nach Bangkok.

Laos

Das zeitlich letzte Königreich Südostasiens, das den Theravada-Buddhismus annahm, war Laos. Dies geschah erst im 14. Jahrhundert, nachdem es Fa Ngum gelungen war, die erbitterten Machtkämpfe regionaler Fürsten zu beenden und das Reich zu einen. Der buddhistischen Überlieferung zufolge soll Fa Ngum am Hof von Angkor aufgewachsen und sogar mit einer Königstochter verheiratet gewesen sein. Der Khmer-König soll seinen Schwiegersohn nicht nur ermahnt haben, nach den Grundsätzen Buddhas zu leben und zu regieren, sondern ihm auch Mönche mit dem Pali-Kanon und einer singhalesischen Buddha-Statue namens Luang Prabang im Gepäck geschickt haben. Die Statue wurde in Fa Ngums Kö-

Die Hüter der alten Lehre

Bild oben: Ein Mönch aus der alten, am Ufer des Mekong gelegenen Königsstadt Luang Prabang (Laos) belehrt einen Laiengläubigen.

Bild unten: Mönche aus Luang Prabang (Laos) beim täglichen morgendlichen Bettelgang. Diese vom Buddha erlassene Regel zur Nahrungsbeschaffung wird heute nur noch in Theravada-Ländern wie Laos, Birma oder Kambodscha eingehalten.

nigssitz am Ufer des Mekong aufgestellt und die Stadt in Luang Prabang umbenannt. Laos war also von Anfang an vom Theravada geprägt und ist es bis heute geblieben.

Ab dem 19. Jahrhundert traten die europäischen Kolonialmächte – vor allem Briten und Franzosen – in den Theravada-Ländern in Erscheinung und mit Ausnahme von Thailand gerieten diese alle unter Fremdherrschaft. Dennoch kam es in Birma zu einer letzten Blüte von Königtum und Theravada-Buddhismus. Während die Briten bereits Westbirma und die Küstengebiete im Osten unterjocht hatten, regierte König Mindon (1853–1878), ein ehemaliger Mönch, von Mandalay aus ein auf Oberbirma begrenztes Reich. Dem Idealbild eines buddhistischen Friedenskönigs entsprechend, gestaltete er seine Politik äußerst umsichtig und weise. Vor allem lag ihm die Erneuerung des Sangha am Herzen. In diesem Zusammenhang organisierte er 1871 das 5. buddhistische Konzil in Mandalay, das den Kanon revidierte. Das Ergebnis ließ er, auf 729 Marmortafeln eingraviert, im Bereich der Kuthodaw-Pagode aufstellen. Zu Recht galt Mandalay damals als Mittelpunkt des Theravada-Buddhismus. Die Reformen, die Mindon im Sangha durchführte, strahlten bis Thailand und Sri Lanka aus.

Unter seinem schwachen Nachfolger brachen Machtkämpfe aus, die die Briten nutzten, um ganz Birma zu annektieren. Die Hoffnung der christlichen Missionare, die im Windschatten der Kolonialmächte in die Theravada-Länder kamen, dass nach dem Untergang der Königsdynastien die Menschen nun für die christliche Botschaft »reif« wären, erfüllte sich nicht. Die Missionserfolge blieben bescheiden. Es trat sogar das Gegenteil ein. Die unerwünschte Fremdherrschaft, zu der auch die Missionare zählten, führte zu einer stärkeren Verschmelzung von Theravada-Buddhismus mit nationaler Identität.

Bild links: Novizinnen bei der täglichen Vipassana-Praxis in Chanmyay Yeiktha, dem Meditations-Zentrum von Sayadaw U Pandita in Yangoon. Die meisten Mädchen bleiben nur für ein paar Wochen oder Monate im Zentrum. Diejenigen, die in den Nonnenstand eintreten wollen, können nur die niederen Einweihungen erhalten, da die Tradition der Nonnenordination im Theravada-Buddhismus abgerissen ist.

Bild rechts: Chanmyay Sayadaw (geb. 1928), bekannt auch als Sayadaw U Pandita, verbrachte sechs Jahre zum Studium in Sri Lanka. Nach seiner Rückkehr holte ihn sein Guru als Meditationslehrer in das Vipassana-Zentrum Chanmyay Yeiktha nach Yangoon, das er heute selbst leitet.

Interview mit Sayadaw U Pandita (Chanmyay Sayadaw)

Von buddhistischer Seite wird oft betont, dass die Person des Buddha unwichtig sei, wichtig sei nur seine Lehre. Wie ist Ihre Ansicht darüber?

Das ist richtig. Die Lehre ist von Bedeutung.

Dennoch haben Sie Sarnath und Bodh Gaya besucht, Stätten also, an denen der historische Buddha wandelte. Weswegen?

Um seine Lehre an jenen Orten zu praktizieren und zu verifizieren, an denen sie entstanden ist.

Es gibt unter Buddhisten unterschiedliche Auffassungen über den Buddha nach seinem Verlöschen im Paranirvana. Wie ist Ihre Haltung dazu?

Es gibt keine Verbindung mehr zum Buddha außer durch seine Lehre. Sie allein existiert weiter und hat Bestand.

Welcher Aspekt seiner Lehre ist für Ihr Leben und Ihre Praxis besonders relevant?

Der Mittlere Weg. Damit meine ich vor allem den Edlen Achtfachen Pfad, denn er führt durch die Mitte, indem er beide Extreme, sowohl Hingabe an Sinnesfreuden als auch Selbstkasteiung durch strenge Askese, vermeidet. Mit seinen drei Abschnitten – sittliches Verhalten, Konzentration und Weisheit – führt er zu allen Aspekten eines wahrhaft menschlichen Lebens.

Sie lehren in Ihren Zentren hier in Birma eine Methode der Vipassana-Meditation, die auf Ihren Lehrer Mahasi Sayadaw zurückgeht. Die Festtage zum Neujahrsfest stehen unmittelbar bevor. Wie groß ist da die Bereitschaft Ihrer Landsleute, insbesondere der jungen Generation, diese Feiertage mit einer so anspruchsvollen Meditation zu verbringen?

Sehr groß! Sehen Sie sich in meinem Zentrum um und Sie werden viele junge Menschen hier antreffen. Manche kommen nur für einen Tag, andere für mehrere Tage oder gar Wochen hierher, um unter Anleitung zu meditieren – und das mehrmals im Jahr. Ich sehe keine Anzeichen dafür, dass sich dieser Trend umkehrt, im Gegenteil, er wird sogar noch stärker.

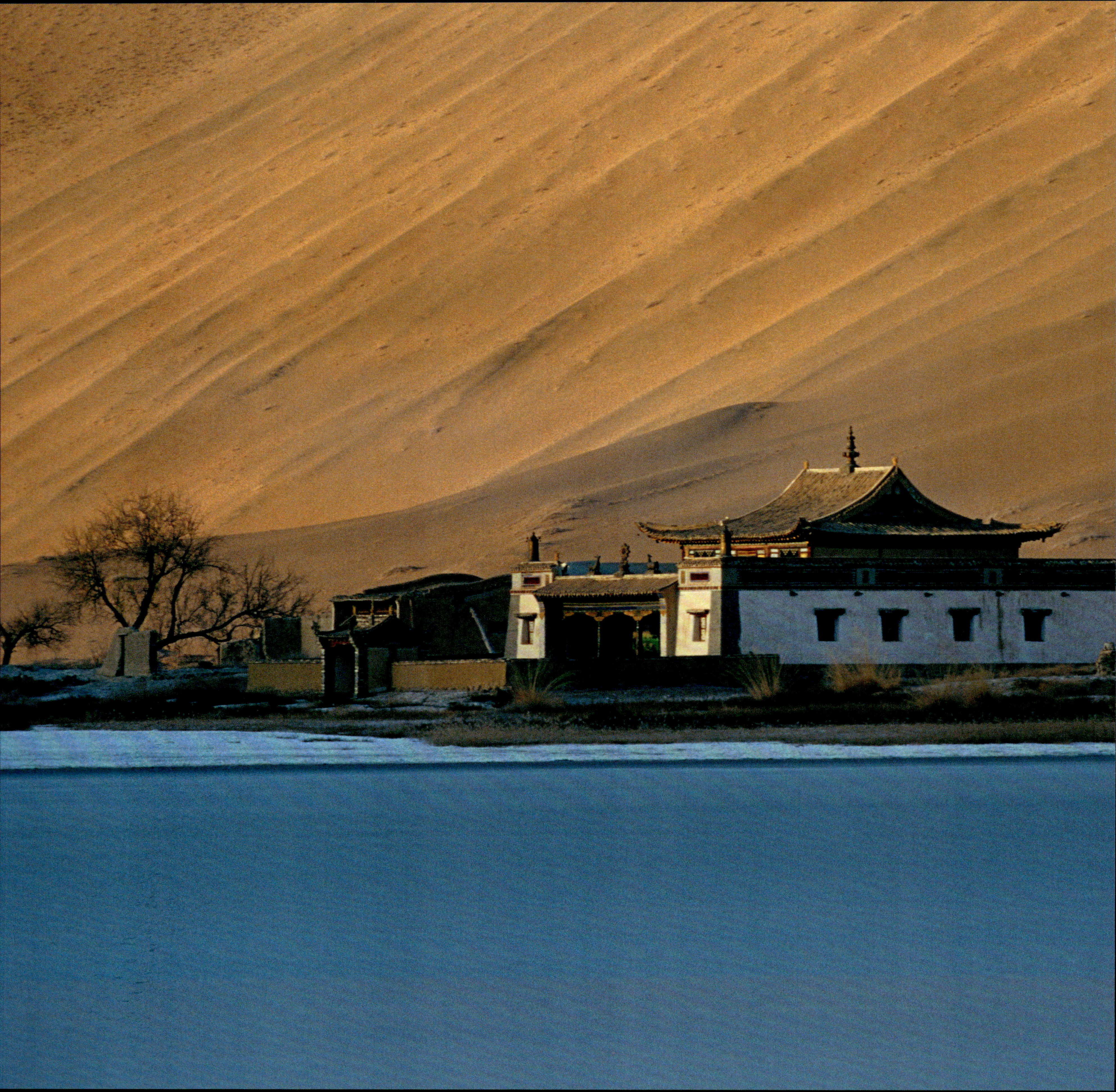

*Der große Weg kennt keine Hindernisse;
er ist nicht wählerisch.
Sobald du Neigung und Abneigung aufgibst,
erkennst du ihn klar und deutlich;
mach einen winzigen Unterschied –
schon schnellen Himmel und Erde auseinander.
Willst du, dass er vor deinen Augen sichtbar wird,
dann hätschle weder »Für« noch »Gegen«.
Vergleiche nicht, was du magst und nicht magst,
das ist die Krankheit des Geistes.*

Seng Tsan, Zen-Meister

Buddhas Lehre auf der Seidenstraße

Vorhergehende Doppelseite: Das Kloster Bardain Jaran Miao liegt am Ufer eines Salzsees, eingebettet zwischen den über 400 Meter hohen Dünen der Gobi-Wüste. Trotz des salzhaltigen Wassers friert der See im Winter gänzlich zu.

Bild rechts: Nur früh am Morgen oder am Abend gibt es noch Religiosität, die über den Opferkult hinausgeht. Außerhalb der öffentlichen Besuchszeiten versammeln sich die Mönche des Kloster Qi Yuan am heiligen Berg Jiuhua, um eine Gebetszeremonie abzuhalten. Die Hierarchie der Mönche folgt dem Senioritätsprinzip: Die ältesten Mönche sind von höherem Rang und nehmen daher einen erhöhten Platz vor dem Altar ein, der von einer Figuren-Triade gebildet wird – Buddha Shakyamuni, flankiert von Guanyin (Avalokiteshvara) und Dizang, dem Schutzpatron des Jiuhua Shan.

Buddhistische Laiengläubigkeit im modernen China erschöpft sich oft in reinem Devotionalismus wie dem Verbrennen von Räucherwerk. Selbst dieser Tempel am Jiuhua Shan, einem der vier heiligen Berge des chinesischen Buddhismus, bildet keine Ausnahme.

A us dem tonnenschweren Metallgefäß, das mit einem von Säulen getragenen Tempeldach beschützt wird, schlagen Flammen und der Duft von verbranntem Räucherwerk erfüllt die Luft. Von allen Seiten drängen die Menschen heran. Sie halten dicke Bündel langer Räucherstäbchen in Händen, die sie dem Feuer als Opfer überantworten. Von Zeit zu Zeit erscheint ein Mönch mit Schaufel und Eimer, um die Verbrennungsrückstände zu entsorgen. Seine Kutte ist ockerfarben, so wie die Mauern der Tempel, die sich treppenartig über den Bergrücken anordnen. Es ist eine merkwürdige Form von Religiosität, die hier praktiziert wird. Die Mehrheit der Besucher sind Ausflügler aus Shanghai und Umgebung und sie scheinen das Ganze für eine Art von Freizeitbeschäftigung mit Glücksspielfaktor zu halten. Die Räucherstäbchen bilden dabei den Einsatz, an den jede Menge irdischer Wünsche geknüpft werden. Ein junges Pärchen, das eine größere Wohnung möchte, betont, sie seien zwar nicht abergläubisch, aber schaden könne es auf keinen Fall, dem Glück auf diese Weise etwas nachzuhelfen. Ein Geschäftsmann ist derselben Ansicht und greift gleich zu seinem Mobiltelefon, um die neuesten Börsenkurse abzufragen. Auch Gesundheit, männliche Nachkommenschaft und langes Leben stehen auf der Wunschliste ganz weit oben. Das buddhistische Ideal hingegen, nämlich auf dem Pfad der Erleuchtung voranzukommen, scheint niemanden so richtig zu interessieren.

In dieses verkehrte Bild passt irgendwie auch der »Lachende Buddha«, der eigentlich gar keiner ist, aber trotzdem als solcher verehrt wird. Poe Tai Hoshang, wie die korpulente und volkstümliche Gestalt heißt, war ursprünglich ein Meister der buddhistischen Chan-Schule (japan. Zen), der nach seiner legendenhaften Biographie mit einem Sack auf dem Rücken von Dorf zu Dorf wanderte, um seine Lehre zu verbreiten. Daraus ist eine Art buddhistischer Santa Claus geworden, dem man vornehmlich in Hausaltären oder in Geschäften einen Platz einräumt, weil man glaubt, er würde Wohlstand bringen. Leibesfülle gilt in China schon seit jeher als Zeichen von Reichtum und das breite Lachen wird als Ausdruck von Glückseligkeit gedeutet.

Auch die Mönche nehmen das Treiben gelassen hin. Die älteren unter ihnen mögen sich vielleicht wundern ob des neuerdings so großen Andrangs und Interesses an ihrem Kloster, denn es ist nicht lange her, da wurden sie noch als Parasiten beschimpft. Während Maos Kulturrevolution hat man die Klöster geschlossen oder gar zerstört und ihre Insassen gezwungen, der Religion abzuschwören und in den Laienstand zurückzukehren. Sie nehmen die Spenden schweigend an und fra-

Buddhas Lehre auf der Seidenstraße   129

Dieses monumentale, aus dem Fels geschlagene Buddha-Bildnis bei Gilgit (Pakistan) zeigt den Weg an, den die Lehre Buddhas vom Nordwesten Indiens entlang der Seidenstraße nach China nahm.

gen nicht nach dem Warum, denn sie wissen, hier herrscht das unberechenbare Diktat der Macht, und was heute ist, kann morgen bereits wieder anders sein.

Als es Abend wird, verläuft sich die Menge rasch und es kehrt Ruhe ein. Jetzt schlägt die Stunde der Pilger, der wahren Gläubigen. Kaum ist die Sonne hinter den Berggipfeln verschwunden, versammelt sich eine Gruppe von Laien, Männlein und Weiblein, jung und alt, in der Versammlungshalle zur Andacht. Bald darauf erscheint eine Prozession von Mönchen in prächtigen roten Roben, die mit goldfarbenen geometrischen Mustern verziert sind. Sie sollen andeuten, dass die Mönche ihre Roben ursprünglich aus alten Kleiderresten zusammenflicken. Einige von ihnen tragen fünfzackige Kronen, auf denen Bilder der transzendenten Buddhas gemalt sind. Zunächst umschreiten sie die Laiengemeinde, als wollten sie sie wie verlorene Schafe in ihre Mitte nehmen. Drei Mal umschreiten sie psalmodierend den Kreis der Gläubigen, dann treten sie vor den Altar und vollziehen Niederwerfungen vor einer Triade lebensgroßer vergoldeter Figuren, die auf vielblättrigen Lotosknospen thronen. Während die ranghöchsten Mönche mit ihren Kronen, die den Vorsitz führen, vor den Figuren der Gottheiten auf erhöhten Sitzen Platz nehmen, füllen die anderen Mönche die niedrigeren Sitzreihen davor. In dieser dreistöckigen hierarchischen Ordnung nehmen die Laien die unterste Stufe ein. Sie müssen sich mit den Plätzen an den Seiten begnügen. Auf ein Zeichen hin erheben sich die Gläubigen, dann ertönt ein Gongschlag und daraufhin setzt der Chor der Mönche ein. Es werden aus Büchern liturgische Texte rezitiert. Die Laien scheinen mit dem Ritual nicht vertraut und müssen erst angelernt werden. Einer der Mönche nimmt sich ihrer verständnisvoll an. Mit Handzeichen und Zurufen bedeutet er ihnen, wann sie sich erheben, wann sie knien müssen. Zwischendurch verschwindet er hinter dem Altar und kommt mit einem Packen Bücher zurück, die er an die Gemeinde verteilt. Jetzt erst vermögen auch die Laien in den Refrain einzustimmen, der von Zeit zu Zeit die monotonen Rhythmen der Rezitationen durchbricht. Das Häuflein Gläubiger, das sich hier morgens und abends versammelt, mag noch kein Beleg dafür sein, dass die Lehre Buddhas im modernen China eine Renaissance erlebt, kann jedoch vielleicht als Zeichen gewertet werden, dass heute Chinesen zunehmend nach geistiger Orientierung suchen und ein Teil von ihnen sich der Lehre Buddhas zuwendet. Jedenfalls bestätigten mir die Mönche, dass ihre Zahl ansteigt, und der Ort hier ist so etwas wie ein Barometer dafür.

Jiuhua Shan, so heißt die Landschaft mit den schroffen Bergspitzen, zählt zu den vier heiligen Bergen des Buddhismus in China. Sie inspirierte Generationen von Künstlern – Poeten, Kalligrafen und Tuschemaler – und spätestens seit dem 8. Jahrhundert auch buddhistische Mönche und Nonnen. In der Blütezeit soll der Sangha mehr als fünftausend Ordensmitglieder betragen haben, die in den dreihundert Klöstern, die über die Hänge und Täler verstreut lagen, studierten. Der Ruf des Jiuhua Shan war so groß, dass selbst Mönchsgelehrte aus Indien, Korea und Japan hierherkamen.

Auch in China musste sich der Buddhismus mit lokalen Traditionen arrangieren. Als er ins Reich der Mitte gelangte, hatte er einen Tausende Kilometer langen Weg von Indien entlang der Seidenstraße zurückgelegt. Doch es waren nicht die naturgegebenen Hindernisse wie die höchsten Gebirge der Welt oder die gefährlichen Wüsten Zentralasiens, die die größten Hürden darstellten, sondern die Besonderheiten der chinesischen Kultur: die Sprache und Schrift und die kulturellen Traditionen – Taoismus und Konfuzianertum. Anders als auf dem Weg nach Südostasien fand die Lehre Buddhas hier eine hoch entwickelte Kultur vor, mit der sie zwangsläufig rivalisierte. Außerdem wurde die indische Religion von der konfuzianisch geprägten Herrscherelite, die fremden Traditionen eher argwöhnisch bis feindselig gegenüberstand, alles andere als freundlich empfangen. Dass der Buddhismus sich dennoch entfalten konnte, sogar das Weltreich der Tang durchdrang und in der Folgezeit Korea and Japan erreichte, kann deshalb nicht hoch genug eingeschätzt werden.

Theravada und Mahayana

Es waren die Lehren des Mahayana, des »Großen Fahrzeugs«, die ab dem 1. Jahrhundert n. Chr den langen Weg aus Indien hierher fanden.

Die Anfänge dieser Bewegung lassen sich weder an einem festen Datum noch an einer bestimmten Gruppe innerhalb des Sangha festmachen. Die Entwicklung des Mahayana war vielmehr ein langsamer und fließender Prozess, für den verschiedene Faktoren verantwortlich waren. Er begann bereits bei jenem 2. Konzil von Vaisali (270 v. Chr.), als sich die Mahasamghikas abspalteten. Sie forderten eine flexiblere, weniger legalistische Auslegung der Mönchsregeln. Ein anderer Impuls, der bei der Entstehung des Mahayana eine Rolle spielte, kam aus der Laienbewegung, vor allem aus dem Stupa-Kult, wie wir im vorigen Kapitel gesehen haben.

Was ist es nun, das die Lehren des Mahayana von denen des Theravada unterscheidet und in seinen Anhängern den Anspruch begründet, die höheren und

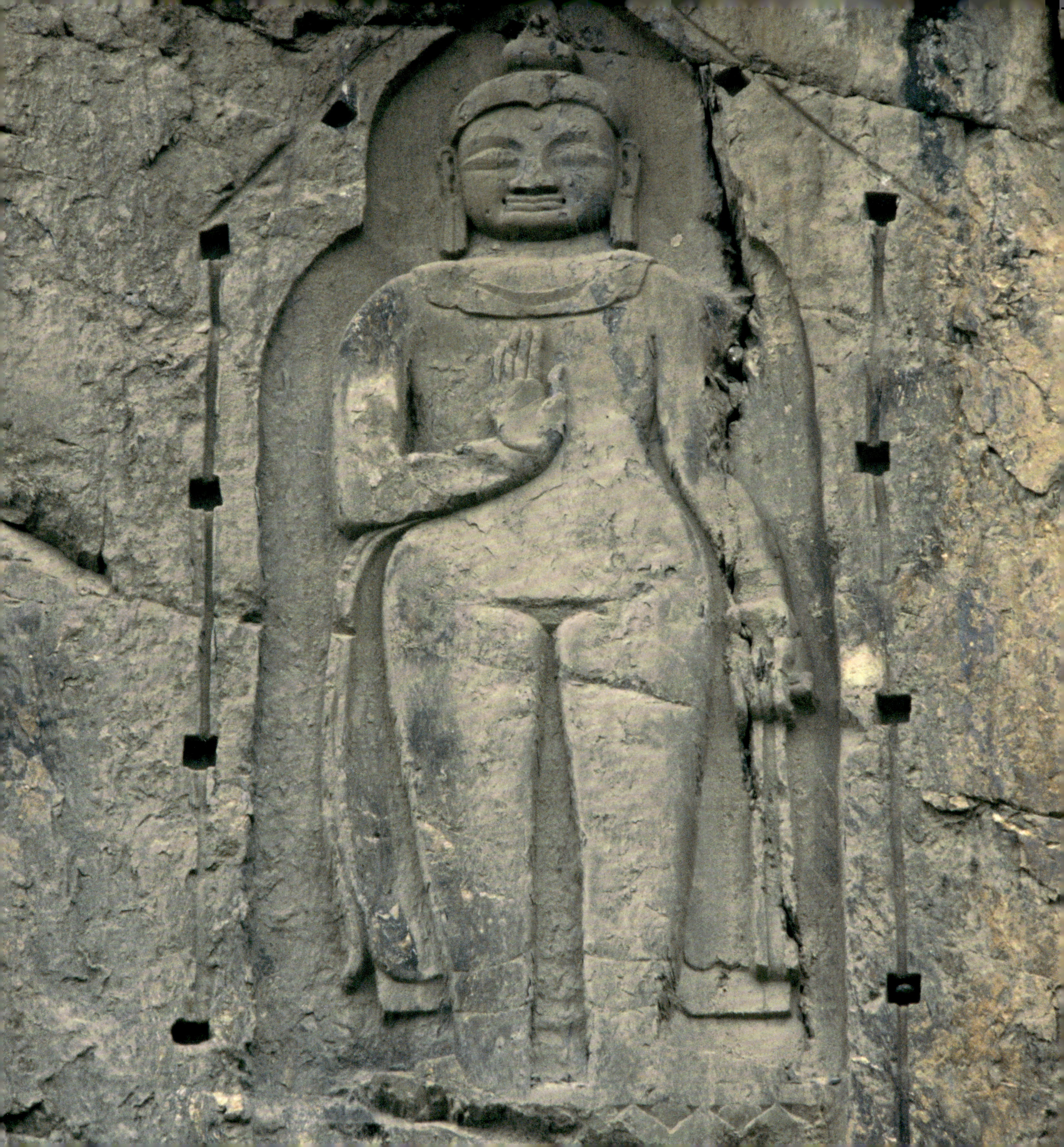

vollkommeneren Weisheiten des Buddha zu vertreten? Die Mahayana-Tradition legitimiert dies mit dem Buddha selbst, indem behauptet wird, der Buddha hätte verschiedene Mittel angewandt, um seine Lehre zu verkünden. Das wäre schon deshalb geboten gewesen, weil er sich an Menschen unterschiedlichster Herkunft, Bildungsstand und Intelligenz wandte. Deshalb hat er nicht nur Lehrreden für eine öffentliche Zuhörerschaft, sondern auch für auserwählte mythische Wesen aus Göttern und Halbgöttern gegeben. Diese Belehrungen, so behauptet die Mahayana-Tradition, hätte der Buddha in Gestalt seines transzendenten Geistleibes (Sambhogakaya) erteilt, also von einer höheren Ebene aus, und infolgedessen würden sie eine höhere Weisheit repräsentieren. Diese Argumentation diente der Mythisierung und bewirkte, dass die Mahayana-Sutras selbst zum Gegenstand kultischer Verehrung wurden.

Die Wirklichkeit sieht etwas nüchterner aus. Die Literatur des Mahayana ist nicht zu Lebzeiten des Buddha entstanden, sondern während einer großen Zeitspanne zwischen dem 2./1. Jahrhundert v. Chr. und dem 5./6. Jahrhundert n. Chr. Urheber der Texte sind allesamt Mönche gewesen, was jedoch nicht besagt, dass sie deshalb von minderer Qualität wären. Die Mahayana-Sutras sind Meisterwerke buddhistischer Gelehrsamkeit. Während die Pali-Sutras relativ kurze Lehrreden des Buddha enthalten, die in seiner Lebensgeschichte wurzeln, sind die Mahayana-Sutras monumentale Werke, die in Sanskrit abgefasst wurden. Dabei behalten die Pali-Sutras auch im Mahayana weiterhin ihre Gültigkeit. Die Sutras des »Großen Fahrzeuges« sind sogar im Pali-Kanon angelegt, doch gehen sie weit darüber hinaus, indem sie neue Akzente setzen und einzelne Aussagen präziser und umfassender herausarbeiten. In diesem Sinne ist das Mahayana weder eine Weiterführung noch ein völliger Bruch mit der frühbuddhistischen Tradition. Die innovativen Ideen des Mahayana betreffen vor allem vier Themen: eine neue Wahrnehmung der Gestalt des Buddha, ein radikaleres Verständnis der Lehre vom Entstehen in gegenseitiger Abhängigkeit, eine neue Interpretation des Bodhisattva-Ideals und eine auf Altruismus gründende Ethik.

Im frühen Buddhismus war Buddha Gautama der irdische Lehrer des Dharma, nicht mehr und nicht weniger. Wenngleich man ihm besondere Eigenschaften zuerkannte, war er doch nur ein Mensch. Das änderte sich im Mahayana. Hier wird der Buddha nur noch als scheinbar leidender Mensch betrachtet, in Wirklichkeit sei er leidlos, universal und ewig. Die Erklärung dazu liefert die Drei-Körper-Lehre (Trikaya). Diese besagt, dass ein Buddha sich in sehr unterschiedlicher Weise manifestieren kann: nämlich als menschliche historische Gestalt (Nirmanakaya), in subtiler Form eines höher entwickelten Bewusstseins (Sambhogakaya) und als vollkommen befreites Bewusstsein (Dharmakaya). Letztere verkörpert den zeitlosen und universellen Wahrheitskörper des Buddha-Prinzips, der sich in Gestalt des Buddha Shakyamuni als Mensch in einem grobstofflichen Formkörper (Nirmanakaya) zeigte.

Deshalb wird im Mahayana der historische Buddha nur als einer von vielen Buddhas betrachtet, die zu bestimmten Zeiten erscheinen, um den einen unwandelbaren Dharma zu lehren. Der entsprechende Anknüpfungspunkt dazu findet sich bereits im Pali-Kanon. Dort wird behauptet, dass sich Siddhartha Gautama vor seiner Erleuchtung an zahlreiche Vorexistenzen erinnerte.

Shakyamuni ist demnach nur der Buddha dieses Weltzeitalters, der aufgrund seiner Barmherzigkeit sich auf Erden als Nirmanakaya-Körper manifestierte, um den unwissenden Menschen den Weg zur Befreiung zu weisen. Die Erweiterung von dem einen historischen Buddha auf eine Vielzahl an Buddhas war auch deshalb geboten, weil nach indischem Zeitverständnis demjenigen des historischen Buddha unzählige Weltzeitalter vorausgingen. Demzufolge wurde der Kosmos der Mahayana-Buddhisten ebenfalls auf eine Vielzahl von Zeitaltern und Welten ausgedehnt, denen jeweils Buddhas zugeordnet sind, die in himmlischen Paradiesen residieren, umgeben von Bodhisattvas und Heerscharen göttlicher Wesen.

Shakyamuni blieb zwar der bekannteste und am meisten verehrte Buddha, aber daneben gewannen andere Buddhas wie Amitabha und Maitreya, der Buddha des kommenden Weltzeitalters, große Popularität. Auf Letzteren wurden sogar messianische Heilserwartungen projiziert, die in Sri Lanka und Birma mit der Königsideologie verschmolzen. Immer wieder haben die Menschen die Hoffnung eines zukünftigen Buddha auf die jeweiligen Herrscher übertragen, unter deren gerechter Regentschaft ein paradiesisch anmutender Zustand herbeigesehnt wurde. Das Reine Land des Maitreya ist der Tushita-Himmel. Dort bereitet er sich vor, bis seine Zeit gekommen ist, um als Erlöser in der Welt zu erscheinen. Nach indischer Einteilung der Weltzeitalter soll dies in etwa 2500 Jahren der Fall sein.

Amitabha hingegen gilt als Buddha des westlichen Paradieses Sukhavati. Sein Licht und seine Lebenszeit sind unermesslich und seine Farbe ist Rot wie die im Westen untergehende Sonne. Er ist eine Ausnahme unter den transzendenten Buddhas, denn er hat sich seinen Sta-

Bild links: Kopf eines 15 Meter langen Paranirvana-Buddha aus der Mittleren Tang-Zeit (781–848) in einer der Mogao-Grotten von Dunhuang. Die Wandfresken dahinter zeigen die Trauergemeinde aus Fürsten und Königen verschiedener Völker, die mit schmerzverzerrten Gesichtern den Tod des Buddha beklagen.

Bild unten: Obwohl seit Jahrhunderten dem Flugsand der Takla-Makan-Wüste ausgesetzt, ist der Rawak-Stupa noch erstaunlich gut erhalten. Das Heiligtum gehörte einstmals zum Oasenkönigreich Khotan, dessen Kultur stark von Indien beeinflusst war.

Wie Leuchttürme des Glaubens ragen die weiß getünchten Stupas von Khara Khoto in den rot gefärbten Wüstenhimmel der Gobi. Die »Schwarze Stadt« war Zentrum eines Tanguten-Königreiches namens Xi Xia (982–1127), das sich als Puffer zwischen China und der Mongolei etablierte. Die Herkunft des als Tanguten bezeichneten Volkes lag im tibetisch-chinesischen Grenzgebiet Sichuans und von dort brachten sie den Buddhismus tibetischer Prägung mit.

tus erst über den Bodhisattva-Weg erarbeitet. Als werdender Buddha (Bodhisattva) hat er gelobt, mittels seiner Verdienste ein »Reines Land« zu erschaffen, in das Praktizierende, die ihm vertrauen, gelangen können und von wo aus sich ohne große Mühen das Nirvana verwirklichen lässt. Aus dieser Vorstellung heraus entwickelte sich später eine eigene Schule, die vor allem in China und Japan große Bedeutung erlangte.

Gemäß der Trikaya-Lehre können die Buddhas zwar in unterschiedlichen Manifestations- und Bewusstseinsstufen erscheinen, aber in Bezug auf Eigenexistenz sind sie leer und durchdringen einander gegenseitig. Damit sind wir beim Kernpunkt mahayanischen Denkens, nämlich beim Schlüsselbegriff Shunjata (Leerheit). Shunjata bedeutet nicht, dass nichts existiert, sondern dass alles nur in wechselseitiger Beziehung und Abhängigkeit existiert, folglich keine Identität aus sich selbst heraus hat. Der Begriff der Leerheit und das Entstehen in gegenseitiger Abhängigkeit (Pratiyasamutpada) findet sich auch im frühen Buddhismus und im Theravada, aber dort bezieht er sich nur auf das Selbst. Im Mahayana hingegen wird Leerheit viel umfassender und konsequenter gesehen, indem sie sowohl auf alle Erscheinungen als auch alle Bereiche des Denkens, Fühlens und Handelns angewendet wird.

Der Mahayana-Philosoph Nagarjuna (2./3. Jahrhundert n. Chr.) hat diese Erkenntnis auf den Punkt gebracht, indem er formuliert: »Was Entstehen in gegenseitiger Abhängigkeit ist, das ist Leere.« Die essenzielle Erkenntnis, die Nagarjuna daraus gezogen hat, nachdem er diese Logik auf alle möglichen Bereiche angewendet hat, ist, dass es im ganzen Universum nichts gibt, was dauerhaft wäre, da alles sich gegenseitig bedingt und durchdringt und somit dem Strom des Werdens und Vergehens unterworfen ist.

Leiden, so lehrte der Buddha, entsteht aus Begierde nach etwas, das dauerhaft wäre. Befreiung vom Leiden ist demnach nur dann möglich, wenn der Mensch seine illusionäre Suche danach aufgibt und zur Einsicht kommt, dass alle Erscheinungen einander konditionieren.

Diese fundamentale Erkenntnis bewirkt auch eine andere Lebenseinstellung. Im Wissen, dass jede Tat Auswirkungen auf das Leben anderer Menschen hat und umgekehrt, verschwindet der Irrglaube an ein Getrenntsein und führt zu einer Haltung des Inter-Seins wie Thich Nhât Hanh es ausdrückt.

Der wesentliche Impuls für eine ethische Lebensgestaltung kam aus dem mahayanischen Bodhisattva-Ideal. Während im frühen Buddhismus und bei den Theravadins dieses Ideal nur in Mönchsrobe in einem Leben hinter Klostermauern zu verwirklichen war, bot das Mahayana jedem an, den Bodhisattva-Weg zu beschreiten, allerdings nur unter der Voraussetzung, dass er dies nicht nur für sich selbst, sondern zum Wohle anderer tue. Indem der Heilsuchende sein Streben unter den altruistischen Bodhicitta-Geist stellt, gelobt er – wenn er sein Ziel erreicht hat –, so lange als Bodhisattva wiedergeboren zu werden, bis alle Wesen ebenfalls das oberste Heilsziel, nämlich die Erleuchtung, erlangt haben.

In dieser Haltung offenbaren sich zwei entscheidende Veränderungen, die das Bodhisattva-Ideal des Mahayana von jenem des Theravada unterscheiden. Während im Theravada der Bodhisattva noch als werdender Buddha verstanden wird, gilt er im Mahayana bereits als vollkommen erleuchtetes Wesen, dem Buddha gleich, nur mit dem Unterschied, dass er in der Welt verbleibt, um anderen Wesen auf dem Weg der Befreiung helfend beizustehen. Auch in Bezug auf die Eigenschaften eines Bodhisattva hat sich im Mahayana ein Wandel vollzogen: Betrachtete man im frühen Buddhismus den Bodhisattva als ein Wesen, das durch seine Barmherzigkeit ein hohes Maß an positiver Bewusstseinsformung erreicht hat, geht man im Mahayana davon aus, dass er imstande ist, diese Verdienste auch auf andere zu übertragen.

Die Yungang-Grotten zählen zu den bedeutendsten buddhistischen Höhlenheiligtümern Chinas. Sie entstanden zwischen 453 und 495 zur Zeit der Nördlichen Wei-Dynastie, deren Herrscher den Buddhismus großzügig förderten. In einer der Höhlen befindet sich diese 14 Meter hohe Figur des zukünftigen Buddha Maitreya, deren Besonderheit eine kleine Bodhisattva-Statue ist, die die rechte Hand des Buddha stützt.

Das Königtum des Kanishka

Anderes als in Südostasien, wo es zur Dominanz einer einzigen Schule kam, nämlich des Theravada, existierten in den Mahayana-Ländern stets mehrere Schulen mit- und nebeneinander. Bei der Rezeption in China und Japan kam es sogar zu einer wahren Flut von neuen Schulbildungen.

Als entscheidend für die weitere Verbreitung des Mahayana erwiesen sich der Nordwesten Indiens und die angrenzenden Gebiete Zentralasiens bis zu den Oasenkönigreichen im Tarim-Becken. Ausgegangen dürfte die Mission von Gandhara sein, einem kulturellen Schmelztiegel par excellence, dessen Zentrum einst das Gebiet um Peshawar war. Die buddhistische Behauptung, dass Ananda, der Lieblingsschüler Buddhas, bereits fünfzig Jahre nach dem Ableben des Meisters hier missionierend wirkte, ist pure Legende. Nachweisen lässt sich der Buddhismus erst in der Zeit des Maurya-Reiches (330–150 v. Chr.) durch Ashokas Felsenedikte, die er in mehreren Sprachen hier anbringen ließ. Auch der Dharmarajika-Stupa von Taxila, dessen Reste heute noch erhalten sind, dürfte auf ihn zurückgehen. Nach dem Untergang des Maurya-Reiches wurde dieses Gebiet wechselweise von indo-griechischen Königen und iranischen Völkerschaften beherrscht. Die aus dieser Zeit stammenden Zeugnisse sind so spärlich, dass sich nichts darüber sagen lässt, ob und inwieweit die Lehre Buddhas in deren Gunst stand.

Erst nach der Gründung des Kushana-Reiches (etwa 1. Jahrhundert n. Chr.) etablierte sich wieder eine stabile politische Macht. Das Volk der Kushana war ursprünglich in Zentralasien ansässig, aber durch die Expansion des Han-chinesischen Reiches, das eine Völkerwanderung auslöste, nach Süden abgedrängt worden. Von Purusapura, dem heutigen Peshawar in Pakistan, wurde ein riesiges Reich regiert, das weite Teile Zentralasiens einschloss und im Osten bis in das Tarim-Becken reichte. Die stabilen politischen Verhältnisse, das Aufblühen des Handels über die Routen der Seidenstraße und vor allem die Förderung durch den Kushana-König Kanishka (2. Jahrhundert n. Chr.) begünstigte auch die Verbreitung des Buddhismus. Die buddhistische Tradition hat ihm dies gedankt, indem sie ihn als zweiten Ashoka feierte. Doch Kanishka mit Ashoka zu vergleichen ist irreführend. Lediglich die Münzen lassen erkennen, dass der König seinen Herrschaftsanspruch durch den Buddha legitimieren ließ. Auf den Münzen ließ sich der König mit dem Buddha zusammen abbilden, der ihm das Königtum überreicht. In einer zweiten Szene betet der König den Buddha vor einem Feueraltar an. Daraus die Schlussfolgerung zu ziehen, Kanishka sei ein Buddhist gewesen, ist problematisch, und wenn ja, müsste man fragen, in welchem Sinne. Allein das Bild des Buddha auf Münzen abzubilden, die durch ihren Gebrauch abgenutzt werden, wäre für Theravadins undenkbar gewesen. Außerdem erschien Kanishka auf Münzen nicht nur mit dem Buddha, sondern viel häufiger mit anderen »Göttern« wie zum Beispiel dem Hindu-Gott Shiva oder mit zoroastrischen Symbolen. Auch diese »Götter« sanktionierten seine Herrschaft. Es scheint vielmehr so zu sein, dass Kanishka den Buddha nebst den anderen »Göttern« benutzte, um in diesem multikulturellen und multireligiösen Reich seinen Herrschaftsanspruch durch höhere Mächte zu sanktionieren. Auch der Feueraltar, an dem Kanishka dem Buddha huldigt, ist kein buddhistisches Symbol, sondern stammt aus dem persischen Feuerkult der Zoroaster. Hier liegt ein klassischer Fall von Synkretismus vor, der auch die Lehre Buddhas betraf. Irgendwann im 3. Jahrhundert verschwand das Kushana-Reich von der Bildfläche der Geschichte. Warum und wann genau ist ungeklärt. Etwa zur gleichen Zeit ging auch das chinesische Reich der Han-Dynastie unter. Aus den Trümmern des Kushana-Reiches entstanden kleine lokale Reiche, deren Könige den Buddhismus massiv begünstigten. In der Zeit zwischen

136 *Kapitel 4*

Buddhas Lehre auf der Seidenstraße

Kannst du niemanden finden, der dir auf dem spirituellen Pfad beisteht,
Gemeinsames mit den Unreifen. Sie denken: »Diese Kinder sind die me
Sie können nicht einmal sich selbst ihr Eigen nennen, noch viel wenige

dem 3. und dem 5. Jahrhundert blühte die Lehre Buddhas sichtlich auf. Die Könige förderten den Sangha und den Stupa-Kult der Laien durch die Errichtung von Klöstern und Reliquienschreinen. Die eindrucksvollen Stupas von Taxila und Hadda, aber auch das von den Taliban in jüngster Zeit zerstörte Höhlenkloster von Bamiyan mit den riesigen, aus dem Fels geschlagenen Buddha-Statuen, legen ein beredtes Zeugnis davon ab.

Die Seidenstraße

Eine Schlüsselrolle in der Vermittlung des Buddhismus nach China spielten die Seidenstraßen und insbesondere das dort verkehrende Händlervolk der Sogdier. Obwohl dieses Volk persischer Herkunft, deren Nachfahren die heutigen Tadjiken sind, nie ein eigenes Reich gründete, war es auf der Seidenstraße allgegenwärtig. Überall entlang der Seidenstraße gab es sogdische Niederlassungen. Mag sein, dass die Lehre des Buddha in der Händlerschicht besonderen Anklang fand, weil ihr Beruf mit erheblichen Risiken für Leib und Leben verbunden war. Buddhas Lehre von der Vergänglichkeit war für sie tägliche reale Erfahrung, denn den erworbenen Reichtum konnte man schnell wieder verlieren. Jenseits der Städte und Oasen lauerten auf die schwer beladenen Karawanen nicht nur Räuber, sondern auch der trockene Sand der Wüste oder Gebirge mit ihren schwindelerregenden Pfaden. Nicht verwunderlich also, dass sich die Händler als großzügige Stifter betätigten, um damit Schutz zu erflehen. Vor allem der zukünftige Buddha Maitreya wurde so etwas wie ein Schutzpatron der Reisenden.

Im Gefolge der Handelskarawanen reisten auch Mönche entlang der Seidenstraße von Westen nach Osten, um den Buddha-Dharma zu verkünden. Im Bereich Zentralasiens und der Oasenwelt des Tarim-Beckens war ihrer Mission großer Erfolg beschieden und der Buddhismus wurde zur dominierenden geistigen Orientierung, bis der Einbruch des Islam im 10. und 11. Jahrhundert dem ein Ende setzte. Diese Regionen waren seit jeher multikulturell geprägt und daher fremden Einflüssen aufgeschlossen.

Ganz anders stellte sich die Situation im chinesischen Kernland dar. Jenseits des berühmten Jadetor-Passes (Yumen Guan), dem damaligen westlichen Ende der Großen Mauer, traf die Lehre Buddhas auf eine ganz anders geartete Welt. China besaß eine eigene Hochkultur, die feste gesellschaftliche Ideen und Normen entwickelt hatte. Das riesige Reich wurde von einer konfuzianisch gebildeten Elite regiert, deren Selbstverständnis, die eigene Kultur als die überlegene zu betrachten, stark ausgeprägt war. Auch in Bezug auf Glaubensbekenntnisse waren die Chinesen in eigenen religiösen Traditionen – Taoismus und Ahnenkult – verwurzelt und bedurften keiner neuen Religion, insbesondere wenn sie »barbarischer« Herkunft war. So ist es nicht verwunderlich, dass die Lehre Buddhas zunächst nur eine unbedeutende Randerscheinung blieb, weitgehend beschränkt auf die in den Städten ansässigen nicht chinesischen Kaufleute. Die buddhistische Überlieferung sieht das naturgemäß ganz anders und kleidete die Ankunft der Lehre in ein glamouröses Ereignis.

Die Lehre Buddhas erreicht China

Die Legende behauptet, der Han-Kaiser höchstpersönlich hätte, der Eingebung eines Traumes folgend, Boten nach Indien entsandt, um sich über Buddha zu erkundigen. Bald darauf kehrten diese in Begleitung eines weißen Pferdes zurück, das auf seinem Rücken den kostbaren Schatz von Sutras trug. Als Dank dafür gründete der Herrscher in der kaiserlichen Hauptstadt Luoyang das erste buddhistische Kloster und nannte es Mati Si, »Kloster des weißen Pferdes«.

Die geschichtliche Wirklichkeit war eine ganz andere und stellte sich nicht als Triumphzug dar, sondern als steiniger Weg, der viele Hürden zu überwinden hatte, um im »Reich der Mitte« angenommen zu werden. Die Herausforderungen, vor denen die Lehre Buddhas in China stand, waren gewaltig. Allein schon die Sprache erwies sich als große Barriere. Man muss sich vorstellen, dass die buddhistischen Texte, die ja unabdingbare Voraussetzung des Religionstransfers sind, zum Zeitpunkt der Ankunft in China nur in indischen oder allenfalls teilweise in zentralasiatischen Sprachen existierten. Zwar wurde bereits in der Han-Zeit mit Übersetzungen begonnen, doch die Übersetzer stießen schnell an ihre Grenzen, weil sich die Struktur der chinesischen Sprache grundlegend von den indischen Idiomen unterscheidet. Während die indischen Sprachen grammatisch analytisch aufgebaut sind und zu Abstraktionen anregen, ist das Chinesische eine Bildersprache und eher assoziativ zu gebrauchen. Zudem fehlten in der chinesischen Sprache die entsprechenden Begriffe, um die philosophischen Termini des Mahayana korrekt zu übertragen. Man behalf sich mit Lehnwörtern und bekannten Konzepten aus dem Taoismus, zu dem, oberflächlich betrachtet, gewisse Geistesverwandtschaften bestehen. Dieses Vorgehen erwies sich erst recht als problematisch, denn es führte zu groben Missverständnissen hinsichtlich der Lehre Buddhas und in der Folge auch zu einer Vermischung beider Religionen – insbesondere im Volksglauben.

*dann wandere allein. Es gibt nichts
...igen; dieser Reichtum ist der meinige.«
...die Kinder oder den Reichtum.*

Mönche bei der Morgenandacht im Dafo Si, dem »Tempel des Großen Buddha« in der Stadt Zhangye (Provinz Gansu). Hauptattraktion dieses Heiligtums, das im 11. Jahrhundert erbaut wurde, ist ein 34 Meter langer liegender Buddha (Paranirvana-Buddha), der größte seiner Art in China.

Die Sprachbarriere war jedoch nicht das einzige Hindernis, das die indische Religion in China zu überwinden hatte. Unausweichlich musste der Buddhismus aufgrund seiner Vorstellungen und Ethik mit den in China vorherrschenden Idealen und Normen in Widerspruch treten. Diese waren durch und durch pragmatisch und diesseitsbezogen. Alle Ziele mussten in diesem Leben verwirklicht werden, daher suchte man im Taoismus mit an Besessenheit grenzendem Eifer nach dem Elixier des Lebens. Die mahayanische Vorstellung von Leerheit musste den Chinesen als krankhafter Nihilismus erscheinen. Ideen wie Karma, Wiedergeburt und Erlösung im Nirvana, die in Indien zum Allgemeingut gehörten, waren in China exotische Neuheiten. Erst recht kollidierte der Buddhismus auf institutioneller Ebene mit den chinesischen Ideologien, vor allem mit dem Konfuzianismus. Der Sangha, also die Verwirklichung des buddhistischen Ideals als Mönch oder Nonne unter Verzicht auf Familie, war unvereinbar mit chinesischer Sozialethik. Die konfuzianische Erziehung verlangte unbedingte Loyalität und Gehorsam zur Familie und zum Staat. Zu den ersten Pflichten gehörte es, für den Fortbestand der Familie zu sorgen und seine Arbeitskraft produktiv einzusetzen. Eine Gemeinschaft wie der Sangha musste als »Schmarotzertum« betrachtet werden.

Buddhas Lehre auf der Seidenstraße

Der Taoismus ist eine der wichtigsten religiösen Strömungen Chinas, mit der sich die indische Lehre des Buddhismus auseinanderzusetzen hatte. Die Kunst des Tai Chi Chuan (Schattenboxen) gehört zu den wenigen taoistischen Traditionen, die im modernen China noch lebendig sind.

Das konfuzianische Ideal ist das einer Zweiklassengesellschaft, in der die arbeitenden Volksmassen autoritär von einer gebildeten Elite beherrscht werden. Darüber steht der Kaiser, der das ihm von Geburt her verliehene »Mandat des Himmels« verwaltet, das ihn verpflichtet, das kosmische Gleichgewicht zwischen Himmel und Erde durch die vollkommene Ausführung der Riten und Einhaltung der Sitten aufrechtzuerhalten. In dieser Vorstellungswelt war nicht viel Platz für eine neue Heilslehre.

Dies änderte sich erst nach dem Untergang der Han-Dynastie (206 v. Chr.–220 n. Chr.), der das Land in eine tiefe Krise stürzte und unsägliches Leid verursachte. Es folgte eine wirre Zeit dynastischer Kämpfe mit zumeist kleinen kurzlebigen Reichsgründungen. Das Vertrauen der Menschen in die ordnende Kraft des konfuzianischen Staates musste angesichts des Elends durch Hungersnöte und Gewalt einen schweren Rückschlag erlitten haben. Deshalb ist es nicht überraschend, dass gerade in jener Zeit, als ganz offensichtlich die kosmische Harmonie aus den Fugen geriet, der Buddhismus mit seiner Lehre von der Vergänglichkeit und des Nicht-Anhaftens bei den Chinesen Fuß fassen konnte – allerdings zuerst nur im Norden.

Das hatte reale politische Gründe. Nach dem Sturz der Han-Dynastie war das Reich in zwei große Teile zerfallen. Während sich im Süden weiterhin chinesische Dynastien halten konnten, wurde der Norden von zentralasiatischen Nomadenvölkern überrannt. Dieser Teil war schon seit jeher viel stärker fremden Einflüssen ausgesetzt, die vor allem über die Routen der Seidenstraße ins Reich der Mitte gelangten, die während der Han-Zeit ihre erste große Blüte erlebte. In Nordchina konnten sich immer wieder »fremde«, d. h. nicht Han-chinesische Dynastien etablieren, die neuen Traditionen viel offener und toleranter begegneten. In diesem Umfeld sickerte der Buddhismus ein, und zwar nach ähnlichem Muster wie in den Theravada-Ländern, nämlich in der gesellschaftlichen Hierarchie von oben nach unten, indem er zuerst in der einflussreichen und gebildeten Oberschicht erstarkte. Doch niemals, auch nicht während seiner größten Blüte in der Sui- und Tang-Zeit (589–906), wurde der Buddhismus in China alleinige Staatsreligion wie in Sri Lanka, Thailand oder später in Tibet. Zwar verbreitete er sich auch im Süden Chinas, doch erst nachdem er eine Phase der Sinisierung durchlaufen hatte. Noch eine Besonderheit kennzeichnet den chinesischen Buddhismus, sie betrifft die buddhistischen Laien. Viel stärker als in anderen Ländern unterschied sich die Laienfrömmigkeit vom hehren Ideal und Streben der Mönche. Zu allen Zeiten blieben die kulturellen und religiösen Wurzeln, die um Ahnenverehrung, taoistische Magie und konfuzianische Disziplin kreisten, bestehen und wurden weiterhin gepflegt. Der Buddhismus wurde als nützliche metaphysische Ergänzung hinzugenommen.

Die großen Übersetzer

Die Verbreitung des Buddhismus in China war zuallererst eine großartige Übersetzerleistung. Die Namen und Biografien dieser Übersetzer spiegeln den Weg wider, den die Lehre Buddhas entlang der Seidenstraße nahm. Einer der ersten bedeutenden Übersetzer war der parthische Prinz An Shi Kao, der Mönch geworden und im Jahr 147 n. Chr. nach China gekommen war. Dabei brachte er umfangreiche Abidharma-Texte (Kommentarliteratur) mit, die er ins Chinesische übertrug. Ein anderer früher Übersetzer war der indo-skythische Mönch Lokaksema, der vor allem Texte aus der mahayanischen Weisheitslehre transkribierte. Ende des 3. Jahrhunderts entstand unter Leitung des ebenfalls aus dem zentralasiatischen Raum stammenden Mönchs Dharmaraksa eine rege Übersetzertätigkeit in Dunhuang. Diese Oasenstadt am Rande der Wüste Gobi, die bereits innerhalb des berühmten Jadetor-Passes (Yumen Guan) lag, spielte in der Verbreitung

140 *Kapitel 4*

Buddhas Lehre auf der Seidenstraße

Hölzerne Buddha-Figur in einem chinesischen Tempel in Bodh Gaya, der dem Pilgermönch Xuanzang geweiht ist.

des Buddhismus in China eine wichtige Mittlerrolle. Dort hatten sich an einer markanten Felsflucht bereits zur Han-Zeit Mönche niedergelassen und begonnen, Höhlen zu schlagen. Im Laufe der Jahrhunderte entstand ein einzigartiger Höhlenkosmos von mehr als tausend Grotten, die wabenähnlich neben- und übereinander angeordnet sind. Eine der Höhlen birgt eine dreiunddreißig Meter hohe Buddha-Figur, die gegen die Felswand lehnt und von einem neunstöckigen Pavillon beschützt wird. Das eigentliche Wunder zeigt sich jedoch im Inneren der Höhlen: Jeder Flecken ist kunstvoll bemalt. Dazu gibt es noch Figuren aus Lehm, die so angeordnet sind, dass sie in einem Rundgang umwandelt werden können. Viele der Höhlen tragen die Signatur von Stiftern aus dem Kreis von Kaufleuten und Handwerkern, denen der florierende Handel entlang der Seidenstraße schnellen Reichtum bescherte. Die bemalten Figuren der Buddhas und Bodhisattvas spiegeln den Zeitgeist wider: Sie tragen kostbare Gewänder und üppigen Schmuck. Mit ihren runden, pausbackigen Gesichtern und der Körperfülle strahlen sie eher Lebensgenuss als Entsagung aus. Die Bildwerke beschränken sich nicht nur auf das religiöse und höfische Leben der damaligen Zeit, sondern zeigen auch den ganz profanen Alltag der Händler, Bauern und Handwerker. Man sieht die Karawanen ihres Weges ziehen, aber auch die realen Gefahren, die sie bedrohten, durch Räuber und Wegelagerer.

Den größten Einfluss auf die Entwicklung des Buddhismus in China und damit auch in Vietnam, Korea und Japan, die später die chinesische Form übernahmen, hatte Kumarajiva (343–413), ein Mönch, der aus der an der Nordroute der Seidenstraße gelegenen Oasenstadt Kucha stammte. Als Sohn eines Inders und einer königlichen Prinzessin aus Kucha war ihm der multikulturelle Geist buchstäblich in die Wiege gelegt. Dazu war er hochbegabt und in mehreren Sprachen bewandert. Zu Kumarajivas Zeit war der Buddhismus in der Oasenwelt entlang des zentralasiatischen Teils der Seidenstraße bereits fest verankert und wurde von den lokalen Herrschern großzügig gefördert. Doch im chinesischen Kernland, vor allem bei der tonangebenden Elite, hatte er nicht Fuß gefasst. Das lag nicht zuletzt daran, dass es an Schriftkultur mangelte. Die bisherigen Übersetzungen buddhistischer Texte ins Chinesische waren zu schwach, um den Ansprüchen der gebildeten Oberschicht zu genügen. Um eine solche Aufgabe zu meistern, war sowohl ein tiefes Verständnis der Inhalte erforderlich als auch hervorragende chinesische Sprachkenntnisse. Doch selbst das genügte nicht, denn die Texte konnten ja nicht wortwörtlich übersetzt werden. Es bedurfte einer Vertrautheit mit den Eigenheiten der chinesischen Kultur, denn nur dann war es möglich, für die indischen Sanskrit-Begriffe chinesische Entsprechungen zu finden. Es kam also auf das Wie an.

Kumarajiva verfügte sowohl über die intellektuellen Fähigkeiten, die tiefere Bedeutung der Texte zu verstehen, als auch über die Sprachkompetenz, sie auf hohem Niveau ins Chinesische zu übertragen, und zwar – das ist der entscheidende Punkt –, ohne dabei für Schlüsselbegriffe wie Leerheit (Shunyata) oder Weisheit (Prajna) auf Lehnwörter aus dem Repertoire des Taoismus zurückgreifen zu müssen.

In Changan (Xian) gab es eine rege Übersetzertätigkeit, die vom Qin-Hof tatkräftig gefördert wurde. Schon im Jahre 379 soll der Qin-Herrscher Fu Chien einen Feldzug gegen den Süden unternommen haben, um den gebildeten Mönch Tao An (314–385) nach Changan zu holen. Dieser baute unter königlicher Patronanz eine professionelle Übersetzerschule auf. In diesem Zusammenhang sammelte er alle ihm erreichbaren Sutras und legte eine Liste von 611 Titeln an. Vor allem ging es ihm darum, die Spreu vom Weizen zu trennen und nur Werke aufzunehmen, die qualitativ seinen Kriterien entsprachen und für authentisch befunden wurden. Darüber hinaus betätigte er sich auch

Kapitel 4

Bild oben: Feierlich umschreitet eine Prozession von Mönchen und Laiengläubigen den Haupttempel des Klosters Dafo (Provinz Gansu), in dem sich eine riesige Figur des liegenden Buddha befindet.

Bild unten: Chinesin bei der morgendlichen Tai-Chi-Praxis am Osteingang zur »Verbotenen Stadt«, dem Kaiserpalast in Peking.

selbst als Kommentator verschiedener Weisheitstexte und fertigte höchstpersönlich eine Übersetzung der Vinaya-Regeln der indischen Sarvastivada-Schule an. Offenbar lag ihm die Mönchsdisziplin am Herzen, die in dieser Zeit nicht besonders hoch gewesen sein dürfte.

Es war Tao An gewesen, auf dessen Initiative Kumarajiva nach Changan geholt wurde. Im Jahre 401 oder 402 traf der bereits fünfzigjährige Übersetzermönch in Changan ein. Die günstigen Arbeitsbedingungen, die Kumarajiva dort vorfand, wirkten sich außerordentlich fruchtbar auf seine Übersetzertätigkeit aus. In den neun Jahren, die ihm an Lebenszeit noch zur Verfügung standen, übersetzte er mit Unterstützung der von Tao An ausgebildeten Mönche mehrere der wichtigsten Mahayana-Schriften, darunter das Lotos-Sutra in einer bis dahin nicht gekannten poetischen Form. Ein weiterer Meilenstein seiner Arbeit waren die Übersetzungen der Werke Nagarjunas, die er zusammen mit anderen Weisheitstexten (Prajnaparamita) aus seiner Heimat Kucha mitgebracht hatte. Damit führte Kumarajiva das Madhyamika-System des Mahayana-Buddhismus in China ein. Unermüdlich soll er bis zu seinem Lebensende die Übersetzerschule geleitet haben, in der angeblich Hunderte von Mönche gearbeitet haben. Wie die Lebensgeschichten hervorragender Mönche überliefern, soll

Buddhas Lehre auf der Seidenstraße

Der Pilgermönch Xuanzang (602–664) auf einem bemalten Holzstich aus Dunhuang. Der berühmte Pilger brach im Jahre 629 von der kaiserlichen Tang-Hauptstadt Changan (Xian) nach Indien auf und kehrte 17 Jahre später mit buddhistischen Schriften im Gepäck zurück.

Kumarajiva, als er seinen Tod kommen sah, sich von seinen Schülern mit der Prophezeiung verabschiedet haben, dass seine Zunge bei der Verbrennung seines Körpers unversehrt bleiben würde, falls seine Übersetzungen ohne Tadel waren. Genau dies, so behaupteten seine Schüler, wäre eingetreten. Die Geschichte mit der Zunge, die den Scheiterhaufen überdauert hat, ist Stoff für die Legende, die Übersetzung des Lotos-Sutra hingegen hat tatsächlich bis heute Bestand und es ist nicht zuletzt Kumarajivas Verdienst, dass es in China sowie in Japan und Korea so große Popularität erlangte und sogar zur Grundlage einer der bedeutendsten Schulen des chinesischen Buddhismus wurde.

Die Reisen chinesischer Pilgermönche

Der Wunsch nach Vervollständigung der kanonischen Schriften und danach, sie dort zu beschaffen, wo sie entstanden sind, nämlich in Indien, provozierte eine Bewegung, die von Mönchen getragen wurde. Einer der ersten dieser Pilgermönche, die vom Osten Chinas den langen und beschwerlichen Weg nach Indien antraten, war Faxian (317–420). Er verließ im Jahre 399, noch vor der Ankunft Kumarajivas, zusammen mit vier weiteren Mönchen Changan, folgte der Oasenroute entlang der Seidenstraße jenseits des Jadetores, überquerte das Karakorum-Gebirge und erreichte schließlich über die gefürchtete »Hängebrückenstraße« des Indus-Tales das indische Tiefland. Dazu benötigte er sechs Jahre, weitere sechs Jahre verbrachte er dann in Indien, um Schriften zu sammeln, ehe er weiter nach Sri Lanka reiste, um von dort auf dem Seeweg nach China zurückkehren. Wenn man bedenkt, dass Faxian zum Zeitpunkt seines Aufbruchs in Changan sechzig Jahre alt war und eine derartige Reise selbst für einen jungen Mann zur damaligen Zeit ein lebensgefährliches Risiko darstellte, lässt sich ermessen, welch »Berge versetzender« Glaube ihn antrieb. Sein Reisebericht vermittelt einen lebhaften Eindruck von den Strapazen und Gefahren, die entlang des Weges lauerten. Vor allem die Durchquerung der Takla-Makan-Wüste erfüllte ihn mit Schrecken, wenn er schrieb: »Die Sandmassen sind voller böser Geister und brennender Winde, und jeder, der ihnen begegnet, stirbt; keiner bleibt unversehrt.« Faxian überwand auch dieses Hindernis. Viele andere, die ihm nachfolgten, hatten weniger Glück. Von ihnen sind keine Berichte überliefert. Die einzigen Spuren, die sie hinterließen, waren ihre zerschmetterten Gebeine, die irgendwo in den Gebirgen lagen oder in der Wüste bleichten. Trotzdem riss der Strom der Indien-Pilger für Jahrhunderte nicht ab. Nur die Motive wandelten sich. Indien, die ursprüngliche

144 *Kapitel 4*

Bemalte Buddha-Figuren in den Yungang-Grotten nahe der alten Wei-Hauptstadt Datong. Die Buddhas erscheinen in der Abhaya-Mudra, der Geste der Ermutigung und Furchtlosigkeit, die den Gläubigen einlädt, näher zu treten und sich dem Dharma anzuvertrauen.

Heimat Buddhas, wurde zu einem begehrten Wallfahrtsziel, zum heiligen Land. In späterer Zeit trat neben die Sehnsucht, die geheiligten Orte des historischen Buddha zu besuchen, noch der Wunsch nach Erneuerung. Anlass dafür war eine tiefe Krise, in die der Sangha durch Verquickung mit weltlicher Macht geraten war.

Der berühmteste aller chinesischen Pilger war zweifellos Xuanzang. Seine Reise fiel in das Goldene Zeitalter der Tang (598–906). Sie gestaltete sich noch schwieriger, weil er sie gegen den Willen des Tang-Kaisers unternahm. Kein Chinese durfte das Reich an seiner Westgrenze verlassen. Dieses Verbot galt auch für Xuanzang. Dahinter steckten militärische Gründe. Der Tang-Herrscher beabsichtigte nämlich, sein Reich nach Westen hin auszudehnen, und in der Tat wurden jene Oasenkönigreiche im Tarim-Becken bald nach dem Besuch des Pilgers dem Tang-Reich unterworfen. Xuanzangs »Reise in den Westen« ist deshalb so interessant, weil sie in einer Zeit stattfand, in der sich der Buddhismus im indischen Mutterland im Niedergang befand. Obwohl der Reisebericht, den sein Schüler Huili verfasst hat, durch Übertreibungen und Legenden ausgeschmückt wurde, enthält er viel historisches Material. Außerdem fand die Reise auch Widerhall in den offiziellen Annalen der Tang-Dynastie. Während Xuanzang in der Oasenwelt des Tarim-Beckens noch eine blühende buddhistische Kultur vorfand, war er von Indien enttäuscht. In Gandhara, wo einst Ashoka einen buddhistischen Musterstaat errichtet hatte, lagen die Klöster darnieder, und nur noch wenige folgten dem Dharma. In Shravasti, wo der Buddha lehrte, in Kapilavattu, wo er aufwuchs, in Kushinara, wo er ins Nirvana einging, waren nichts als Ruinen übrig. Der erstarkende Hinduismus war drauf und dran, den Buddhismus auszulöschen. »Jetzt bin ich 10.000 Li gereist, um hierherzukommen. Warum werde ich so niedergedrückt von der Last schlechten Karmas«, soll Xuanzang vor Schmerz über den Verfall der Lehre ausgerufen haben. Nur in Nalanda, der altehrwürdigen Klosteruniversität, studierten noch einige Tausend Mönche. Dort hielt sich Xuanzang mehr als ein Jahr auf, ehe er wieder über den Landweg zurückkehrte. Doch so schlecht dürfte sein Karma nicht gewesen sein, denn Xuanzangs Mission war ein voller Erfolg. In seinem Gepäck befanden sich 650 buddhistische Textsammlungen in Kisten verpackt, darunter so bedeutende wie jene des Yogacara-Systems, das Xuanzang damit in China einführte. Er war siebzehn Jahre unterwegs gewesen, als er im Frühjahr des Jahres 645 in der kaiserlichen Hauptstadt Changan eintraf. Weitere neunzehn Jahre verbrachte er im Tempel

Buddhas Lehre auf der Seidenstraße   145

Am Eingang zur Jishi-Schlucht begrüßt eine weithin sichtbare, 27 Meter hohe Riesenfigur des Buddha Maitreya die Besucher des Höhlenkomplexes Bingling Si. Nur der oberste Teil der Statue ist aus dem weichen Löss geschlagen, der Rest ab der Schulter wurde mit Lehm anmodelliert. Die ersten Grotten der etwa 70 Kilometer von der Provinzhauptstadt Lanzhou entfernten Tempelanlage dürften bereits Ende des 4. Jahrhunderts geschlagen worden sein, der weitaus größte Teil der 183 Kulthöhlen entstand jedoch in der Tang-Zeit (618–906).

der Großen Güte (Da Cien Si), von dem nur noch die Große Wildgans-Pagode erhalten ist, um die mitgebrachten Schriften ins Chinesische zu übertragen.

Mit Xuanzang hat die Epoche der Pilgermönche einen Höhepunkt und gleichzeitig Abschluss gefunden. Zwar gab es noch den einen oder anderen Nachzügler, aber ab der Mitte des 9. Jahrhunderts reißt der Kontakt ins heilige Land des Buddhismus endgültig ab, da er in seinem Ursprungsland zum Erliegen kam und in Zentralasien dem Vordringen des Islam erlag.

*Die Hauptschulen des
chinesischen Buddhismus*

Bereits zur Zeit von Tao An und Kumarajiva setzte eine lebhafte Diskussion über philosophische Themen der Mahayana-Lehren ein. Dabei ging es vor allem um die »Drei-Körper-Lehre« (Trikaya) und insbesondere um die Frage, ob auch ein transzendenter Buddha eine Form besitze, die ihn visualisierbar und damit zum Gegenstand kultischer Verehrung mache. Diesbezügliche Impulse dürften auch von der Laienbewegung ausgegangen sein, die nach einem leichter begehbaren Pfad verlangte, der Befreiung durch Glauben versprach. Im Jahre 402 soll Hui Yuan, ein Schüler Tao Ans, eine Gruppe von Mönchen und Laienanhängern auf dem süd-chinesischen Berg Lu (Lushan) versammelt haben, um eine Statue des Buddha Amitabha zu verehren. Die Zeremonie gipfelte in einem kollektiven Gelübde, in seinem Reinen Land Sukhavati wiedergeboren zu werden. Dieses Ereignis gilt als Beginn der Schule des Reinen Landes. Das freilich ist die Sicht späterer Generationen, denn in Wirklichkeit dürften Hui Yuan und die um ihn versammelten Mönche mit einer Schulgründung nichts am Hut gehabt haben, im Gegenteil, sie zogen sich in der Erwartung des Reinen Landes von der Welt zurück. Als Massenbewegung tritt diese Form des chinesischen Buddhismus erst im 5. Jahrhundert auf, als das Land wieder einmal von einer Krise erschüttert wurde und die Menschen nach etwas suchten, an das die Hoffnung auf eine bessere Zukunft geknüpft werden konnte. Es ist kein Zufall, dass der Reines-Land-Buddhismus immer dann den größten Zulauf hatte, wenn es großen Leidensdruck gab. Die Schule des Reinen Landes erlangte nicht nur in China, sondern auch in Japan, Korea und Vietnam große Bedeutung.

Ein anderer aus dem Kreis der Mönche vom Berg Lu stammender Gelehrter, der auf die Entwicklung des Buddhismus großen Einfluss ausübte, war Taosheng (um 360–434). Er begab sich im Jahre 406 in die nördliche Hauptstadt Changan und schloss sich dort der Übersetzerschule

Bild oben: Figur eines in kostbare Gewänder gehüllten Buddha der Yungang-Grotten (Provinz Shanxi). In einer Zeitspanne von nur 65 Jahren wurden hier zwischen 460 und 525 n. Chr. an einer Sandsteinwand 250 Höhlen und Nischen geschlagen, mit Figuren geschmückt und mit Wandbildern ausgemalt.

Bild unten: Wandbild an der Umzäunungsmauer des »Großen-Buddha-Tempels« (Dafo Si) in Zhangye. Der Ort liegt in jenem schmalen Korridor (Hexi-Korridor) zwischen der Wüste Gobi und dem Hochland von Tibet, durch den einstmals die Hauptroute der Seidenstraße führte.

Kumarajivas an. Nach einiger Zeit begab er sich auf Wanderschaft und kehrte schließlich wieder zum Berg Lu zurück, um sich dem Sutra-Studium zu widmen. Er beschäftigte sich vor allem mit dem Mahaparanirvana-Sutra, von dem man annahm, dass es die letzten Lehrreden des Buddha beinhalte und daher von besonderem Weisheitsgehalt sei.

Daraus entnahm er, dass alle Wesen die Buddha-Natur besitzen und früher oder später Befreiung erlangten. Wenn dem so ist, so seine Schlussfolgerung, dann war das erlösende Erwachen nicht nur über den langwierigen und mühsamen Stufenweg möglich, sondern es konnte sich spontan ereignen, als plötzlich eintretende Erkenntnis. Mit dieser Auffassung stand er im Gegensatz zur klassischen mahayanischen Sicht, die im Stufenweg zur Bodhisattvaschaft die einzige Option sah. Damit setzte eine lang anhaltende Debatte um die Frage ein, welcher der beiden Wege der bessere sei.

Dass diese Auseinandersetzung in China so heftig geführt wurde, hat kulturspezifische Gründe. Dahinter steckt die traditionelle Polarität zwischen Konfuzianismus und Taoismus. Während die Anhänger der Lehre des Konfuzius das Ideal in einem Menschen sahen, der allmählich durch Bildung und Kultivierung reifte, predigten die Taoisten, dass der Mensch durch Spontaneität und das Aufbrechen

Buddhas Lehre auf der Seidenstraße

Die Tempelgebäude des »Hängenden Klosters« scheinen an der senkrechten Felswand zu kleben und zählen heute zu den ältesten noch erhaltenen Holzbauten Chinas. Die Anlage wurde im 6. Jahrhundert zur Zeit der Nördlichen Wei-Dynastie errichtet, wobei man geschickt natürliche Ausnehmungen und Hohlräume in der Felswand nutzte. Offensichtlich koexistierten hier alle drei großen religiösen Strömungen Chinas neben- und miteinander, denn in einem der Räume befinden sich je eine Statue von Buddha, Laozi und Konfuzius. Das »Hängende Kloster« liegt am Heng Shan (Provinz Shanxi), einem der heiligen Berge des Taoismus.

gesellschaftlicher Normen und Zwänge das ihm innewohnende Potenzial erschließen kann. In der Diskussion um das buddhistische Erwachen spiegelten sich diese unterschiedlichen Werte wider. Hierin liegen die Wurzeln einer chinesischen Lehrtradition, die mehr als alle anderen den Buddhismus Ostasiens prägt. Gemeint ist die Schule des Chan, besser bekannt unter dem Namen Zen, wie die japanisierte Form davon heißt. Die Geisteshaltung von Chan oder Zen ging weit über die Religion hinaus und wurde zu einer Lebensart, die die Kunst, vor allem die Malerei, aber auch so profane Dinge wie die Gartengestaltung, die Essgewohnheiten oder die Art zu wohnen beeinflusste. Bekanntestes Zen-Ritual ist die berühmte japanische Teezeremonie. Der Legende nach soll bereits der Buddha einen seiner Schüler in die Geheimnisse des Chan eingeweiht haben. Dies geschah bei einer Mönchsversammlung am Geierberg bei Rajpur. Statt den Dharma mit Worten zu predigen, hob er eine Lotosblüte empor und schwieg dabei. Die Mönche wurden bereits unruhig, da begann einer von ihnen, Mahakasyapa, zu lachen. Der Buddha stand auf, gab ihm die Blume und ging. Mahakasyapa hatte als Einziger verstanden und war erwacht. Damit gilt er als der erste Patriarch des Chan.

Erst mit dem 28. Patriarchen, dem indischen Adepten Bodhidharma, gelangte die Chan-Lehre nach China. Die gesamte indische Überlieferungslinie ist Legende und selbst Bodhidharma, der als erster chinesischer Patriarch firmiert, lässt sich historisch kaum fassen. Nach Chan-Überlieferung soll er Ende des 5. Jahrhunderts gelebt haben. Angeblich hat er den Niedergang des Buddhismus in Indien vorausgesehen und sich rechtzeitig nach China abgesetzt. Dort ist er als Kritiker und entschlossener Reformer in Erscheinung getreten, der sich gegen die Verweltlichung des Mönchtums wandte. Tatsächlich dürfte der Chan-Buddhismus aus einer Protestbewegung hervorgegangen sein, getragen von »Waldmönchen«, denen die Verquickung der Stadtmönche mit weltlicher Macht ein Dorn im Auge war und die eine Rückkehr zum einfachen Leben mit strenger meditativer Praxis forderten. Daher besteht die Chan-Praxis in stundenlangem schweigendem Sitzen, bei dem der Atem und der Gedankenfluss beobachtet werden. Ziel ist es, an Gedanken und Gefühlen weder anzuhaften, noch sie zu bewerten. Auf diese Weise gerät der Übende in einen Zustand geschärfter Aufmerksamkeit, der als Mittel dient, um schädliche Bewusstseinsprägungen wie Vorurteile, Bewertungen und Ich-Bezogenheit zu überwinden und zur Erkenntnis der Leerheit vorzudringen.

Für die Chan-Adepten ist das Erwachen keine neue Erkenntnisstufe, sondern le-

Buddhas Lehre auf der Seidenstraße

Ständer für Kerzen und zum Verbrennen von Räucherwerk vor dem Eingang zum Famen Si. Dieses 120 Kilometer westlich von Xian gelegene Heiligtum zählt zu den ältesten und bedeutendsten buddhistischen Tempeln Chinas. Seine Wurzeln reichen bis in die Han-Zeit zurück, aber nach dem Niedergang des Buddhismus im 10. Jahrhundert geriet die Anlage in Vergessenheit. Umso größer war die Sensation, als im Jahre 1987 im Zuge von Renovierungsarbeiten eine Krypta entdeckt wurde, an deren Eingang auf zwei Stelen nicht nur die Geschichte des Heiligtums aufgezeichnet war, sondern auch eine detaillierte Auflistung von Kostbarkeiten, die einstmals wohlhabende Mäzene gespendet hatten. Zum Erstaunen der Archäologen befanden sich alle diese Schätze sorgsam in Kisten verpackt in dem unterirdischen Raum – darunter vier Fingerknochen, die angeblich vom Buddha selbst stammen.

diglich ein Beseitigen von Hindernissen. So wie die Sonne ständig scheint, auch wenn Wolken den Blick darauf verhindern, so strahlt auch das Licht der Buddha-Natur in jedem Menschen, man muss nur die Hemmnisse beseitigen, damit sie das Bewusstsein durchdringt.

Chan ist die chinesische Transkription des Sanskrit-Wortes Dhyana, was »Versenkung« bedeutet. Der Begriff ist zugleich Programm. Der legendären Biografie zufolge soll Bodhidharma im Kloster Shaolin neun Jahre schweigend vor einer Steinmauer gesessen haben, ohne sich einmal umzudrehen. Die Geschichte macht deutlich, dass es im Chan um die unmittelbare persönliche Erfahrung geht und nicht um Schriftgelehrsamkeit und Sutra-Wissen. Man misstraute der begrifflichen Vermittlung durch Wort und Schrift, weil sich das Wesentliche nicht intellektuell erfassen lässt. Von Anfang an wurde deshalb die Übertragung »von Herz zu Herz«, also die Vermittlung durch einen Meister, als unabdingbar angesehen. Der Schüler hatte durch bedingungslose Hingabe und den kompromisslosen Wunsch, zur Befreiung zu gelangen, zu beweisen, dass er des Lehrers würdig war. Beispielhaft für diese Haltung ist wiederum eine Anekdote aus Bodhidharmas Lebensgeschichte. Der Meister war erst bereit, seine Schweigemeditation zu unterbrechen, als ein Mönch, der sein Schüler werden wollte, drohte, sich den Kopf abzuschlagen, wenn er sich ihm nicht zuwendete. Dieser Mann war Huikuo (487–593), Bodhidharmas wichtigster Schüler, der dem Meister als zweiter Patriarch nachfolgte.

Trotz des Anspruchs, ohne Worte auszukommen, entwickelte der Chan-Buddhismus erstaunliche Beredsamkeit. Wichtiger Bestandteil der Chan-Praxis ist nämlich die Arbeit an sogenannten Kungan (jap. Koan). Das sind Sprüche und Anekdoten von Meistern aus der klassischen Zeit des Chan (ca. 8.–11. Jahrhundert), die in Sammlungen zusammengefasst sind. Zusammengestellt und kommentiert wurden die Sammlungen dann hauptsächlich in der Sung-Zeit (960–1279). Insgesamt sind 1700 solcher Koans überliefert, die in verdichteter, origineller und oft witziger Form hintergründige Weisheiten enthalten. Vor allem dienen Koans dazu, den Schüler aus seinen gewohnten Denkmustern zu werfen. Der Meister gibt einem Schüler ein Koan und dieser soll seinen Geist darin so versenken, dass ihm im wahrsten Sinne des Wortes Hören, Sehen und Denken vergeht. Obwohl es darum geht, das Koan aufzulösen, ist es kein Rätsel im herkömmlichen Sinn, das durch Verstandeslogik geknackt werden kann. Der Zweck der Beschäftigung mit Koans ist nicht, den Intellekt weiter zu füttern, sondern eine veränderte Haltung bzw.

Einstellung herbeizuführen und damit den Boden für das Erwachen zu bereiten. Huineng (638–713), der sechste Patriarch des Chan, drückte dies so aus: »Wenn du über das nachdenkst, was nicht gedacht werden kann, wird langsam, ganz allmählich das Denken unmöglich. Eines Tages brechen dann alle deine Denkgebäude in sich zusammen. Plötzlich bist du in einem Zustand von Nicht-Denken.« Ab dem 8. Jahrhundert spaltete sich die Chan-Schule in viele Traditionslinien auf, die an einzelne Lehrer bzw. deren Stammklöster gebunden waren. Zu den wichtigsten zählt die Lehrtradition des Meisters Linji (gest. 866), japanisch Rinzai, die während der Sung-Zeit (960–1279) beträchtlichen Einfluss ausübte. Etwa zur selben Zeit entwickelte sich auch die Schulrichtung des »Hauses« Tsao-tung, japanisch Soto, benannt nach den beiden Gründern, den Chan-Meistern Tsao und Tung. Beide Traditionen gingen in Bezug auf Lehr- und Meditationspraxis eigene Wege. Die Rinzai-Methode zielt auf spontanes Erwachen ab, das durch rigide Kontemplation im Sitzen und systematische Arbeit an Koans erreicht werden soll. Soto lehrt vollkommene Geistesgegenwärtigkeit während der schweigenden Sitzübung. Alle Gedankenabstraktionen durch Visualisierung, wie sie beispielsweise im tibetischen Buddhismus gang und gäbe ist, werden abgelehnt.

Beide Schulen, sowohl Rinzai als auch Soto, vertreten eine puristische Haltung gegenüber Bildwerken jeglicher Art. Alle Bilder müssen transzendiert werden, da sie zur Anhaftung führen. Das gilt sowohl für solche, die in der Meditation auftauchen, als auch ikonografische Vorbilder. »Wenn du den Buddha triffst, töte ihn«, lautet eine der radikalen Forderungen im Zen. Gemeint ist hier das Bild des Buddha und die damit verbundenen gedanklichen Assoziationen.

Trotz der Ablehnung von Bildern hat das Chan (Zen) in der Kunst deutliche Spuren hinterlassen, allerdings in einer sehr charakteristischen Form. Die Zen-Kunst ist Ausdruck einer ganzheitlichen Sicht, dass sich das unaussprechliche Ganze (Nicht-Dualität) in jedem Teil des Universums findet – sogar im kleinsten Staubkorn.

Blüte und Niedergang

Durch die großzügige Förderung der protomongolischen Wei-Dynastie, die über den Norden Chinas herrschte, blühte der Buddhismus im 5. Jahrhundert dort auf. Landschenkungen, Steuerfreiheit und staatlich sanktionierte Frondienste durch die bäuerliche Bevölkerung bescherten den Klöstern beträchtlichen Reichtum und machten sie ähnlich wie in Sri Lanka zu Großgrundbesitzern. Die Folge war ein explosionsartiges Anwachsen der Klös-

Buddhas Lehre auf der Seidenstraße

Der Huang Shan (Gelbes Gebirge) inspirierte einst Generationen von chinesischen Malern und Poeten und zieht heute täglich Tausende Besucher an. Das bizarre Felsmassiv mit seinen 72 Gipfeln, deren höchster – der Lotosblüten-Berg – knapp 2000 Meter über dem Meeresspiegel aufragt, gilt den Chinesen als Inbegriff landschaftlicher Schönheit. Knorrige Kiefern und Nebel, die die Felsen umspielen, geben dem Gebirge einen unverwechselbaren Charakter.

ter und Mönche, aber auch eine Verweltlichung des Klosterlebens. Das provozierte Missgunst und bot Angriffsflächen, an denen sich Kritik entzündete, die zum einen von den rivalisierenden Taoisten kam und zum anderen von den Konfuzianern. Trotz der anfänglich so wohlwollenden Haltung der Wei-Herrscher gelang es den Widersachern, am Hof gegen die Buddhisten Stimmung zu machen, sodass diese kippte und es im Jahre 446 zur ersten großen Verfolgung kam. Die Maßnahmen reichten von Zwangsenteignung der Klöster, Zerstörung von Stupas bis hin zur Liquidierung von Mönchen und Nonnen, die sich weigerten, in den Laienstand zurückzukehren. Die Verfolgung richtete sich nicht auf den Buddhismus an sich, denn die Ausübung der Religion war nicht verboten, sondern gegen die organisierte Geistlichkeit.

Offenbar war der Stimmungswandel mit der Person eines bestimmten Kaisers verknüpft, denn als im Jahre 454 ein neuer Herrscher den Thron bestieg, wurde der Buddhismus nicht nur geduldet, sondern sogar wieder protegiert. Um 460 entstanden die großartigen Höhlentempel von Yungang unweit der Wei-Hauptstadt Datong. Obwohl die schützenden hölzernen Vorbauten heute fehlen und deshalb etliche Figuren im Freien stehen, wo sie der Verwitterung ausgesetzt sind, legen sie ein beredtes Zeugnis vom Kunstschaffen ab, das sich unter dem Protektorat der Wei entfaltete. Doch bereits in den Jahren 574–577 kam es neuerlich zur Verfolgung des Buddhismus. Neben den Intrigen der traditionellen antibuddhistischen Fraktion dürften vor allem auch politische Gründe eine Rolle gespielt haben, denn die Klöster waren indessen zu einem bedeutenden Wirtschafts- und Machtfaktor im Staat geworden. Der Wei-Herrscher begründete das harte Vorgehen gegen die Buddhisten auch damit, dass das Mönchstum zu einer Verweichlichung der nomadischen Tradition führe, aus der die Toba-Wei entstammten. Aber genau das geschah, jedoch nicht durch den Buddhismus, sondern durch die Kraft der chinesischen Zivilisation. Nachdem die Wei ihre Hauptstadt weiter in den Süden nach Luoyang verlegt hatten, kam es zu einer völligen Sinisierung des einstigen Nomadenvolkes. Davon profitierte auch der Buddhismus, denn es entstanden prächtige Tempelbauten, die mit Figuren und Bildwerken von hohem künstlerischen Niveau ausgestattet wurden. Zu Beginn des 6. Jahrhunderts soll es im nördlichen Wei-Reich etwa dreißigtausend Klöster mit zwei Millionen Mönchen und Nonnen gegeben haben. Allein in der Hauptstadt Luoyang war mehr als ein Drittel der Fläche mit buddhistischen Gebäuden bedeckt. Keiner dieser Tempel ist erhalten geblieben, denn sie waren in der traditionellen chinesischen Holzarchitektur errichtet. Erhalten hingegen haben sich die Lungmen-Grotten, ein Höhlenkomplex mit zum Teil riesenhaften Figuren und mit erlesenen Wandbildern.

Unter den südlichen Dynastien, wo es zu keinen blutigen Verfolgungen kam, konnte sich der Buddhismus sogar noch stärker entwickeln als im Norden. Der politische Einfluss und die Macht der Klöster erreichten unter Kaiser Wu (reg. 502–549) der Liang-Dynastie einen Höhepunkt. Dieser legte nicht nur selbst das Laiengelübde ab, sondern predigte Sutras und ließ sich als Bodhisattva verehren. Seine fanatische Parteinahme für den Buddhismus ging sogar so weit, dass er den Taoismus verbot und dem Volk riesige Summen abpresste, um sie für Tempelbauten zu verwenden.

Als Norden und Süden unter der Sui-Dynastie (589–618) wieder zu einem einzigen Reich geeint wurden und insbesondere im nachfolgenden Goldenen Zeitalter der Tang (618–906) blühte auch der Buddhismus weiter auf. Der Preis für die Unterstützung durch die Herrscher, die die Religion nicht selten zur Machtsteigerung benutzten, war der Verlust der Unabhängigkeit des Sangha. Die Bewegung der Pilgermönche und die Entwicklung der Chan-Schule war eine Reaktion auf die enge Verflechtung des Klerus mit weltlicher Macht. Als um die Mitte des 8. Jahr-

Buddhas Lehre auf der Seidenstraße

Der chinesische Chan-Buddhismus (jap. Zen) beeinflusste die Kunst und selbst profane Lebensbereiche wie das Teetrinken oder die Gartengestaltung.

hunderts ein Bürgerkrieg das Reich erschütterte und die Macht der Tang-Dynastie abzubröckeln begann, kam es zu wachsenden Spannungen zwischen der Staatsmacht und den Klöstern. Dabei dürften wirtschaftliche Gründe keine geringe Rolle gespielt haben, denn die Dynastie brauchte dringend Mittel, um sich über Wasser zu halten. Bereits im Jahre 715 ordnete die Regierung die Konfiszierung aller Kupfer- und Bronzefiguren an, um daraus Münzgeld zu schmelzen. Ein weiterer Grund war eine allgemeine Tendenz zur Rückbesinnung auf die eigenen Wurzeln, befeuert durch ein Erstarken konfuzianischer Werte.

Das ging einher mit der Herausbildung eines durch und durch konfuzianisch geprägten Beamtentums, dessen Institutionalisierung und strenges Prüfungssystem in der Tang-Zeit einen Höhepunkt erreichte. Unter Kaiser Wuzung (841–847) kam es dann zu einer Reihe von Maßnahmen, die allesamt darauf abzielten, den Reichtum der Klöster einzuziehen und den nach konfuzianischer Sicht unproduktiven und asozialen Klerus in die Gesellschaft zurückzuführen. Im Jahre 845 erteilte der Tang-Kaiser den Befehl, alle buddhistischen Einrichtungen zu zerstören, alle Mönche und Nonnen in den Laienstand zurückzuversetzen, alle Ländereien und Besitztümer zu beschlagnahmen und das Heer an Fronarbeitern, die dem Klerus dienten, zu entlassen. Diese in die Geschichte des chinesischen Buddhismus als »dritte Katastrophe« eingegangene Verfolgung traf vor allem die großen klösterlichen Institutionen in den Städten.

Die Chan-Schule konnte die Periode der Repression unbeschadet überstehen, weil sie nur relativ kleine Meditationsstätten zumeist fernab der Machtzentren unterhielt und sich weniger als andere Schulen in die Politik einmischte. Obwohl die Verfolgung nur wenige Jahre währte und von Wuzungs Nachfolger eingestellt wurde, erholte sich der Buddhismus nicht mehr davon und es setzte ein langsamer, aber stetiger Niedergang ein, der bis heute andauert. Die gebildete Elite, die einstmals für Schöpferkraft und Ansehen sorgte, verlor mehr und mehr das Interesse oder schlug eine Beamtenlaufbahn ein. Im Volksglauben kam es zu Verschmelzungen mit taoistischen und sogar manichäischen Traditionen. Es entstanden Sekten, die durch eine religiös verbrämte Ideologie politische Ziele verfolgten, andere gaben sich messianischen Heilserwartungen hin, wie die Anhänger der sogenannten Weiße-Lotos-Sekten, die die Ankunft des Buddha Maitreya als Erlöser herbeisehnten.

In der Ming-Zeit (1368–1644) wurde der Buddhismus von einem Neo-Konfuzianismus vollends zu einer gesellschaftli-

154 *Kapitel 4*

chen Randerscheinung abgedrängt. Unter dem Überlebensdruck verschmolz der intellektuell und ästhetisch anspruchsvolle Chan-Buddhismus mit der Schule des Reinen Landes, die sich mehr oder weniger in der Anrufung von Buddha Amitabha erschöpfte. Die Laienfrömmigkeit sank auf die Stufe eines reinen Devotionalienkultes herab, indem man sich durch Entzünden von Räucherwerk vor Standbildern Seelenheil oder auch die Erfüllung materieller Wünsche erwartete. Auch das heutige Wiederaufleben religiöser Aktivitäten in China trägt – wie wir am Anfang des Kapitels gesehen haben – vielfach dieselben Züge.

Kehren wir noch einmal zurück zur Blüte der Tang-Zeit. Zwar barg diese Periode bereits den Keim des Niedergangs, aber es wurde auch der Samen ausgesät, der den chinesischen Buddhismus weiter nach Süden und Osten verpflanzte – nämlich nach Vietnam, Korea und Japan.

Buddhismus in Vietnam

Bereits sehr früh dürfte der Buddhismus als chinesischer Import in das nördliche Vietnam gelangt sein, denn mehr als tausend Jahre lang übte China nicht nur politische Macht über diesen Teil des Landes aus, sondern auch starken kulturellen Einfluss. Trotz der Sinisierung blieb der Buddhismus chinesischer Prägung zu-

Buddhas Lehre auf der Seidenstraße   155

Koreanische Mönche auf Pilgerschaft. Die Lehre Buddhas erreichte Korea durch die Vermittlung Chinas bereits im 4. Jahrhundert und stieg dort sogar zur Staatsreligion auf.

nächst auf die Oberschicht begrenzt und wurde von der vietnamesischen Bevölkerung kaum angenommen. Das dürfte auch an Ressentiments gelegen haben, denn die Vietnamesen empfanden die Chinesen als ungeliebte Eindringlinge, die im Stile von Kolonialherren herrschten. Ethnische Spannungen, die sich in regelmäßigen antichinesischen Aufständen entluden, kennzeichnen diese Phase der Geschichte. Deshalb ist es nicht verwunderlich, dass erst im 10. Jahrhundert, nachdem Vietnam das chinesische Joch abgeschüttelt hatte, der Buddhismus mahayanischer Prägung zur Blüte kam. Allerdings erreichte der Buddhismus das Gebiet des heutigen Vietnam auch über den Seeweg von Indien und durch das indonesisch-buddhistische Reich Sri Vijaya. Dennoch blieb der chinesisch-buddhistische Einfluss tonangebend, insbesondere jener der Schulen des Chan und Reinen Landes. Die königliche Protektion des Buddhismus begann unter der kurzlebigen Dinh-Dynastie (968–980) und kulminierte in der prosperierenden Epoche der Ly-Dynastie (1009–1224). Trotz der ständigen Konflikte mit dem mächtigen Nachbarn China übernahm das vietnamesische Reich nicht nur religiöse und kulturelle Traditionen, sondern auch das Verwaltungssystem nach dem Vorbild der Tang. Was den Buddhismus betrifft, so gingen die Ly-Herrscher noch weiter, als es die

Tang je getan hatten, indem sie den Buddhismus offiziell zur Staatsreligion erhoben und hohe Mönche sogar mit Verwaltungsaufgaben betrauten.

In jüngster Zeit erfolgte eine Erneuerung des vietnamesischen Buddhismus unter maßgeblicher Initiative des Zen-Mönchs Thich Nhât Hanh (geb. 1926), der im Jahre 1964 den Tiep-Hien-Orden gründete. Als Friedensaktivist gegen den Vietnam-Krieg unternahm er im Jahre 1966 eine Vortragsreise durch die USA, wobei es unter anderem auch zu einer Begegnung mit Martin Luther King kam. Thich Nhât Hanh durfte nicht mehr zurück in seine Heimat und war einer der Initiatoren für die Entstehung einer buddhistischen Friedensbewegung – Buddhist Peace Fellowship –, die ein weltweites Netzwerk aufbaute. Nach 39 Jahren hauptsächlich im französischen Exil durfte er 2006 das erste Mal wieder nach Vietnam reisen, wo wieder Klöster in seiner Tradition des engagierten Buddhismus am Entstehen sind.

Korea

Während der ersten Blüte des Buddhismus in China sprang der Funke auch nach Korea über. Die Vermittlung erfolgte über offizielle diplomatische Beziehungen zwischen den Herrscherhäusern. Korea war zum Zeitpunkt der Übernahme des Buddhismus in drei Reiche aufgeteilt, die sowohl zu der über den Norden Chinas herrschenden Fremddynastie als auch zum chinesischen Hof im Süden Kontakte unterhielten. Den Annalen zufolge wurde der Buddhismus zuerst in das größte der drei koreanischen Reiche, Goguryeo, eingeführt, das sich über den ganzen Norden der Halbinsel erstreckte und bis in die Mandschurei reichte. Dort wurde er von Anfang an von den Herrschern patronisiert und bereits im Jahre 392 zur Staatsreligion erhoben. Zu den beiden anderen koreanischen Königreichen, Baekje im Südwesten und Silla im Südosten, gelangte der Buddhismus aus dem Süden Chinas. In allen dieser drei Reiche erfolgte die Übernahme des Buddhismus als Teil eines umfassenden Kulturtransfers, zu dem auch die chinesische Schrift und die beiden anderen großen geistig-religiösen Strömungen – Taoismus und Konfuzianismus – gehörten.

Im Jahre 375 entstanden im Auftrag des Goguryeo-Königs die ersten beiden großen Klöster Seongmunsa und Ilbullansa. Auch im Baekje-Reich blühte der Buddhismus im 5. und 6. Jahrhundert auf. Dies hatte weitreichende Folgen. Im Jahre 552 wurden von dort buddhistische Schriften nach Japan gesandt, ein Ereignis, das im Inselreich dem Dharma den Boden bereitete. Das Silla-Reich hinkte in Bezug auf die Einführung des Buddhismus Goguryeo und Baekje zeitlich etwas nach, aber auch dort setzte er sich im 6. Jahrhundert durch und wurde im Jahre 529 offizielle Staatsreligion. Politisch gesehen erwies sich Silla als die überlegene Kraft auf der koreanischen Halbinsel und schaffte es nach langwierigen Kämpfen, Goguryeo und Baekje zu besiegen. Damit war die Teilung überwunden und das Territorium des heutigen Korea erstmals in einem einzigen Reich vereint. Das bescherte dem Land eine 250 Jahre währende stabile Phase, die als das klassische Zeitalter gilt, geprägt von Wohlstand und kultureller Schöpferkraft. Die Hauptstadt Gyengju wurde nach dem Vorbild der chinesischen Tang-Metropole Changan schachbrettartig angelegt und zu einer Millionenstadt ausgebaut. Der Buddhismus konnte sich weiter entwickeln und der chinesische Tang-Buddhismus wurde in seiner ganzen Vielfalt nach Korea verpflanzt. Anders als in China gab es in Korea keine rivalisierenden Traditionen oder gar Verfolgungen. Koreanische Mönche reisten ins Tang-China, um Schriften zu sammeln und bei berühmten Meistern zu studieren. Gleichzeitig entfaltete sich ein reiches Kunstschaffen, gefördert durch wohlhabende Mäzene aus dem Herrscher-Clan und dem Adel, das in großartigen buddhistischen Tempelbauten wie Hwangyongsa, Bulguksa oder dem Grottenheiligtum von Seokguram seinen Niederschlag fand.

Eine besondere Meisterschaft erreichten die koreanischen Künstler im Gießen monumentaler Bronzen. Leider wurden die meisten davon während einer Invasion im 16. Jahrhundert zerstört. Eines der wenigen erhaltenen Stücke ist die Bronzeglocke von König Songdeak dem Großen, die einen einzigartigen Klang erzeugt.

Ähnliches gilt auch für die Pagoden. Von den ältesten ist keine erhalten, da diese aus Holz gebaut wurden. Die größten von ihnen, die über siebzig Meter hohe Hwangyongsa-Pagode, fiel dem Mongolensturm im 13. Jahrhundert zum Opfer. Erhalten hingegen haben sich Reliefbilder und Figuren, die von Mönchen aus dem nackten Fels gehauen wurden, insbesondere auf dem Namsan, einem der heiligen Berge des Buddhismus in Korea.

Der Wohlstand im Silla-Reich beschränkte sich allerdings nur auf einen Teil der Bevölkerung, nämlich die herrschende Elite und den durch sie begünstigten Klerus, während die Masse der bäuerlichen Bevölkerung in Leibeigenschaft gezwungen und ausgebeutet wurde. Das führte zu immer größeren Spannungen und schließlich zum Untergang der Dynastie. Gegen Ende des 9. Jahrhunderts brachen überall im Land Bauernaufstände aus, regionale Clanchefs

Gerate nicht in selbstsüchtige Anhaftung, ganz gleich, an was: Denn de wird dir Schmerz einbringen. Sobald du weder Neigungen noch Abne

und sogar Räuberhauptmänner beherrschten einzelne Gebiete. Das Reich versank im Strudel von Bürgerkrieg und Chaos.

Auf Druck des Volkes musste König Gyeongsun (927–935), Sillas letzter Souverän, abdanken und es folgte die Goryeo-Dynastie (935–1392). Auch die neuen Machthaber setzten zunächst die Politik der Unterstützung des Buddhismus fort. In dieser Zeit entstand die Tripitaka Koreana, ein monumentales Übersetzungswerk des buddhistischen Kanons, das in 6000 Bänden mit 81.258 Holzdruckstöcken gedruckt wurde. Allein die Herstellung der hölzernen Druckstöcke dauerte sechzehn Jahre. Diese gewaltige Arbeit wurde sogar noch ein zweites Mal verrichtet, nachdem die Mongolen die erste Generation der Druckstöcke zerstörten. Die zweite Version stammt aus dem 13. Jahrhundert und wird heute in einem klimatisierten Raum des Haeinsa-Tempels aufbewahrt.

Aber auch in Korea konnte sich der Sangha aus der Politik nicht heraushalten. Gegen Ende des Goryeo-Reiches steckte der buddhistische Orden tief im Sumpf ausufernder Korruption. Eine konfuzianisch geprägte Gegenbewegung setzte ein, die dazu führte, dass die Mönche sozial degradiert wurden. Damit verlor der Buddhismus seinen prägenden Einfluss.

Japan

Gemäß einer Chronik aus dem frühen 8. Jahrhundert erreichte der Buddhismus das japanische Inselreich im Gefolge einer Gesandtschaft, die der koreanische König des Baekje-Reiches dem japanischen Kaiser (Tenno) schickte, um ihn als Verbündeten im Kampf gegen die beiden anderen koreanischen Reiche – Silla und Goguryeo – zu gewinnen. Zu den Geschenken gehörte auch eine vergoldete Statue des Buddha Shakyamuni, dessen Lehre der koreanische König in einem Begleitbrief als die vorzüglichste pries, obwohl sie so schwer zu begreifen sei, dass weder der Herzog von Chou noch Konfuzius zu einem wahren Verständnis gekommen seien. Der Brief schloss mit der dem Buddha in den Mund gelegten Aufforderung: »Der Dharma soll im Osten verbreitet werden.«

Der Tenno bat seine Minister um Rat, wie mit der Statue zu verfahren sei. Die Mehrheit riet davon ab, den fremden »Gott« aufzunehmen, weil sie fürchteten, das könne den Zorn der einheimischen Kami (Lokalgottheiten) heraufbeschwören, doch ein Minister erklärte sich bereit, die Buddha-Figur in seinem Hause probeweise aufzustellen. Als daraufhin eine Seuche ausbrach, wurde das der fremden Gottheit angelastet und der Kaiser befahl, diese in einem See zu versenken. Ein

Versuch, an etwas festzuhalten,
...ungen hast, bist du frei.

Im Daisen-in-Tempel der alten Kaiserstadt Kyoto befindet sich einer der schönsten Zen-Steingärten Japans. Die sorgfältig gestalteten Kiesflächen sind Abbild von Landschaften mit Bergen, Seen und Flüssen. Das Heiligtum wurde im Jahre 1509 innerhalb des Daitoku-ji gegründet, einem Tempelkomplex mit 22 Subtempeln, der heute zu den größten Zen-Zentren des Landes zählt.

Jahr später trieb ein Stück Holz auf der Wasseroberfläche, das von wundersamen buddhistischen Gesängen begleitet war. Der Kaiser sah darin ein höheres Zeichen und ließ daraus zwei buddhistische Standbilder schnitzen und in einem Tempel aufstellen. Damit war der Buddhismus am japanischen Hof eingeführt. Dieses Ereignis soll der Chronik zufolge im Jahre 552 stattgefunden haben.

Sieht man einmal von der wundertätigen Geschichte ab, so bleiben drei Aussagen übrig, die im Zusammenhang mit der Einführung des Buddhismus in Japan von Bedeutung sind, nämlich dass diese über die Vermittlung Koreas erfolgte, dass sie soziologisch gesehen von oben nach unten verlief und es Widerstände durch die einheimischen Götter bzw. deren Priesterschaft gab. Die letzten beide Punkte sind nichts Neues, denn auch in anderen Ländern hat sich die Lehre Buddhas – wie wir gesehen haben – anfänglich bei der herrschenden Elite durchgesetzt und überall hatte sich der Buddhismus mit lokalen Kulten auseinanderzusetzen. Auch Japan bildet diesbezüglich keine Ausnahme. Was die Vermittlerrolle Koreas betrifft, so bestand diese bestenfalls ganz am Anfang, denn Japan hatte es nicht nötig, den Buddhismus über den Umweg Koreas zu beziehen. Bereits im Jahre 607 wurde eine kaiserliche Gesandtschaft an den Hof der Sui-Dynastie nach China geschickt, um Kopien der Sutras zu beschaffen. Wie schnell sich die buddhistische Lehre verbreitete, belegen die Chroniken. Demnach soll es im Jahre 627 bereits 46 Klöster gegeben haben, in denen 816 ordinierte Mönche und 569 Nonnen studierten. Das waren freilich nur die offiziellen Zahlen von staatlich zugelassenen Mönchen und Nonnen. Es gibt keine Aufzeichnungen darüber, wie viele sich dem staatlich kontrollierten Sangha entzogen, indem sie nicht in den subventionierten Klöstern lebten.

Ähnlich wie in Korea war der Buddhismus nur ein Teil eines viel umfassenderen Paketes kultureller und zivilisatorischer Errungenschaften, die Japan von China übernahm. Dazu gehörten vor allem die Schrift, das konfuzianisch geprägte Beamtentum und das Verwaltungssystem, aber auch ganz profane Dinge wie Kleidung, Porzellan oder Tee.

Japan wurde lange Zeit von rivalisierenden Familienclans regiert, die erst im 6. Jahrhundert sich widerstrebend einer zentralen Macht fügten. Diese stand aber noch auf schwachen Beinen und erhoffte sich durch die Übernahme chinesischer Traditionen eine Stärkung. Es waren also auch handfeste politische Gründe im Spiel, die das japanische Herrscherhaus bewogen, den Buddhismus einzuführen. Vor allem das Lotos-Sutra mit seiner Lehre vom »Einen Fahrzeug« als Einheit

Zen-Garten in Kyoto. Noch viel stärker als in China wurde Zen zu einem Lebensstil, der über die Religion hinaus die Malerei, Poesie, Gartenkunst und sogar die Esskultur inspirierte.

in der Vielfalt sollte die Idee einer zentralen Macht stützen. Deshalb darf es nicht verwundern, dass der Dharma von Anfang an ein reiner »Staatsbuddhismus« war und dies auch für mehrere Jahrhunderte blieb. Damit lag der japanische Buddhismus nicht nur geografisch am weitesten vom indischen Vorbild entfernt, sondern auch vom Wesen her. Aus der ursprünglich vom Buddha gegründeten Mönchsgemeinschaft war eine staatstragende Institution geworden. Wie sehr sich der Sangha politisch anpasste bzw. vom Staat instrumentalisiert wurde, zeigt das Beispiel des Kaisers Shomu (724–749). Er ließ in jeder Provinz seines Reiches je ein Kloster für Mönche und Nonnen errichten, die nach einem von ihm verordneten Verhaltenskodex leben mussten und deren Hauptaufgabe es war, durch Rituale und Gebete für Frieden und Wohlergehen im Reich zu sorgen. Buddhistische Aktivitäten, die über den vom Staat gesetzten Rahmen hinausgingen, wurden nicht nur mit Misstrauen betrachtet, sondern sogar bestraft. In der Hauptstadt Nara entstand unter der Patronanz des Kaisers Shomu der Todai-ji, der »Große Tempel des Ostens«, der als zentrales Staatsheiligtum diente. Als Mittelpunkt und wichtigstes Objekt der Verehrung wurde eine gigantische Bronzestatue des Buddha Vairocana aufgestellt. Die »Große Buddha-Halle« des Todai-ji gilt heute als das größte Holzgebäude der Welt. Entsprechend dem Lotos-Sutra, in dem der Buddha Vairocana im Mittelpunkt des Universums auf einer tausendblättrigen Lotosblüte thront, bildete der Todaj-ji das buddhokratische Zentrum des Reiches. Auch diese Tempelgeografie entsprach chinesischem Vorbild und sollte der zentralen Macht religiöse Legitimation verleihen.

Die Geschichte des Buddhismus in Japan lässt sich in fünf Perioden unterteilen. In jeder dieser Epochen fanden umwälzende Ereignisse statt, die zu neuen Schulbildungen führten.

Die ersten beiden Perioden dauerten von der Einführung des Buddhismus bis zum Ende der Nara-Zeit (bis 785). In dieser Phase blühte der Staatsbuddhismus, der durch die Sechs Schulen der südlichen Hauptstadt (Nanto rokushu) gekennzeichnet war. In einer ersten Welle buddhistischer Verbreitung wurden noch vor der Nara-Zeit (710–785) die ersten vier Schulen – Jojitsu, Sanron, Hosso und Kusha – eingeführt. Die Jojitsu-shu – Schule der Verwirklichung der Wahrheit – gelangte bereits zwischen 600 und 625 nach Japan, und zwar in Form der von Kumarajiva übersetzten Sanskrit-Texte über die Vollkommenheit der Erkenntnis vom wahren Sein (Satyasiddhi), der die geistige Grundlage dieser Tradition bildet. Hinter den Namen Sanron und Hosso stecken die beiden Hauptschulen des Mahayana-Budhismus – nämlich Madhyamika and Yogacara. Letztere wurde von Dosho (629–700), einem Schüler des chinesischen Pilgermönchs Xuanzang, um die Mitte des 7. Jahrhunderts nach Japan vermittelt. Xuanzangs Kommentar-Text Joyuishiki-ron (Erörterung, dass alles nur Bewusstsein ist) gilt als wichtigste Schrift dieser Schule. Sanron hingegen gründet sich auf drei indische Kommentar-Texten zu Nagarjunas Mittlerem Weg, die einstmals Kumarajiva aus dem Sanskrit ins Chinesische übertragen hat. Die Schule wurde ebenfalls im 7. Jahrhundert in Japan eingeführt. Eher unbedeutend und von kurzer Lebensdauer blieb die Kusha-Schule, die im Abhidharmakosa des indischen Philosophen Vasubandhu gründete. Sie ging bald in der Hosso-Schule auf.

Ungleich größeren Einfluss übten die auf Initiative von Kaiser Shomu eingeführten Kegon- und Ritsu-Schulen aus. Vor allem die Kegon-Schule (chin. Huayan) erfreute sich der besonderen Gunst des Kaisers und ihretwegen ließ er in Nara den gewaltigen Todai-ji errichten, dessen Baukosten das Reich an den Rand des Ruins trieben. Sie war die einzige der sechs Nara-Schulen, die auf einem Sutra basiert, nämlich dem Avatamsaka-Sutra, in dem der sonnengleiche Buddha Vairocana den Herrschern, die den Buddhismus fördern, Schutz und Wohlstand ver-

160 *Kapitel 4*

Buddhas Lehre auf der Seidenstraße 161

spricht. Kein Wunder also, dass der Kaiser mit Kegon besonders sympathisierte und diese Schule zur staatstragenden erhob. Die anderen Traditionen wurden in das mythisch-buddhistischen Kegon-System mit dem Todai-ji als zentrales Heiligtum integriert und dienstbar gemacht.

Das gilt auch für Ritsu-Schule, die erst im Jahre 753 durch Ganjin in Japan eingeführt wurde. Sie war die einzige der sechs Schulen, die dem Theravada-Buddhismus zuzuordnen ist und daher auf die Einhaltung der Vinaya-Regeln besonderen Wert legte. Allerdings hat die Mönchsdisziplin in China und Japan nie die Rolle gespielt wie in Indien oder Südostasien, weil der Staat nicht bereit war, dem Sangha ein Maß an Rechtsautonomie zu gewähren, um den eigenen Regeln zu folgen. Ganz abgesehen davon ließen sich Vinaya-Regeln wie der Zölibat kaum durchsetzen, weil sie mit chinesischen und auch japanischen gesellschaftlichen Normen unvereinbar waren.

Die staatliche Förderung sicherte dem Sangha Ansehen und Wohlstand, aber der Preis dafür war die völlige Aufgabe der Autonomie und die Degeneration zu klerikalen Staatsdienern. Als problematisch erwies sich auch die Verknüpfung der Geschicke des Sangha mit der zentralen Macht. Als sich die Stimmung am Hof veränderte und im Zuge einer Abschottungspolitik gegenüber China die Hauptstadt nach Heian, dem heutigen Kyoto, verlegt wurde, befanden sich die sechs Schulen mit ihrem zentralen Heiligtum, dem Todaj-ji, abseits der Macht. Gleichzeitig erhielten sie Konkurrenz durch zwei neue Schulen, die Anfang des 9. Jahrhunderts aus dem Tang-Buddhismus übernommen wurden und sich als Gegengewicht und Reformbewegung gegenüber den durch Proporz korrumpierten alten Schulen verstanden. Die Rede ist von Tendai und Shingon. Sie hielten sich bewusst von den Machtzentren fern und gründeten ihre Stammklöster auf zwei berühmt gewordenen Bergen außerhalb der Städte. Die Tendai-Schule hat sich am Berg Hiei bei Kyoto und Shingon am Koya-san niedergelassen. Beide Schulen haben aus China auch tantrisch-buddhistische Praktiken übernommen und in ihre Systeme integriert, im Falle von Tendai kommen sogar noch Zen-Einflüsse hinzu. Es dürfte auch am Zeitgeist gelegen haben, der eine stärkere Japanisierung begünstigte, dass das chinesische Vorbild der Tiantai-Schule nicht eins zu eins übernommen wurde, sondern beim japanischen Ableger es zu einer Verschmelzung verschiedener Traditionen kam. Saicho (767–822), der Begründer der Tendai-Schule, hatte zunächst beim japanischen Meister Gyohyo die Philosophie der mahayanischen Madhyamika- und Yogacara-Schulen studiert, ehe er im Jahre 804 nach China reiste, um auf dem Berg Tiantai sich mit den Lehren der gleichnamigen Schulrichtung vertraut zu machen. Der Zufall wollte es, dass sich auf demselben Schiff, mit dem er nach China übersetzte, sein späterer Widersacher und Begründer der Shingon-Schule Kukai (774–835) befand. Ein Jahr später kehrte Saicho wieder nach Japan zurück. Die Lehrmeinung, die diese Schule vertrat, war eine japanisierte Mischung verschiedener Traditionen. Zentrale Schrift ist das Lotos-Sutra, das gemeinhin als Verkündigung der höchsten Weisheit gilt. Philosophisch fußt sie auf Nagarjunas Madhyamika-Lehren, das Ritual ist vom Tantrismus geprägt und die Meditationspraxis folgt dem Zen. Auch in der Übertragung ging Saicho gegenüber dem chinesischen Vorbild neue Wege. Mönche, die in seinem Zentrum am Berg Hiei studieren wollten, mussten zuvor bestimmte Einweihungen empfangen und sich verpflichten, den Berg für zwölf Jahre nicht zu verlassen. Auch heute zeichnet sich die Tendai-Praxis durch eine strenge Disziplin aus. Mit ihren etwa 2500 Tempeln zählt die Schule zu den größeren des japanischen Buddhismus.

Noch populärer als Tendai wurde die Shingon-Schule und vor allem ihr Begründer Kukai (774–835). Dieser reiste mit derselben Gesandtschaft wie Saicho nach China und lernte in der Tang-Hauptstadt Changan verschiedene tantrische Traditionen kennen. Bedeutungsvoll war das Zusammentreffen mit Huikuo (746–805), dem Patriarchen einer Schule des esoterischen Buddhismus, die sich Mizong (Schule des Wahren Wortes) nannte. Dieser übertrug kurz vor seinem Ableben die Lehre auf Kukai, der sie bei seiner Rückkehr mit nach Japan brachte. Dort entwickelte er ein eigenes synkretistisches Lehrsystem, in dessen Mittelpunkt der kosmische Buddha Vairocana steht. Lokale vorbuddhistische Gottheiten, die später im Shinto eine Rolle spielten, wurden ebenso integriert wie die Praxis von Mantras als Meditationshilfe. Sein Ruf als Universalgelehrter öffnete ihm Tür und Tor am Hof von Kyoto, wo er sogar in den Rang eines kaiserlichen Beraters aufstieg. Kukai nutzte die politischen Verbindungen geschickt, um seine eigene Lehre zu etablieren, und er gründete im Jahre 819 ein Kloster am Berg Koya, das zum Zentrum der Shingon-Schule wurde. Heute befindet sich am Koya-san eine ganze Tempelstadt und die Schule ist mit zwölf Millionen Anhängern eine der bedeutendsten Religionsgruppen Japans.

Obwohl Kukai die Tendai-Lehren als Vorstufe in sein System integrierte, kam es zu einem bitteren Streit zwischen den beiden Schulgründern und später zum offenen Bruch. Möglicherweise spielten da auch persönliche Gründe eine Rolle, denn Saicho konnte es nicht verwinden, dass sein

Hölzerne Figur des Buddha Maitreya aus dem Koryu-ji-Kloster in Kyoto. Es ist anzunehmen, dass die Figur von einem koreanischen Künstler geschnitzt wurde, denn das in Bronze gegossene Vorbild befindet sich im Duksoo-Palastmuseum in Seoul und dürfte aus der Epoche der Drei-Königreiche stammen.

engster Schüler zu Kukai abwanderte. Das Versprechen, eine Alternative zum korrupten Staatsbuddhismus zu bieten, konnten weder Tendai noch Shingon einlösen. Beide Schulen wurden in die politischen Auseinandersetzungen verstrickt, die ab der Mitte der Heian-Zeit einsetzten und den Staat wie auch den Buddhismus in eine tiefe Krise stürzten.

Gegen Ende der Heian wurden die politischen Verhältnisse immer instabiler. Rivalisierende Feudalherren, die eigene Armeen unterhielten, führten blutige Fehden um Macht und Einfluss. Selbst die Klöster stellten bewaffnete Mönchstrupps auf, die aktiv in die Kämpfe eingriffen und auch gegeneinander zu Felde zogen. Dabei ging es nicht um Lehrdifferenzen, sondern allein um die Durchsetzung wirtschaftlicher und politischer Interessen. Als auch hohe Beamte begannen, sich Lehensgüter anzueignen und Steuern einzutreiben, brach die zentrale Ordnung völlig zusammen. Im Kreise der Buddhisten machte sich Endzeitstimmung breit, die durch eine angebliche Weissagung Buddhas genährt wurde. Der Prophezeiung zufolge soll der Dharma nach dem Tod des Buddha drei Weltzeitalter durchlaufen, die von fortschreitendem Verfall gekennzeichnet sind. Aufgrund von Berechnungen und den chaotischen Verhältnissen glaubte man, diese Endzeit sei nun angebrochen.

Um das drohende Unheil abzuwenden und auf der Suche nach einer noch reinen Form des Buddhismus reisten etliche japanische Mönche nach China. Als Ergebnis brachten sie zwei neue Schulrichtungen nach Japan mit, nämlich Chan (jap. Zen) und die Schule des Reinen Landes (jap. Jodo). Beide Lehrsysteme blühten in der von Reformeifer geprägten Kamakura-Zeit (1185–1333) auf und sind bis heute für den japanischen Buddhismus prägend geblieben. Sowohl Zen als auch Jodo wurden von Tendai-Mönchen in Japan etabliert und beide Bewegungen galten zu ihrer Zeit aus der Sicht der »orthodoxen« Schulen als häretisch. Durch einen stärkeren Trend zur Japanisierung in der Kamakura-Zeit wichen die beiden Schulen erheblich von ihren chinesischen Vorbildern ab. Diese Japanisierung zeigte sich in einer neuen Ästhetik, die das Schönheitsideal im Einfachen, in der Reduktion auf das Wesentliche und in der Magie des Augenblick sieht. Diese Ästhetik wurde zu einem Lebensgefühl, das nicht nur die Künste, sondern alle Lebensbereiche erfasste. Am stärksten hat sich diese Ästhetik im Zen-Buddhismus artikuliert. Eine andere Form von Japanisierung kann in der Integration vorbuddhistischer Gottheiten und bis zu einem gewissen Grad dem Ahnenkult gesehen werden. Vorbuddhistischen Wesenheiten hat man Schreine in den

Buddhas Lehre auf der Seidenstraße

buddhistischen Heiligtümern eingeräumt und sie sogar mit Buddhas oder Bodhisattvas identifiziert.

Dass der Buddhismus des Reinen Landes mit seinem Versprechen auf die Wiedergeburt im Sukhavati-Paradies des Amitabha (jap. Amida) gerade in der wirren Phase des Übergangs von der Heian- zur Kamakura-Zeit populär wurde, ist gut nachvollziehbar. Formen der Amida-Verehrung gab es in Japan zwar schon vorher, insbesondere innerhalb der Tendai-Schule, aber als eigenständige Bewegung trat Jodo (Buddhismus des Reinen Landes) erst Anfang des 12. Jahrhunderts hervor. Ausgelöst wurde sie durch den Tendai-Mönch Honen (1133–1213), der zunächst am Hiei-Berg studierte, doch im Jahre 1175, desillusioniert durch die grassierende Korruption und den moralischen Verfall unter dem Patronat der Fujiwara-Familie, diesen fluchtartig verließ, um das einfache Leben eines Wandermönchs zu führen. Nach seiner Rückkehr in das klösterliche Leben beschloss er, sich ganz dem Amida-Kult zu widmen und diese Praxis zu verbreiten. Die anderen Schulen, insbesondere Tendai, warfen ihm Abspaltung vor und er wurde in die Verbannung geschickt. Doch seine Bewegung ließ sich nicht unterdrücken. Sie erhielt vor allem aus den unteren Schichten der Bevölkerung enormen Zulauf und Unterstützung. Die einfache Praxis der hingebungsvollen Anrufung Amidas konnte auch von weniger Gebildeten leicht verstanden und vollzogen werden. Das egalistische Prinzip, dass jeder Mensch, der Amida anrief, von ihm zur Befreiung geführt werde, war ein Affront gegenüber dem hierarchisch geprägten klösterlichen Establishment. Frauen, die in den großen Tempeln der Tendai- und Shingon-Schule die inneren Bereiche nicht einmal betreten, geschweige denn dort praktizieren durften, nahmen in der Jodo-Schule eine fast gleichberechtigte Stellung ein. Als Jodo zu einer solchen Massenbewegung geworden war, dass sie die bestehende gesellschafte Ordnung bedrohte, griff der Staat ein und sowohl Honen als auch sein Schüler Shinran, ebenfalls ein Tendai-Mönch, wurden in die entlegenen Gebiete verbannt. Die Polemik der anderen Schulen hörte während der ganzen Kamakura-Zeit nicht auf. Sie geißelten Jodo als Lehre für die »Törichten« und »Unwissenden«, während Zen und Tendai sich für die gebildete Elite empfahlen. Das freilich konnte der Popularität dieses »Volksbuddhismus« keinen Abbruch tun, der bis heute ungebrochen fortlebt.

Zen war auf verschiedenen Wegen bereits im 8. Jahrhundert nach Japan gebracht worden, aber erst der Tendai-Mönch Eisai (1141–1214) etablierte dort eine eigenständige Zen-Tradition. Er hat im Zuge von zwei China-Aufenthalten das Lehrsystem beim Chan-Meister Linji (jap. Rinzai) studiert und als Rinzai-Zen nach Japan verpflanzt. 1198 schrieb Eisai seine »Abhandlung über die Verbreitung des Zen zum Wohle des Landes« (Kozen Gengakuron), in dem er ausführlich darlegte, warum gerade Zen die geeignete »Medizin« in einem Zeitalter der Degeneration sei. Er reagierte damit auf Kritik, die gegen den »Neuerer« vonseiten der Tendai-Schule kam. Mit seinem Plädoyer über den politischen Nutzen des Zen trat er allerdings in die Fußstapfen des Staatsbuddhismus und stand damit im Gegensatz zum Reformbuddhismus eines Honen. Er begründete die heute berühmten Klöster Jufuku-ji in Kamakura und Kennin-ji in Kyoto. Seine Rinzai-Schule stand besonders bei der Kriegerkaste der Samurai in Gunst, die im Zen ein Instrument besonderer Konzentrations- und Charakterschulung erkannten, die ihren Idealen entsprach. Eisai war es auch, der die Kultur des Teetrinkens mit dem Zen verband und damit die bekannte japanische Teezeremonie ins Leben rief.

Zeitlich nach Eisai reiste ein weiterer Tendai-Mönch namens Dogen nach China. Er war zunächst am Berg Hiei als Novize in den Tendai-Orden eingetreten, später jedoch studierte er bei Eisais Schüler Myozen die Zen-Lehre. Mit Myozen zusammen reiste er dann im Jahre 1223 nach China. Ihn trieben philosophische Fragen um, die von keinem seiner Lehrer bis dahin zufriedenstellend beantwortet wurden. In China, so hoffte er, würde er die Antworten finden.

Doch auch im Reich der Mitte war die Lehre im Niedergang begriffen und so zog er von Meister zu Meister und fand nur die leere Hülse von Schriftgelehrsamkeit anstatt lebendiger Erfahrung. Schließlich landete er bei Rujing, einem Meister des Caodong-Chan, bei dem schon Eisai studiert hatte. Dort soll er, so berichten jedenfalls seine Anhänger, nicht nur tiefe Einsicht sondern auch Erleuchtung erlangt haben. Mit dieser Erfahrung, zahlreichen Schriften im Gepäck und der Ermächtigung des Meisters, die Nachfolge anzutreten, kehrte er im Jahre 1227 nach Japan zurück. Nach vergeblichen Versuchen, den ihm übertragenen Soto-Zen (chines. Caodong) in städtischen Zentren wie Kyoto und Fukakusa zu etablieren, zog er sich auf Einladung einer lokalen Samurai-Familie in die abgelegene westjapanische Bergprovinz Echizen zurück. Als Grund für sein selbst erwähltes Exil gab er an, dass sich seine Lehre nur für die Einsamkeit und Stille eigne. In Wirklichkeit dürfte er sich auf diese Weise den Anfeindungen entzogen haben, die sich vonseiten der Tendai-Schule und des Kaisers Gosaga gegen ihn richteten. Seine Gönner stellten ihm ein Kloster zur Verfügung, das er 1246 zum prächtigen Ei-

Buddha mit der Meditationsgeste (Dhyana-Mudra) aus der alten Kaiserstadt Kamakura. Die sitzende Figur hält die Hände im Schoß übereinandergelegt, wobei die rechte Hand immer oben ist.

Buddhas Lehre auf der Seidenstraße

hei-ji (Tempel des ewigen Friedens) ausbauen ließ. Er verordnete seiner Ordensgemeinschaft eine strenge Disziplin und legte größten Wert auf die tägliche Praxis des Zazen bzw. Shikantaza (nur Sitzen), das er mit dem höchsten Ziel des Erwachens gleichsetzte. Eine andere Form der Praxis bestand im Kinhin, eine Meditation im Gehen. Der Weg, so betonte er in seinem Hauptwerk Shobongenzo (Schatzkammer des wahren Dharma-Auges), sei nicht eine Vorbereitung, die zum Ziel führt, sondern dieser Weg selbst ist das Ziel.

Das zweite Hauptkloster des Soto-Zen ist Soji-ji, das im Jahre 1321 von seinem Schüler Keizan eröffnet wurde. Die Schule hat bis heute Bestand und mit ihren rund acht Millionen Anhängern ist sie neben Rinzai und Obaku eine der größten des Zen.

Die innovative Kamakura-Zeit erlebte noch die Einführung einer dritten großen Schulrichtung, die anders als die beiden Zen-Bewegungen kein Vorbild in China hat. Ihre Entstehung geht auf die charismatische Gestalt des Tendai-Mönchs Nichiren (1222–1282) zurück. Im Gegensatz zu den anderen Schulgründern entstammte er als Sohn einer armen Fischerfamilie der sozialen Unterschicht. Mag sein, dass ihn dieser Hintergrund, der ihn zweifellos Diskriminierung aussetzte, besonders motivierte, nach der letzten Wahrheit zu suchen.

»Seit meiner Kindheit«, so bekannte er später, »habe ich Buddhismus mit einem einzigen Gedanken im Sinn studiert. Ein Mensch stößt seinen letzten Atem aus ohne Hoffnung, einen weiteren Atemzug zu tun. Nicht einmal der Tau, getragen vom Wind, reicht aus, diese Vergänglichkeit zu beschreiben. Niemand, weise oder närrisch, jung oder alt, kann dem Tod entrinnen. Daher war es mein einziger Wunsch, dieses ewige Geheimnis zu lüften.« Die Suche nach diesem Geheimnis führte ihn über mehrere Stationen, wobei er so ziemlich alles ausprobierte, was es damals am buddhistischen »Markt« gab. Im Jahre 1253 begann er seine Lehre des Einen Fahrzeugs im Seicho-Tempel zu verkünden und nannte sich selbst fortan Nichiren (Sonnenlotos). In der von ihm begründeten Praxis war das Lotos-Sutra nicht mehr eine Weisheitsschrift, sondern Gegenstand der Verehrung selbst, die durch ein Mantra kultisch vollzogen wurde. Man kann sich vorstellen, dass er mit dieser kompromisslosen Deutung rasch in Konflikt mit dem religiösen Establishment und der Staatsmacht geriet. Er wurde mehrmals in die Verbannung geschickt. Enttäuscht zog er sich am Ende seines Lebens in die Einsamkeit des Berges Minobu zurück und konzentrierte sich auf die Belehrung einzelner Schüler. Doch auch diese Bemühungen waren nicht gerade von Erfolg gekrönt, denn nach seinem Tod kam es zu Rivalitäten zwischen seinen sechs Hauptschülern, die schließlich zu Spaltungen führten. Aus einer dieser Untergruppen ging im 20. Jahrhundert die Laienbewegung Soka Gakkai hervor, die starken wirtschaftlichen und politischen Einfluss gewann, sich allerdings 1991 von Nichiren-shoshu lossagte.

Auch das Zen entwickelte sich weiter und neben Rinzai und Soto entstanden neue Schulen wie Fuke und Obaku. Im 14. und 15. Jahrhundert erlebte der Einfluss des Zen auf die Künste einen Höhepunkt. Das Resultat waren die Klöster Tenryu-ji und Daitoku-ji in Kyoto, die in Bezug auf Architektur und Gartengestaltung Maßstäbe setzten. Dort befinden sich einige der bedeutendsten Zen-Kalligrafien. Der Einfluss des Zen reichte von der Dichtkunst bis hin zur Esskultur. Zu einer besonderen Zen-Übung wurde das Ritual der Teebereitung. Jede Bewegung, jeder Handgriff, ja sogar das Summen des Teekessels wurde zum Ausdruck höchster Harmonie. Dabei geht es – wie bei allen Zen-Übungen – nicht um einen metaphysischen Überbau, sondern um bewusste Geistesgegenwärtigkeit. Der Zen-Meister Rikyu hat dieses Credo auf den Punkt gebracht, indem er dazu schrieb: »Das Wesen der Teezeremonie ist Wasser kochen, Tee bereiten und ihn trinken. Nichts sonst.«

Nach einer Phase der Stagnation erlebte das Zen in der Tokugawa-Zeit (1603–1868) eine Neubelebung. Eine der Lichtgestalten dieser Renaissance war der Rinzai-Meister Hakuin Ekaku (1686–1768). Er legte besonderen Wert auf die Übung mit Koans und systematisierte die verschiedenen Koan-Sammlungen in einer bestimmten Reihenfolge, sodass der Lehrer daran den Fortschritt seines Schülers erkennen konnte. Dabei kam es nicht darauf an, ob es dem Schüler gelang, den Koan aufzulösen, sondern ob er Einsicht in die wahre nicht duale Natur der Wirklichkeit erlangt hatte. Eine Erkenntnis, die ein Zen-Meister einmal so ausdrückte: »Mein Leben ist wie ein Schachspiel, der Gegner ist gut.

Jeden meiner Züge scheint er zu kennen, immer ist er mir einen Schritt voraus.
Je besser ich werde, je mehr ich kämpfe, über das Spiel lerne:
Der Gegner wird auch immer besser.
Und auf einmal erkannte ich:
Ich spiele gegen mich selbst.
Mit dieser Erkenntnis konnte ich nicht besser spielen, aber freier.«

Der vietnamesische Zen-Meister Thich Nhât Hanh kehrte im Januar 2005 erstmals nach neununddreißig Jahren Exil wieder für drei Monate in seine Heimat Vietnam zurück, wo er Vorträge und Retreats vor Tausenden von Menschen im ganzen Land abhalten konnte.

Interview mit Thich Nhât Hanh

Von buddhistischer Seite ist oft zu hören, dass nicht der Buddha wichtig ist, sondern seine Lehre. Was bedeutet für Sie die historische Figur des Buddha Gautama und wie ist Ihre persönliche Beziehung zu ihm?

Die Lehre des Buddha ist wichtig, doch der Buddha ist ebenso wichtig, weil er seine Lehre verkörpert. Der Buddha ist eine Person und dank dieser Person kann die Lehre als lebendige Lehre betrachtet werden (lebendiger Dharma). Jede Person, die die Lehre verkörpern kann, ist ein Buddha. Shakyamuni ist ein Buddha, deshalb ist er wichtig. Wenn Sie ein Buddha sind, sind Sie ebenso wichtig. Doch müssen Sie nicht ein vollkommener Buddha werden, um wichtig zu sein. Sie sind schon wichtig, weil Sie als gute Praktizierende und guter Praktizierender ein gewisses Maß des Dharma verkörpern. Die Grundvoraussetzung, ein Buddha zu sein, ist, ein menschliches Wesen zu sein. Weil Sie und ich menschliche Wesen sind, können wir ein Buddha werden. Wir haben Buddha-Natur in uns. Dank der Lehre Shakyamunis können wir dieser Buddha-Natur (der Natur der Erleuchtung und des Mitgefühls) erlauben, sich voll zu entfalten. Wir sollten Shakyamuni als Lehrer sehen und nicht als Gott. Meine Beziehung zu Shakyamuni ist eine Lehrer-Schüler-Beziehung. Ich sehe ihn als vollkommen menschlich, deshalb fühle ich mich ihm sehr nah. Ich fühle mich ihm näher als anderen Buddhas, weil ich viel über sein Leben als Mensch und als Lehrer weiß. Ich möchte helfen, seine Lehre auf eine Weise zu erneuern, dass die Menschen meiner Zeit leichter eine Beziehung zu ihm aufbauen, seine Lehre leichter verstehen und seine Lehre leichter in die Praxis umsetzen können.

Welche Aspekte seiner Lehren sind besonders hilfreich für Sie und Ihre eigene Praxis?

Das dreifache Training von Achtsamkeit, Konzentration und Einsicht, dargestellt im Noblen Achtfachen Pfad, im Sutra des Achtsamen Atmens, in den Vier Verankerungen der Achtsamkeit, in den Drei Toren der Befreiung (Leerheit, Zeichenlosigkeit, Wunschlosigkeit), die Lehre, glücklich im gegenwärtigen Augenblick zu leben (*dristadharma sukha vihara*), die vier Brahma-Viharas (*maitri, karuna, mudita* und *upeksha*), die Lehre der Drei Dharmasigel (Unbeständigkeit, Nicht-Selbst, Nirvana) und die Lehre vom Mittleren Weg – all diese Lehren sind gleichermaßen wichtig für mich. All diese Lehren können nicht losgelöst voneinander betrachtet werden, sie intersind und können im Geiste des Mahayana-Buddhismus in die tägliche Praxis umgesetzt werden.

Gibt es aus buddhistischer Sicht eine Art Fortführung des Buddha nach dem Paranirvana?

Der Buddha setzt sein Werk unter uns fort. Wir sind Teil seiner Fortführung. Nirvana ist unsere Verankerung, die Basis des Buddha und auch unsere Basis ist immer Nirvana; wir haben Nirvana nie verlassen – unsere wahre Natur ist die von Nicht-Geburt und Nicht-Tod, Nicht-Sein und Nicht-Nicht-Sein, Nicht-Gleich und Nicht-Anders ...

Sie hatten die Möglichkeit, nach neununddreißig Jahren im Exil nach Vietnam zurückzukehren. Was ist dort heute der wichtigste Aspekt des lebendigen Buddhismus?

Es gibt die Hoffnung, den Buddhismus in Vietnam zu erneuern, sodass die Lehre den Menschen unserer Zeit entspricht, vor allem den jungen Menschen und Intellektuellen, den Führern aus Politik und Wirtschaft.

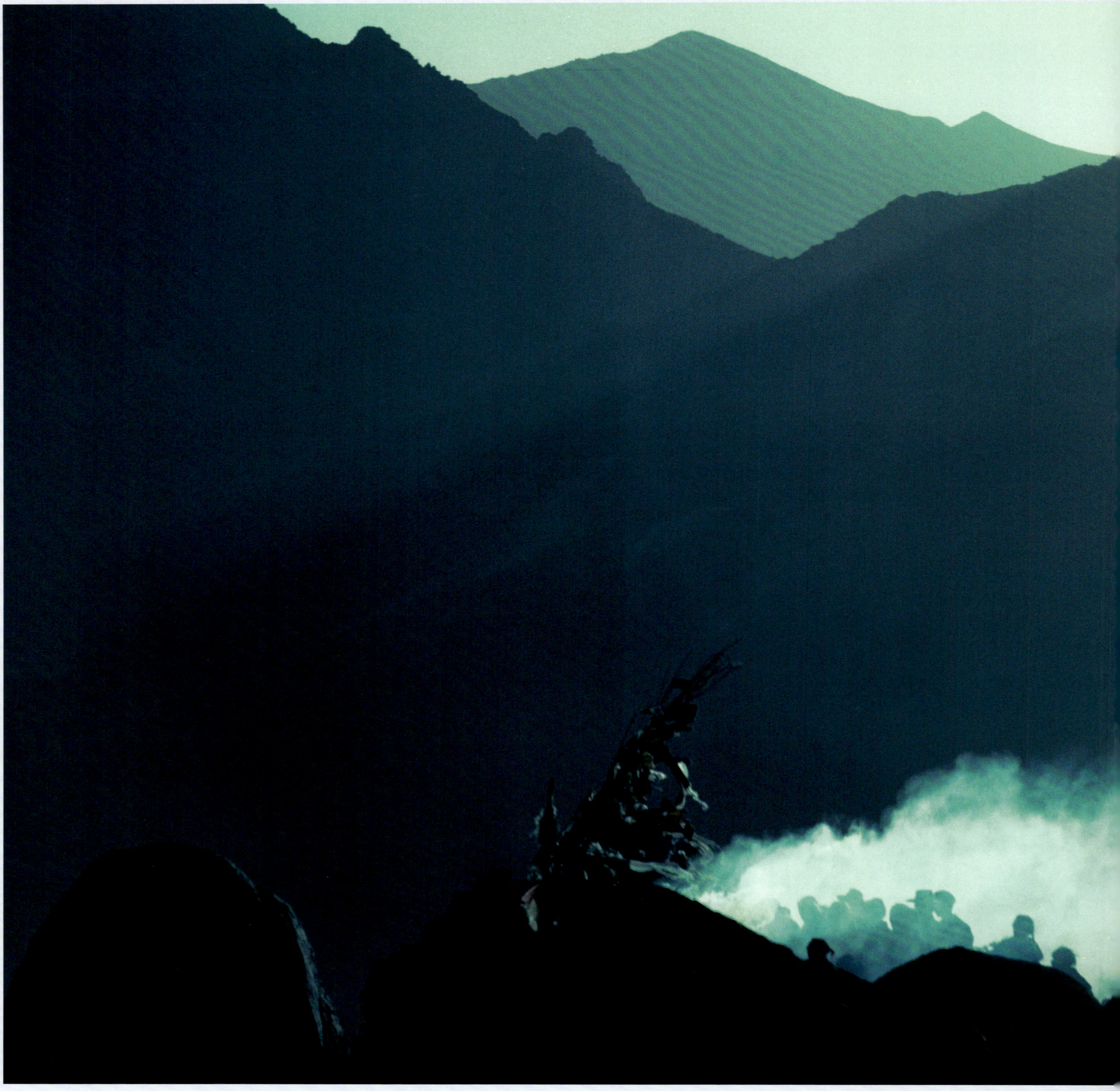

Von Angst getrieben suchen die Menschen Sicherheit und rennen zu Bergen und Wäldern, zu heiligen Plätzen und Schreinen. Aber nichts dergleichen taugt als sichere Zuflucht, weil es den Geist nicht von Angst befreien kann.
Dhammapada

Tibet und der Himalaya – Buddhas Bergfestung

Vorhergehende Doppelseite: Der Hepori, ein markanter Felsrücken beim Kloster Samye, gilt als einer der heiligsten Berge Tibets. Hier finden sich die Überreste der Burg des Königs Trisong Detsen, der die erste Verbreitung des Buddhismus entscheidend förderte und zu Füßen des Burgberges im Jahre 775 das erste Kloster Tibets – Samye – errichten ließ.

Bild rechts: Den Höhepunkt der alljährlich zum tibetischen Neujahrsfest (Losar) stattfindenden Maskentänze bildet der Auftritt der Schwarzhuttänzer. In ihnen leben historische Vorgänge fort, denn sie repräsentieren jene Priester der alten Bön-Religion, die sich gegen die Einführung des Buddhismus in Tibet sträubten.

Auftritt einer Furcht einflößenden Schutzgottheit der buddhistischen Religion beim Maskentanz (Cham) im nordosttibetischen Kloster Labrang Tashi Kyil.

Seit Stunden belagern die Zuschauer bei klirrender Winterkälte den Platz vor der großen Gebetshalle. Dort haben Mönche in roten Roben mit weißem Kalkpulver einen magischen Kreis abgezirkelt, den keiner der Zuschauer betreten darf. Viele von ihnen sind Nomaden und kommen von weit her. Sie sind auf planengedeckten Lastwagen, auf Pferderücken oder zu Fuß mit ihren Yaks als Packtiere aus allen Teilen des Hochlandes angereist. Die Männer sind zum Teil in grobe Schafspelze gehüllt, die Frauen tragen knöchellange Mäntel, die an den Rändern mit Pelzen verbrämt sind. Alle haben ihren kostbarsten Schmuck aus Türkisen und Korallen angelegt, denn in diesen Tagen steht das größte Fest des Jahres an: Losar, das tibetische Neujahr, und Schauplatz ist das Kloster Labrang Tashi Kyil, eines der bedeutendsten Heiligtümer Nordosttibets.

Plötzlich wird es still in der Menge. Vom Klosterdach ertönt der Ruf des Muschelhorns und kündigt den Beginn des kultischen Höhepunktes an. Gleichzeitig tritt eine Gruppe von seltsamen Gestalten aus dem Eingang der Tempelhalle. Sie tragen Totenkopfmasken und weiße Gewänder, auf denen menschliche Knochenskelette aufgemalt sind. Es sind die Citti patti, die tanzenden Skelette. Sie erinnern die Zuschauer an die Vergänglichkeit und insbesondere an den physischen Tod, der am Ende jeder irdischen Lebensspanne steht. Mönchsmusiker mit Trompeten, Zimbeln, Trommeln und den langen Radongs, alphornähnlichen Instrumenten, begleiten den Auftritt der Tänzer und geben den Rhythmus vor. Die Citti patti, die auch als die Herren des Leichenackers gelten, bewegen sich zunächst wie in Zeitlupe, von einem Bein auf das andere tänzelnd, im Kreis, dann steigern die Instrumente plötzlich den Rhythmus und die Tänzer beginnen, Pirouetten zu vollführen. Einige laufen in die Menge der Zuschauer hinein, die ängstlich zurückweichen und jede Berührung mit ihnen vermeiden. Denn wer von ihnen »gesegnet« wird, so ist man überzeugt, der würde noch im selben Jahr sterben. Alle atmen erleichtert auf, als einer nach dem anderen wieder hinter dem Vorhang der Tempelpforte verschwindet.

Auch die nächsten Tänzer sind grimmige, Furcht einflößende Gestalten. Sie tragen Masken mit weit aufgerissenem Rachen, Reißzähnen und feuerrotem Dritten Auge auf der Stirn. Eine Krone aus fünf Totenschädeln weist sie als besonders machtvolle Geschöpfe aus. Trotz ihres dämonenhaften Aussehens gelten sie als Beschützer der buddhistischen Lehre. Doch das war nicht immer so. Ursprünglich waren sie sogar deren erbitterte Feinde, die sich der Verbreitung des Dharma in Tibet widersetzten. Sie gehörten nämlich alle-

170 *Kapitel 5*

Tibet und der Himalaya 171

samt zum Pantheon des Bön, jener schamanistisch geprägten Religion Tibets, die lange vorher schon da war, bevor die Lehre des Buddha auf dem Dach der Welt Fuß fasste. Weil sie beim tibetischen Volk so stark verankert waren, vermochte der Buddhismus es nicht, sie zu eliminieren, sondern er musste sie integrieren. Sie wurden »eingemeindet«, indem man sie umdeutete und als Schützer der buddhistischen Lehre in Dienst stellte.

In ununterbrochener Abfolge treten nun weitere Tänzer auf – von schrecklichem oder friedlichem Aussehen, in Tier- oder Menschengestalt, von göttlicher oder dämonischer Natur. Dazwischen sorgen clownhafte Gestalten, die hopsend und gestikulierend umherlaufen, für profane Belustigung.

Zuletzt erscheinen Tänzer ohne Masken, stattdessen tragen sie pyramidenförmige Hüte aus schwarzem Yakhaar, von denen bunte Schärpen herabhängen. Ihre prächtigen Seidengewänder mit den überlangen Trompetenärmeln sind mit Totenschädeln bestickt. Feierlich, gemessenen Schrittes, bewegen sie sich im Tanzkreis. In den Händen, mit denen sie Abwehrgebärden vollführen, halten sie Ritualdolche mit seidenen Schärpen. Auch in ihnen leben historische Vorgänge fort. Im 9. Jahrhundert, als die Auseinandersetzungen zwischen den Anhängern der vorbuddhistischen Religion Tibets – später als Bön bezeichnet – und den Buddhisten ihren Höhepunkt erreichten, wurde der buddhismusfreundliche König Ralpachen ermordet und durch seinen Bruder Langdarma, der dem Bön anhing, ersetzt. Dieser ließ die Buddhisten blutig verfolgen. Da erschien ein buddhistischer Mönch namens Lhalungpa Pelgyi Dorje in Verkleidung einer schwarzen Robe und mit einem schwarzen Hut vor dem Palast des Königs und begann zu tanzen. Seine Darbietung war so gekonnt, dass er aufgefordert wurde, seinen Tanz vor dem König aufzuführen. Doch während der Vorführung zog er plötzlich Pfeil und Bogen unter seiner Robe hervor und tötete Langdarma mit einem gezielten Schuss. Die allgemeine Verwirrung nutzte der Mönch zur Flucht, doch die Verfolger waren ihm auf den Fersen. Durch ein geschicktes Täuschungsmanöver gelang es ihm, sie abzuschütteln. Der Überlieferung zufolge soll Lhalungpa Pelgyi Dorje dabei einen mit Ruß geschwärzten Schimmel benutzt haben. Als er den nächsten Fluss durchritt, ging die falsche Farbe ab, sodass man vergebens nach dem Reiter mit dem schwarzen Ross fahndete. Die kühne Tat des Mönchs rettete den Buddhismus im Augenblick höchster Not. Zur Erinnerung daran wurde der »Schwarzhuttanz«, der ursprünglich ein Kulttanz der Bön-Religion war, in das Repertoire des buddhistischen Losar-Festes aufgenommen.

Die Bön-Religion

Das Fortleben vorbuddhistischer Traditionen beim Maskentanz der Mönche in einem buddhistischen Kloster mag erstaunen, ist jedoch nicht ungewöhnlich für den tibetischen Buddhismus. Insbesondere im Volksglauben haben sich viele Praktiken der alten Bön-Religion überlebt. Dazu zählt die Verehrung von Naturgottheiten, die auf Bergen, in der Erde, in Seen und Flüssen, ja sogar im heimischen Herd leben, genauso wie das Anbringen von Geisterfallen an den Häusern, Opferkulte und die in Tibet gebräuchliche Form der Bestattung. Doch auch in der monastischen Kultur sind die alten Bön-Götter bis heute vertreten. Manche von ihnen gelten als so mächtig, dass der Buddhismus sie weder überwinden noch ihren Charakter ändern konnte. Um sie daran zu hindern, Unheil zu stiften, wurden sie in Fallen gebannt. Solche Geisterfallen (tib. Tormas) gibt es in jedem tibetisch-buddhistischen Kloster. Andere lokale Gottheiten – wie wir in den Maskentänzen gesehen haben – wurden konvertiert und der Lehre Buddhas dienstbar gemacht. Sogar die Schamanen, einst die Hohen Priester der Bön-Religion, gibt es noch in Tibet. Sie heißen heute Pawo und fungieren als Trance-Medien. Einem solchen, nämlich dem Priester von Nechung, hat der tibetische Buddhismus sogar die heikle Aufgabe des Staatsorakels überantwortet, das bei wichtigen Entscheidungen und alljährlich zum Neujahrsfest konsultiert wird. Dabei ist es eine ursprünglich aus dem Bön stammende Gottheit, die in den Seancen vom Orakelpriester Besitz ergreift und aus ihm spricht.

Zwar hat die Lehre des Buddha auch in anderen Ländern kulturelle Färbung angenommen und sich mit lokalen religiösen Traditionen arrangiert, wie das Beispiel des chinesischen Buddhismus oder des Nat-Kultes in Birma zeigt, aber nirgendwo musste sie dabei so viele Konzessionen eingehen wie in Tibet. Denn anders als die buddhistische Überlieferung glauben machen will, war Tibet vor der Ankunft der Lehre Buddhas keine kulturlose und menschenleere Gebirgswüste, sondern es existierte bereits eine autochthone Kultur mit eigener Sprache, Schrift, Religion, Medizin und Astrologie. Gemeint ist damit die Kultur des Bön-Reiches Shang Shung. Dieses Königreich, dessen Zentrum im Garuda-Tal unweit des heiligen Berges Kailash lag, beherrschte bis zum 7. Jahrhundert den größten Teil Tibets. Daneben gab es noch ein zweites Königreich, das sich in Zentraltibet, und zwar aus einer kleinen Keimzelle im Yarlung-Tsangpo-Tal südlich von Lhasa entwickelt hatte. Während über die Anfänge Shang Shungs so gut

Bild links: Auftritt einer zornvollen Gottheit bei den Maskentänzen im Kloster Spituk in Ladakh. Die Gelbmützen-Lamaserei liegt am Ufer des Indus nur wenige Kilometer südlich von Leh.

Bild rechts: Maskentänzer aus dem Bön-Kloster Triten Norbutse in Kathmandu (Nepal). Vieles spricht dafür, dass die Maskentänze ursprünglich eine Bön-Tradition waren, die der Buddhismus übernahm und umdeutete.

wie nichts bekannt ist, gibt es über das zentraltibetische Yarlung-Reich zumindest legendenhafte Überlieferungen. Demnach soll Nyatri Tsangpo, der Gründer der Yarlung-Dynastie, ein Zeitgenosse des indischen Königs und Buddhismus-Förderers Ashoka gewesen sein. Von der Lehre Buddhas freilich war zu diesem Zeitpunkt in Tibet noch keine Spur. Auf dem Dach der Welt wirkten mächtige Schamanen, die im Verbund mit dem Hofadel einen bedeutenden Machtfaktor darstellten. Die vorherrschende Religion war das Bön, ein Glaube, der in seiner ursprünglichen Form wohl dem sibirischen Schamanismus ähnelte. Bis zum 7. Jahrhundert bestanden die beiden Reiche nebeneinander, doch in der Regierungszeit des Königs Songtsen Gampo verschoben sich die Machtverhältnisse zugunsten des Yarlung-Reiches.

Songtsen Gampo

Bereits sein Vater hatte mit Erfolg die widerstrebenden Adelsfamilien unter Lehnstreue gezwungen und dadurch ein mächtiges Reich geschaffen. Songtsen Gampo (reg. 629–649) ging nun daran, dieses Reich expansiv zu vergrößern. Er war Machtpolitiker, der mit der Schlagkraft seiner Armeen regierte, und militärisch so stark, dass er sogar das chinesische Tang-Reich herausforderte und der Kaiser sich genötigt sah, ihm eine Prinzessin zur Frau zu geben. Im Jahre 641 zog die Chinesin Wencheng mit großem Pomp in Lhasa ein. Sie soll als Mitgift unter anderem eine Buddha-Statue mitgebracht haben, die heute als die am meisten verehrte Figur Tibets im Jokhang, dem Haupttempel von Lhasa, untergebracht ist. Während die Heirat mit der Tang-Prinzessin durch zeitgenössische Quellen historisch verbürgt ist, berichtet die spätere buddhistische Überlieferung noch von einer zweiten Eheschließung, nämlich mit der nepalischen Prinzessin Bhrikuti. Selbstverständlich waren dies politische Heiraten. Songtsen Gampo hatte damit von seinen südlichen und östlichen Nachbarn nichts zu befürchten und konnte sich ganz seinen Expansionsplänen nach Westen und Norden widmen.

Im Jahre 644 fiel Shang Shung und wurde als Provinz Ngari Korsum dem Yarlung-Reich einverleibt. Daraufhin drangen Songtsen Gampos Armeen bis ins Tarim-Becken vor und kontrollierten wichtige Oasenstädte an der Seidenstraße. Mit dem Fall Shang Shungs verschwand zwar das Bön-Reich für immer von der Bildfläche der Geschichte, aber nicht die schamanische Religion. Sie blieb weiterhin die dominierende geistige Orientierung in Tibet, nicht nur beim Volk, sondern auch am Königshof von Songtsen Gampo. Mit den beiden fremden Prinzessinnen erschien jedoch eine Kraft, die viel stärker war als jede Armee: Gemeint ist der Buddhismus. Sowohl Wencheng als auch Bhrikuti hingen dieser Lehre an und brachten sie mit nach Tibet. Die Buddhisten späterer Generationen in Tibet dankten es ihnen, indem man sie in den Rang buddhagleicher Wesen hob. Die Chinesin gilt als Emanation der Weißen Tara, die in Tibet als weiblicher Aspekt der erlösenden Kraft des Buddha betrachtet wird, während die Nepalesin als irdische Manifestation der Grünen Tara göttliche Verehrung genießt. Die Grüne Tara verkörpert die erdhafte Seite der Tara. Sie ist die Mutter aller Buddhas der drei Zeiten, die Erretterin von allem Leiden.

Die spätere buddhistische Geschichtsschreibung erweckt fälschlicherweise den Eindruck, als hätte Songtsen Gampo nur diese beiden Gattinnen gehabt. In Wirklichkeit gab es noch mindestens drei tibetische Ehefrauen, eine davon war eine Shang-Shung-Prinzessin. Doch diese waren keine Buddhistinnen, sondern folgten dem althergebrachten schamanischen Glauben und wurden deshalb von der buddhistischen Überlieferung völlig ausgeblendet.

Allein aufgrund der Heirat Songtsen Gampos mit den beiden Buddhistinnen von einer Einführung des Dharma in Tibet zu sprechen, entbehrt jeglicher Grundlage. Zwar ist anzunehmen, dass

Bild links: Die Citti patti, die tanzenden Skelette, gelten als Herren des Leichenackers. Sie erinnern die Zuschauer an die Vergänglichkeit und insbesondere den physischen Tod, der am Ende jeder irdischen Lebensspanne steht.

Bild rechts: Yamantaka, der Bekämpfer des Todes, bei den Maskentänzen im Kloster Labrang Tashi Kyil. Seine Maske ist ein Büffelgesicht mit großem Drittem Auge auf der Stirn und einer Krone aus Totenschädeln.

sich in ihrem Gefolge auch buddhistische Mönche befanden, doch es gab zu diesem Zeitpunkt in ganz Tibet noch kein einziges buddhistisches Kloster, keinen Sangha, keinerlei Lehrtätigkeit. Songtsen Gampo ließ lediglich den beiden Gattinnen zur Ausübung ihres Glaubens kleine Schreine errichten. Tatsächlich könnte die älteste Bausubstanz des Jokhang- und Ramoche-Tempels in Lhasa aus der Zeit Songtsen Gampos stammen. Die Bauwerke wurden dann erst im Laufe der Zeit durch Zu- und Umbauten zu ihrer heutigen Form ausgestaltet.

Wie seinen beiden Gattinnen wurde auch Songtsen Gampo posthum göttliche Verehrung zuteil. In der von Gedanken und Erwartungen späterer Generationen gefärbten buddhistischen Überlieferung gilt er als Inkarnation des Bodhisattva Avalokiteshvara und als Dharma-König – als einer also, der die Lehre Buddhas besonders förderte. In zeitgenössischen Chroniken hingegen finden sich keinerlei Hinweise, dass der Buddhismus bei Songtsen Gampo in besonderer Gunst stand oder gar der König selbst dazu konvertierte. Im Gegenteil: Die gewaltige Grabanlage im Yarlung-Tsangpo-Tal zeigt, dass der König nach wie vor auf traditionelle Weise bestattet wurde. Der vorbuddhistische Totenkult erforderte komplexe Rituale, die von Hofschamanen geleitet wurden und mit blutigen Opfern einhergingen.

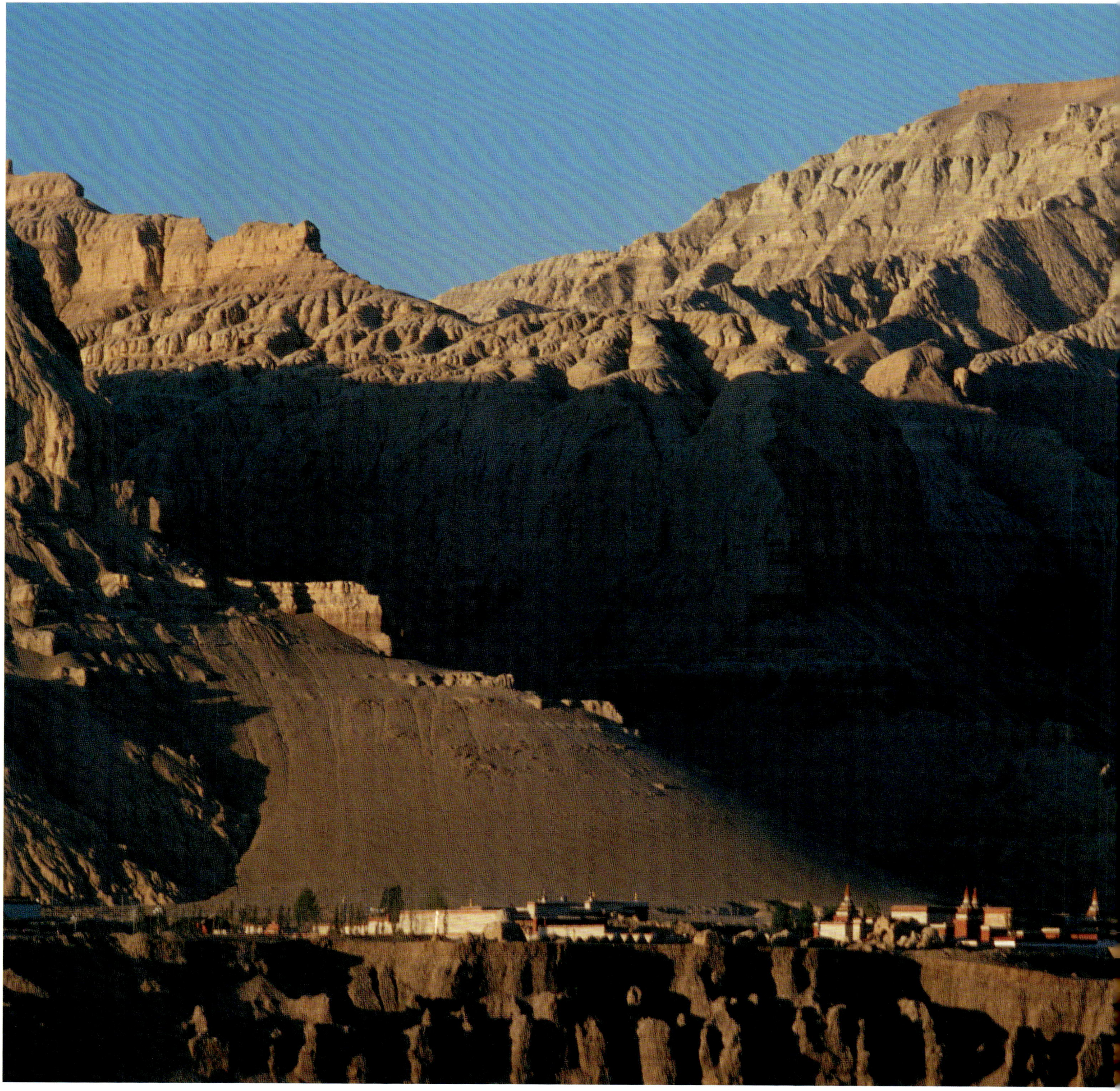

Wie Miniaturgebilde wirken die Tempel und Chörten (Stupas) von Thöling inmitten der zerfurchten und zerfrästen Bergwelt des Sutley-Canyons. Von hier ging im 10. Jahrhundert die zweite Welle buddhistischer Verbreitung in Tibet aus. Hier in Thöling, dem Zentrum des Königreichs Guge, lebte Lotsawa Rinchen Zangpo, der Übersetzer buddhistischer Schriften, und auch Atisha wirkte hier, einer der bedeutendsten Gelehrten seiner Zeit.

Es spricht vieles dafür, dass zu Songtsen Gampos Zeit dieser Kult nicht nur praktiziert, sondern sogar noch weiterentwickelt wurde.

Viel mehr als an der Lehre Buddhas dürfte der König an der Übernahme bestimmter zivilisatorischer Leistungen aus Indien interessiert gewesen sein, Errungenschaften, die sein Land dringend benötigte, um sich gegenüber seinen Nachbarn zu emanzipieren. Vor diesem Hintergrund ist die Einführung einer Schrift zu sehen, die angeblich der Minister Thonmi Sambhota auf Geheiß des Königs aus Indien entlehnte. Die spätere buddhistische Geschichtsschreibung bejubelt dieses Ereignis zurecht, denn dadurch wurde – ob vom König so gewollt oder nicht – in der Tat der Verbreitung des Dharma in Tibet der Weg bereitet, denn nur so wurde es möglich, das umfangreiche buddhistische Schrifttum aus dem Sanskrit zu übersetzen. Ob dies bereits zur Zeit Songtsen Gampos begann, wissen wir nicht. Zeitgenössische Dokumente jedenfalls erwähnen die Lehre Buddhas nicht.

Trisong Detsen

Erst im folgenden Jahrhundert, unter der Regierungszeit des Königs Trisong Detsen (reg. 755–797), erscheint der Buddhismus in amtlichen Dokumenten. Aus ihnen geht hervor, dass er beim König hoch im Kurs stand – sehr zum Missfallen der einheimischen Priesterschaft, die dagegen opponierte. Ob Trisong Detsen tatsächlich von der Lehre Buddhas so ergriffen war, wie die spätere Überlieferung glauben machen will, die in ihm eine Inkarnation Manjushris, des Bodhisattvas der Weisheit, erkannte, sei dahingestellt. Jedenfalls spricht einiges dafür, dass das Engagement des Königs für die neue Religion durchaus von politischen Motiven geleitet war. Trisong Detsen hatte nämlich allen Grund, der Bön-Fraktion an seinem Hof zu misstrauen, und schlug seine Gegner mit den eigenen Waffen: nämlich mithilfe der Bön-Magie. Durch Bestechung ließ er vom Orakelpriester verlauten, dass dem Land großes Unheil bevorstünde, das nur durch ein symbolisches Selbstopfer der beiden wichtigsten Minister abzuwenden sei. Diese, so verkündete das Orakel, müssten sich drei Monate lang in einem Grab einschließen lassen. Da ein königstreuer Minister sich freiwillig meldete, musste Mazan, der allmächtige Gegenspieler, nachziehen. Während Ersterer mit einem Trick entweichen konnte, blieb Mazan lebendig eingemauert.

Danach ging Trisong Detsen daran, die gefährliche Allianz von Bön-Priesterschaft und Adel zu zerschlagen. Die buddhistische Religion wurde dabei sein Werkzeug. Sie diente ihm, um seinen absoluten

Tibet und der Himalaya

Machtanspruch zu begründen. Traditionell war der tibetische König nur ein Primus inter Pares und seine Stellung deshalb nicht besonders stark. Obwohl der Buddha ein göttliches Königtum ablehnte, weil eine solche Vorstellung seiner Lehre diametral entgegengesetzt war, verschmolzen unter dem Einfluss der mahayanischen Ideen Herrschertum und Buddhaschaft zu einer Buddhokratie. Dies vollzog sich zuerst im Schmelztiegel Nordwestindiens, wo sich seit jeher verschiedene kulturelle Einflüsse vermischten, und strahlte von dort in die Länder aus, in denen sich der Buddhismus verbreitete. So auch nach Tibet. Während der Buddhismus-Förderer Ashoka noch kein göttliches Königtum für sich reklamierte und seine Kompetenz aus dem Handeln (= karman) und nicht durch Geburt herleitete, hatte der nordindische Kushana-König Kanishka (2. Jahrhundert n. Chr.), der andere für die Ausbreitung des Buddhismus bedeutende Herrscher, bereits sein Konterfei gemeinsam mit dem Buddha auf Münzen prägen lassen. Die Entwicklung im Mahayana ging sogar so weit, dass die Könige als herabgekommene Bodhisattvas oder als zukünftige Maitreyas bezeichnet wurden, was so viel bedeutete wie dass sie nicht nur göttlich verliehene Machtfülle, sondern den Status der Buddhaschaft für sich beanspruchten. Nicht zufällig stand in Samye, dem ersten buddhistischen Kloster Tibets, das Trisong Detsen im Jahre 779 gründen ließ, der Kult des Buddha Vairocana im Mittelpunkt. Denn diese mit der solaren Ordnung verbundene Gestalt symbolisierte wie keine andere die Idee einer zentralen Macht, wie sie sich auch die chinesischen Kaiser zu eigen machten.

Für die heikle Mission der Klostergründung hatte der König den indischen Gelehrten Shantarakshita nach Tibet eingeladen. Doch das Vorhaben geriet zur Machtprobe zwischen den buddhismusfreundlichen Kräften im Gefolge des Königs und der Bön-Fraktion, die um den Erhalt von Privilegien und Einfluss kämpften. Der legendären Überlieferung zufolge soll sich der Bau jahrelang hingezogen haben, weil dämonische Wesen sich dagegen verschworen und die Mauern, die tagsüber errichtet wurden, nachts wieder zum Einsturz brachten. Unter den widerspenstigen Dämonen ist wohl die einheimische Bön-Priesterschaft zu verstehen, die mit allen Mitteln den Bau zu torpedieren suchte. Die Widerstände waren so groß, dass der zartbesaitete Philosoph Shantarakshita vorübergehend ins benachbarte Nepal flüchtete, um dort abzuwarten, bis sich die Wogen in Tibet wieder etwas geglättet hatten. Mit den Worten: »Die Geister Tibets sind böswillig und lassen den buddhistischen Wandel nicht zu«, soll er sich beim König beklagt haben. Daraufhin ließ Trisong Detsen Verstärkung in Gestalt des indischen Siddha Padmasambhava ins Land holen.

Padmasambhava

Während Shantarakshita, der Gelehrte aus der indischen Klosteruniversität Vikramashila, noch historisch greifbar ist, verschwindet Padmasambhava in einem Dickicht aus Mythen und Legenden. Seine Lebensgeschichte, die erst im 14. Jahrhundert von seiner Anhängerschaft endgültig ausgestaltet wurde, zeichnet ein fast episches Bild dieser geheimnisumwitterten Person. Der vermutlich aus dem Gebiet des heutigen Swat stammende Padmasambhava hatte sich bereits vor seiner Mission in Tibet einen Namen als wundertätiger Guru gemacht. Das Mysterium beginnt bereits mit seiner Geburt. Demnach soll im Mündungsgebiet des Indus eine Lotosblume emporgewachsen sein. Als sie sich öffnete, saß in ihrem Blütenkelch der zukünftige Guru in Gestalt eines achtjährigen Knaben. Der König, der herbeigeeilt kam, um das Wunder mit eigenen Augen zu schauen, nahm das Kind spontan an Sohnes statt an und nannte es Padmasambhava, der »Lotosgeborene«. Nachdem er einen ganzen Katalog an Einweihungen zur Erlangung übersinnlicher Fähigkeiten absolviert hatte, die zum Teil an Schauerlichkeit nichts zu wünschen übrig ließen, ereilte ihn der Ruf des tibetischen Königs. Schon die erste Begegnung mit den Tibetern, so lassen die Biografen verlauten, geriet zu einer Demonstration seiner überlegenen Magie. Trisong Detsen, der vor versammeltem Hofstaat den Guru empfing, soll erwartet haben, dass sich Padmasambhava vor ihm verneigte. Stattdessen ließ er Flammen aus seinen Ärmeln schlagen, woraufhin die Höflinge sich erschrocken zu Boden warfen und der König sich vor Ehrerbietung einen weißen Schal von den Schultern riss und ihn dem Guru zu Füßen legte. Von dieser Begebenheit übrigens soll der bekannte Brauch in Tibet herrühren, dass man beim Besuch buddhistischer Heiligtümer oder auch zur Begrüßung und zum Abschied weiße Khadaks (Glücksschärpen) überreicht. Die Ankunft in Tibet, die vermutlich im Jahre 771 stattfand, und die Fertigstellung des Klosters Samye im Jahre 779 sind die einzigen verlässlichen Daten in der Lebensgeschichte des Guru Rinpoche, wie die Tibeter Padmasambhava nennen. Was die Aufenthaltsdauer betrifft, geben die Überlieferungen bereits wieder ein verworrenes Bild ab. Die Angaben divergieren zwischen wenigen Monaten und fünfzig Jahren. Noch schwieriger wird es, seinen Spuren in Tibet zu folgen, denn er scheint – vornehmlich durch die Luft fliegend – das ganze Land durchreist zu ha-

Bild links: Mönche bei einer Gebetszeremonie anlässlich des Sagadawa-Festes am heiligen Berg Kailash. Dahinter hat eine Gruppe chinesischer Pilger aus Taiwan Aufstellung genommen.

Bild unten: Novizen des Drikung-Kagyü-Ordens beim Sagadawa-Fest am heiligen Berg Kailash. Im Mittelpunkt dieses Fest, das zur Erinnerung an Buddhas Erleuchtung begangen wird, steht das Neubeflaggen des Tarboche, eines riesigen Fahnenmastes.

Tibet und der Himalaya

In den nackten Fels gemeißelte und bemalte Mantras – heilige Formeln – finden sich in Tibet allerorts, so auch entlang des Pilgerpfades um den heiligen Berg Kailash.

ben. Allerorts trifft er auf lokale Dämonen, die er entweder in Stücke reißt oder bezähmt und der buddhistischen Lehre dienstbar macht. Wundersam wie sein Wirken ist auch sein Abgang aus Tibet. Der legendären Biografie zufolge gaben ihm dabei nicht nur der König und seine Minister das Ehrengeleit, sondern auch noch eine Schar himmlischer Götter. Beim Abschied erschien aus einem Regenbogen ein blaues, gesatteltes Pferd. Begleitet von sphärischen Klängen, bestieg Padmasambhava das geflügelte Ross und nachdem er den Anwesenden einen letzten Segen gespendet hatte, erhob er sich in die Lüfte und ritt auf den Sonnenstrahlen davon.

So schwer fassbar Padmasambhava als historische Gestalt auch ist, im religiösen Leben der Tibeter ist er allgegenwärtig. Es gibt kaum ein Kloster, in dem er nicht irgendwo als Abbild erscheint. Vor allem repräsentiert er einen besonderen Typus von Lehrer, der in Tibet den Dharma verkündet und das tibetische Mönchstum von anderen asiatischen buddhistischen Traditionen abhebt: Padmasambhava galt als tantrischer Guru (tib. Ngagspa), der außerhalb des Sangha stand. Blieb in anderen buddhistischen Ländern die Weitergabe des Dharma ausschließlich dem Mönch vorbehalten, gibt es in Tibet noch eine ganze Reihe von Gestalten – Najorpas (Yogis), Gomchen (Einsiedler) oder

Kapitel 5

Inschrift in Goldbuchstaben an einer Seitenwand des Klosters Thubchen, dem ältesten Heiligtum von Lo Manthang (Upper Mustang). Das halbautonome Gebiet innerhalb Nepals war früher einmal ein unabhängiges Königreich.

Ngagspas genannt –, die keiner Gemeinschaft der Mönche angehören, oft sogar verheiratet sind und zumindest zeitweise als Haushalter mit ihrer Familie leben. Man kann solche Gestalten auch heute noch in Tibet antreffen, wenn man in abgelegene Gebiete gelangt oder Pilgerorte besucht.

Indien als Quelle

Sowohl Shantarakshita als auch Padmasambhava verbreiteten in Tibet jene Form des Buddhismus, die sich in Indien bis dahin entwickelt hatte, nämlich den tantrischen Buddhismus (Vajrayana). Dieser wurde spätestens seit dem 7. Jahrhundert auch in den großen indischen Klosteruniversitäten gelehrt. Dennoch standen beide nicht nur für unterschiedliche Typen der buddhistischen Geistlichkeit Indiens, sondern auch für verschiedene Übungs- und Lehrmethoden. Der tantrische Buddhismus, wie er in den klösterlichen Institutionen vermittelt wurde, baute auf dem Studium der mahayanischen Lehren auf. Die vollständige Kenntnis und das Meistern der Sutras war also die Voraussetzung für die tantrische Praxis. Shantarakshita stand ganz in dieser Tradition. Padmasambhava hingegen beschritt einen anderen Weg. Er vermittelte seinen Schülern, zu denen auch seine tibetische Gefährtin Yeshe Tsogyal zählte, eine Methode, die sich geheimer Einweihungen und Rituale bediente und einen schnelleren Weg zur Befreiung versprach.

Sowohl Mahayana als auch Vajrayana existierten zur Zeit der tibetischen Übernahme in Indien neben- und miteinander. Wobei es anfänglich gar nicht sicher war, ob die Tibeter überhaupt die indische Form des Buddhismus annehmen würden. Denn anders als in Japan, wo nur das chinesische Vorbild zur Verfügung stand, besaß Tibet die Möglichkeit der Wahl zwischen Indien und China. Dass die Entscheidung schließlich zugunsten des indischen Vorbildes fiel, dürfte politische Gründe gehabt haben. Mit China gab es ständige kriegerische Auseinandersetzungen, deshalb konnte der tibetische König kein Interesse daran gehabt haben, in großer Zahl chinesische Mönche im Land zu haben. Trisong Detsen setzte im Jahre 763 seine Armee in Richtung Zentralchina in Marsch, die sogar die Hauptstadt Changan eroberte, sodass der chinesische Kaiser vorübergehend fliehen musste.

Nach tibetisch-buddhistischer Überlieferung soll die Entscheidung für die indische Richtung im Zuge eines legendären Disputs gefallen sein. Als indischer Vertreter trat Kamalashila – ein Schüler Shantarakshitas – an, während die chinesische Richtung des Chan durch einen Mönch namens Hoshang vertreten wurde. Kamalashila ging als Sieger hervor, jedenfalls nach tibetischer Auslegung, und damit war die Orthodoxie vorgegeben. Wurden bisher buddhistische Schriften sowohl aus dem Chinesischen als auch dem Sanskrit übersetzt, so galt fortan nur noch das Sanskrit als gültige Quellensprache für den Buddhismus. Aber um welche Art von Buddhismus handelt es sich eigentlich, die Tibet aus Indien übernahm?

Der tantrische Buddhismus

Als die Lehre Buddhas nach Tibet gelangte, hatte sie bereits eine tausendjährige Geschichte hinter sich. Im 8. Jahrhundert, dem Beginn der Rezeption des Buddhismus in Tibet, gab es bereits drei große Hauptrichtungen: Der Theravada, der nur den Pali-Kanon als autoritatives Wort Buddhas akzeptierte; das Mahayana, dessen Entwicklung bereits im 3. Jahrhundert einsetzte und den Tantrismus (Vajrayana), der nach der vollen Ausprägung des Mahayana im 4./5. Jahrhundert entstand und sich mit den beiden philosophischen Hauptschulen des Mahayana (Madhyamika und Yogacara) verbunden hatte. Schriftliche Grundlage für die Verschmelzung bildete das Lotos-Sutra. Darin wurde verkündet, dass der Buddha unterschiedliche Mittel angewendet hatte, um die notwendige Läuterung des Bewusstseins schneller zu bewirken. Vor die-

Tibet und der Himalaya

Die tantrische Gottheit Guhyasamaja auf einem Wandbild im Tempel der Schutzgottheiten in Tsaparang (Guge, Westtibet). Die Vereinigung mit einer weiblichen Entsprechung (Yogini) drückt die Aufhebung aller Polaritäten aus. Guhyasamaja wird dreiköpfig und sechsarmig dargestellt. Das Guhyasamaja-Tantra (Buch der Geheimversammlung) ist wahrscheinlich das älteste Tantrawerk überhaupt und dürfte bereits um das Jahr 500 entstanden sein.

sem Hintergrund konnten nun nichtbuddhistische Praktiken oder Wesenheiten – wie es im Vajrayana gang und gäbe wurde – neu interpretiert und in die buddhistische Praxis integriert werden. Diese Entwicklung wird in der buddhistischen Welt unterschiedlich beurteilt. Während die Theravadins, die sich als Hüter des Buddha-Wortes verstehen, im tantrischen Buddhismus eher eine Entartung sehen, betrachten sich die Tibeter als Erben des Vermächtnisses seiner größten Blüte. Wie immer man diese Entwicklung beurteilen mag, der allgemeinen Verbreitung und Akzeptanz des Buddhismus jedenfalls gereichte sie zum Vorteil: Sie führte dazu, dass der Buddhismus nie im Dogma erstarrte wie andere Hochreligionen, sondern dialogfähig blieb, ohne dabei seine ureigensten Ziele zu verraten.

Die Wurzeln des Vajrayana, dieser als dritte Drehung des Rades der Lehre bezeichneten Richtung, reichen tief in die indische Religionsgeschichte hinein. Tantrische Elemente wie Mutterkult und magische Fruchtbarkeitsriten finden sich bereits in den vorarischen indischen Stammeskulturen. Auch lokale Traditionen wie dörfliche Kulte, die nur den Frauen vorbehalten waren, und schamanische Praktiken, dürften an der Entstehung jener Strömung beteiligt gewesen sein, die zwischen dem 5. und 10. Jahrhundert sowohl in den Hinduismus als

Eine Dakinis, die als Schützerin der buddhistischen Lehre gilt. In den Händen hält sie Donnerkeilzepter (Vajra) und Glocke (Ghanta) als Symbole für die polaren männlichen und weiblichen Kräfte. Mit der Hand des linken unteren Arms umklammert sie eine mit Blut gefüllte Schädelschale (Kapala), während sie mit der anderen eine Abwehrgeste vollführt.

auch in den indischen Buddhismus Eingang fand. Der Tantrismus – und zwar sowohl der hinduistische als auch der buddhistische – stützt sich auf schriftliche und mündliche Überlieferung, wobei man sich diese Lehren nicht durch Selbststudium aneignen, sondern nur durch Gurus in Initiationen erläutert und vermittelt bekommen kann. Darüber hinaus sind sie häufig in einer symbolhaft verschlüsselten Sprache abgefasst, um den Uneingeweihten davon fernzuhalten und vor Missbrauch zu schützen. Ganz verhindert werden konnte das freilich dadurch nicht. Das Problem aber war nicht die tantrische Praxis an sich, sondern diejenigen, die sich nicht an den vorgeschriebenen Weg hielten.

Der Legende nach sind die meisten hinduistischen Tantras Lehrreden des Gottes Shiva an seine Gemahlin Parvati, doch es gibt auch Tantras in Dialogform, in denen die Göttin den Gott belehrt. Von zentraler Bedeutung im Tantrismus ist die auf allen Ebenen vollzogene Überwindung und Auflösung aller polaren Gegensätze. Dabei steht in den Hindu-Tantras Shiva für das männlich-geistige ruhende Prinzip im Universum und Shakti für das weiblich-energetische dynamische Prinzip. Beide gehören untrennbar zusammen, bilden eine Einheit, die sich in der Vielfalt aller Erscheinungen manifestiert, wobei der Makrokosmos des menschlichen Körpers als eine Entsprechung des Mikrokosmos des Universums betrachtet wird.

Diese Einheit der kosmischen Polarität wird anhand von Götter-Bildnissen visualisiert und bis zum ekstatischen Lebenselement der Sexualität nachvollzogen. Getreu dem tantrischen Prinzip, dass jede Erscheinung, sowohl auf geistiger als auch physischer Ebene, ein Aspekt göttlicher Wirklichkeit ist und somit als Heilmittel genutzt werden kann, bedient man sich bewusst auch solcher Methoden, die gewöhnlich im Kult verboten sind, wie zum Beispiel die in der vedisch-brahmanischen Religion tabuisierten fünf Makaras – der Genuss von Alkohol, Fleisch, Fisch, geröstetem Getreide und Geschlechtsverkehr. Die Blüte des tantrischen Shaktismus fand in der indischen Kunst und Literatur des 8. und 9. Jahrhunderts einen eindrucksvollen Niederschlag.

Hauptziel aller tantrischen Praktiken ist es, einen begehbaren schnellen Weg zur Befreiung zu weisen. Im Gegensatz zum mühsamen und langwierigen, über viele Inkarnationen führenden Pfad zur Erleuchtung, den Theravada und Mahayana anboten, versprach das Tantra, dieses Ziel in einem Leben zu erreichen. Die wichtigsten Mittel dazu sind der Gebrauch von
• Mantra: Rezitation heiliger Formeln.
• Yantra: Schaubilder von Gottheiten, die die Vereinigung polarer männlicher und weiblicher Kräfte darstellen.

In den Weisheits-Sutras lehrte der Buddha einen einzigartigen Pfad zur Einsicht in die Leerheit, die eigentliche Natur aller Phänomene, beruht. Grundlage eines universellen Mitgefühls und des Erleuchtungsgeistes altruistischen Strebens nach vollkommener Erleuchtung zum Wohl aller

Ngagspa – tantrischer Adept –, der beim Ritual auf einer Knochentrompete bläst.

- Chakra: feinstoffliche Energiezentrum entlang der Wirbelsäule, deren Aktivierung das schlummernde spirituelle Befreiungspotenzial freisetzt.
- Mudra: Gesten, die bestimmte Qualitäten oder kosmische Muster repräsentieren.
- Nyasa: die durch meditative Erfahrung vollzogene Identifikation mit der Gottheit.

Bedingt durch den späten Zeitpunkt des Religionstransfers im 8. Jahrhundert haben die Tibeter die voll entwickelte indisch-buddhistische Tradition übernommen, wie sie in den damals führenden Klosteruniversitäten von Vikramashila und Nalanda gelehrt wurde. Dort erreichte der tantrische Buddhismus zwischen dem 7. und 10. Jahrhundert seine größte Blüte und von hier aus wurde er zuerst durch Shantarakshita und später durch Atisha nach Tibet vermittelt. Aber nicht nur. Der tantrische Buddhismus breitete sich auch in Südostasien bis nach Bali aus, nach Nepal, China, Korea, Japan und durch die Vermittlung Tibets auch in die Mongolei.

Während die mahayanischen Sutras sich noch aus dem Pali-Kanon herleiten lassen bzw. dort thematisch angelegt waren, sind die meisten Tantras Schöpfungen aus dem 4. und 5. Jahrhundert, deren Autoren unbekannt blieben. Zur Legitimation wurde eine Verbindung zum Buddha konstruiert, indem behauptet wird, der Buddha hätte sie bereits gelehrt, nicht öffentlich freilich, sondern esoterisch, nur einer kleinen Schar Auserwählter.

Die Tantras sind so abgefasst, dass sie nur unter Anleitung eines Lehrers verstanden und benutzt werden können. Doch aus tantrischer Sicht genügt es nicht, die Inhalte durch Studium intellektuell zu erfassen, sondern eine das Bewusstsein läuternde und transformierende Wirkung kann erst durch Identifikation mittels Visualisierung bewirkt werden. Dahinter steckt ein einfaches psychologisches Prinzip: Man wird zu dem, womit man sich identifiziert. Voraussetzung freilich ist, dass dies mit einem gerichteten Geist geschieht, der klar und ohne Abschweifung ist. Folgerichtig entwickelte der tantrische Buddhismus ausgefeilte Visualisierungsmethoden, die nur unter Anleitung und Aufsicht eines erfahrenen Lehrers praktiziert werden. Dazu bediente man sich einer opulenten Bilderwelt, die die Gottheiten der tantrischen Texte bis ins kleinste Detail in Farbe, Form, Bewegung, Gestik und Attributen abbildet. Sie dienen dem Übenden als hilfreiches Werkzeug, womit er sich mit Körper, Rede und Geist verbinden kann.

Im Gegensatz zum Mahayana vertritt das Vajrayana die Ansicht, dass der Mensch nicht nur durch meditative Erfahrung, sondern auch auf ganz natürliche Weise mit den äußerst subtilen Ebenen des Geistes, der Klares Licht genannt wird, in Berührung kommt, und zwar während des Schlafes, in einer Ohnmacht, beim sexuellen Höhepunkt und in bestimmten Phasen des Sterbeprozesses.

Die beiden letztgenannten Lebenselemente gelten als die beste Gelegenheit, die Erfahrung des Klaren Lichtes zu erleben. Freilich darf hier der Begriff sexuell nicht als Anleitung zu bestimmten Liebestechniken missverstanden werden, wie das häufig im Zusammenhang mit Tantra geschieht, sondern vielmehr gilt es die Kraft der Begierde, die an sich als schädlich für das Vorankommen auf dem spirituellen Pfad gilt, zur Transformation in einen glückseligen Bewusstseinszustand zu nutzen, der die Leerheit erkennt. Nur dann vermag die Weisheit, die aus der Begierde, also einer an sich verblendeten Emotion, erzeugt wurde, die Leidenschaft zu überwinden.

Das Yarlung-Reich

Tibet rühmt sich zwar – bedingt durch den Zeitpunkt der Übernahme –, Bewahrer der am höchsten entwickelten Form des indischen Buddhismus zu sein, doch in Wirklichkeit war es nicht möglich, das indische Vorbild eins zu eins nach Tibet zu übertragen, weil die einheimische Bön-

Erleuchtung, der auf einer tiefen Diese Einsicht wird auf der herausgebildet, also des Lebewesen. Dalai Lama

Der Sadhita Hevajra auf einem Wandbild im Tempel der Schutzgötter von Tsaparang (Guge, Westtibet). Die tantrische Gottheit ist in Vereinigung mit seiner Yogini Nairatmya dargestellt. Hevajra besitzt acht Gesichter und sechzehn Arme, in denen er Schädelschalen (Kapala) hält, in denen sich Tiere, Menschen und Götter befinden. Mit den vier Füßen tritt er Feinde des Dharma in den Staub.

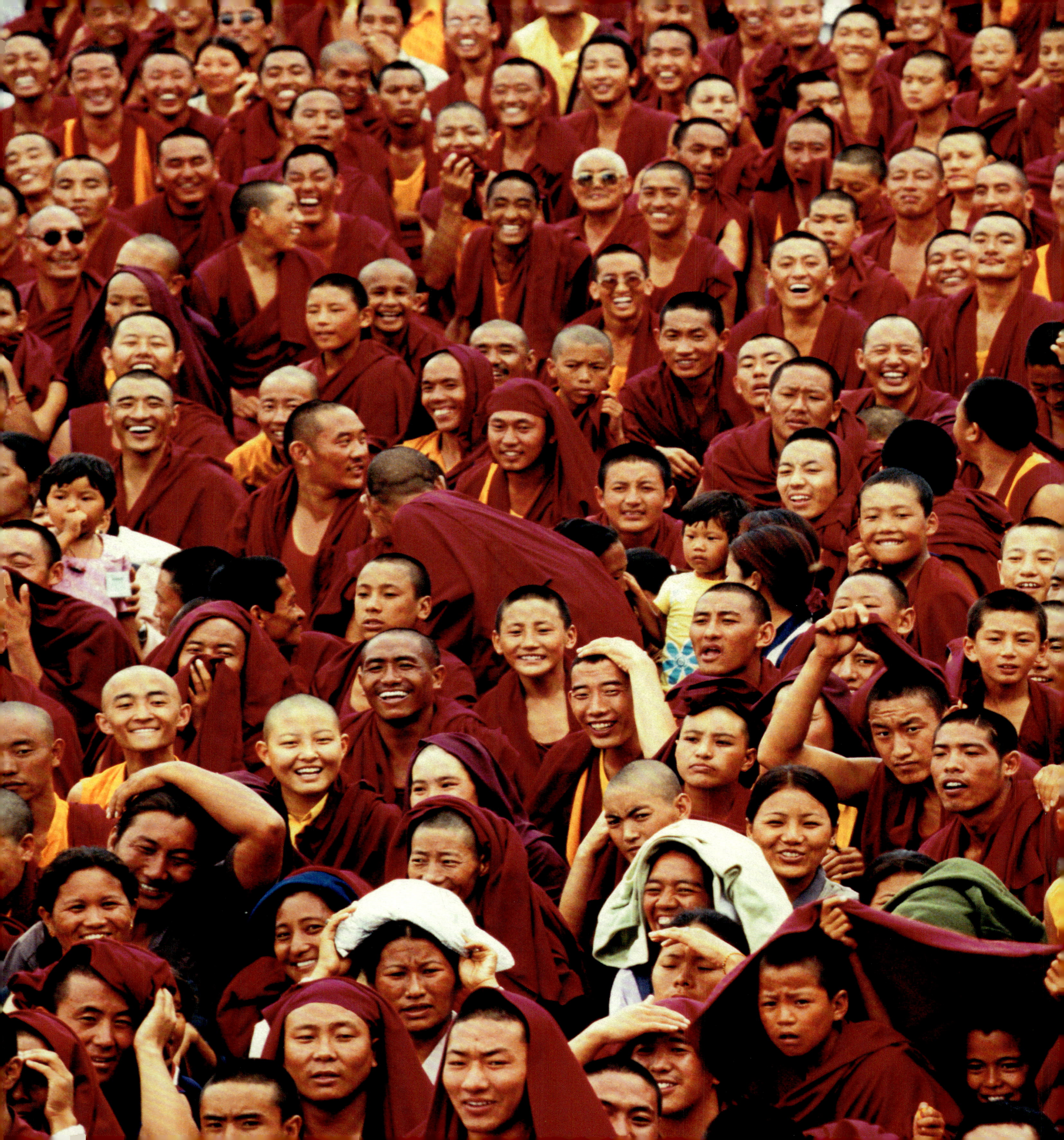

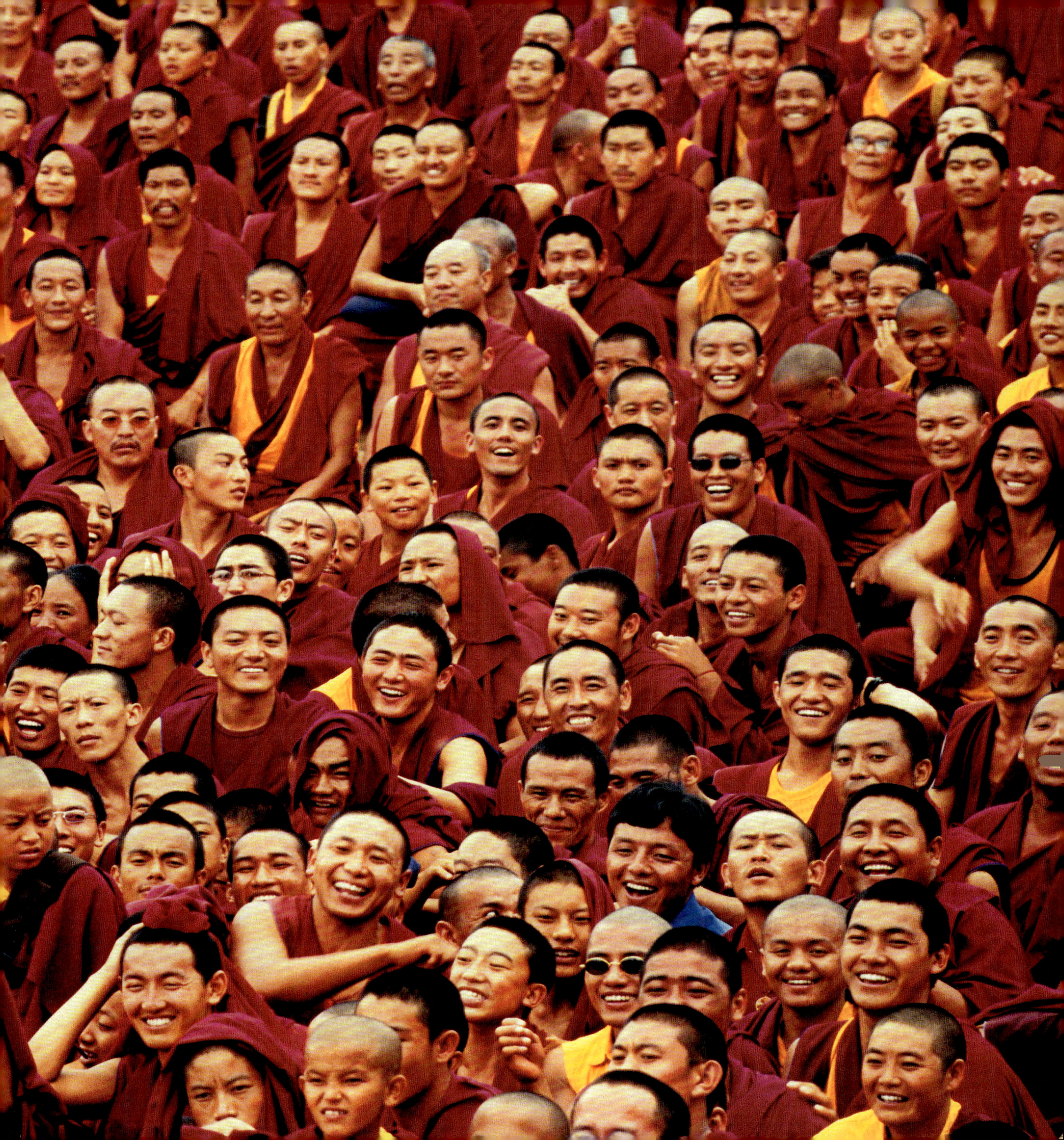

Kapitel 5

Vorhergehende Doppelseite: Exiltibetische Mönche des Sera-Klosters (Bylakuppe, Indien) haben sich versammelt, um einer Belehrung des Dalai Lama beizuwohnen. Infolge der Zerstörungen und fortwährenden Repression durch China flohen viele Tibeter nach Indien und haben dort ihre wichtigsten klösterlichen Institutionen neu aufgebaut.

Bild links: Mönche des Klosters Labrang Tashi Kyil verrichten Niederwerfungen vor einem riesigen Bild des Buddha Amitabha, das anlässlich der Feierlichkeiten zum tibetischen Neujahr (Losar) über einen Berghang ausgerollt wurde.

Der philosophische Disput ist Bestandteil des Studiums in den Klöstern Tibets. Dabei stehen sich zwei Disputanten gegenüber. Während der eine die Frage mit Sprung und Händeklatschen auf sein Gegenüber schleudert, muss dieser sie mit stoischer Ruhe beantworten.

Religion im Volk zu stark verankert war. Die Widerstände waren so groß, dass es lange Zeit nicht einmal sicher schien, ob die Einführung der fremden Religion überhaupt gelingen würde. Obwohl die Lehre Buddhas zur Zeit Trisong Detsens wohl kaum über dem König gewogene höfische Kreise hinaus verbreitet gewesen sein dürfte, gelang es ihm, den Buddhismus formell zur »Staatsreligion« zu erklären. In einer Inschrift, die in Samye erhalten ist und vermutlich aus dem Jahr 791 stammt, schworen der König und seine Minister einen Eid, die buddhistische Religion nach Kräften zu unterstützen. Das geschah durch eine Vielzahl von Privilegien und großzügigen Schenkungen. Glaubt man den Quellen, dann waren die Klöster von Abgaben befreit, unterlagen nicht der bürgerlichen Rechtsprechung und Mönche aus den Adelsfamilien wurden sogar zu Ministern berufen, die den Ehrenplatz zur Rechten des Königs einnahmen. Damit wurde offenbar von Anfang an der buddhistischen Hierarchie eine übergeordnete Stellung gegenüber dem Laienamtsinhaber zugestanden – ein Merkmal, das das Verhältnis von Religion und Politik in Tibet nachhaltig prägen sollte. Während die buddhistische Geschichtsschreibung die Maßnahmen des Königs als Meilenstein bejubelt, die der Lehre Buddhas in Tibet den Weg bereiteten, beurteilt die Bön-Überlieferung dies naturgemäß ganz anders. Sie sieht in Trisong Detsen den Hauptschuldigen für den Untergang ihrer Religion und verteufelt ihn. »Ein bösartiger Dämon hat vom König Besitz ergriffen«, heißt es in einer Chronik. Mit diesem Dämon war Padmasambhava gemeint, der sich, so fährt die Quelle fort, »nur als Mönch tarnte, aber in Wirklichkeit von den fünf Giften verseucht war«. Wegen der umstrittenen Gestalt des indischen Gurus geriet der König gegen Ende seiner Amtszeit in Bedrängnis. Dieser erregte selbst unter den buddhismusfreundlich gesinnten Tibetern des Hofstaats Anstoß. Sie missbilligten vor allem, dass der Meister eine der Gemahlinnen des Königs, nämlich Yeshe Tsogyal, zur Frau nahm. Schließlich konnte der König seinen Günstling nicht länger in Tibet halten.

Ralpachen, der dritte der sogenannten »Religionskönige«, der Trisong Detsen auf den Thron folgte, setzte die buddhismusfreundliche Politik seines Vorgängers fort, aber legte auch den Keim für den Untergang der Dynastie, indem er den Bogen überspannte. In welcher Gunst die Mönche standen, beweist, dass man sie sogar mit heiklen politischen Missionen betraute. So wurde das Friedensabkommen von 821–822 zwischen China und Tibet, das in einer Steinstele in Lhasa eingraviert ist, von chinesischen und tibetischen Mönchen ausgehandelt. Der Wortlaut unterstreicht nicht nur den Anspruch eines sakralen Königtums, sondern belegt, wie lebendig die alte Religion zu diesem Zeitpunkt noch war, denn die Inschrift endet mit der Feststellung, dass »der Eid mit dem Opfer von Tieren besiegelt wurde«. Im Laufe der Zeit geriet der König offenbar immer stärker unter den Einfluss des buddhistischen Klerus. Bei offiziellen Anlässen, so wird überliefert, soll er Mönchen erlaubt haben, auf Seidenbändern zu sitzen, die in sein Haar eingeflochten waren. Schließlich trat er selbst in den Mönchsorden ein. Das dürfte nicht nur die Bön-Anhänger, sondern einen großen Teil seines Hofstaats gegen ihn aufgebracht haben. Im Jahre 838 fiel er einer Palastintrige zum Opfer und wurde ermordet. Die Verschwörer setzten daraufhin seinen Bruder Langdarma als neuen König ein.

Unter der Regierung Ralpachens war bereits intensiv mit der Übersetzung buddhistischer Texte begonnen worden. Das bedeutete eine immense Herausforderung für die Tibeter. Um die komplexen philosophischen Texte des Mahayana übersetzen zu können, reichte die Umgangssprache nicht aus, sondern es musste ein eigenes Alphabet dafür geschaffen werden. Auch galt es zu entscheiden, welche Texte übersetzt werden. Anfänglich wurden ebenso chinesische wie indische buddhistische Texte übersetzt, doch in der Regierungszeit Ralpachens entschied man sich, dass allein aus dem indischen Sanskrit übersetzt werden sollte. Damit hatte der Buddhismus in Tibet nun wirklich Wurzeln geschlagen, die sich nicht mehr so leicht ausreißen ließen – auch nicht von Langdarma.

Wenn man der buddhistisch gefärbten Geschichtsschreibung aus späterer Zeit glauben darf, die Langdarma als üblen Schurken darstellt, ließ der König die Buddhisten blutig verfolgen, ihre Tempel und Bildwerke zerstören. Den Mönchen blieb nur die Wahl, entweder ihre Gelübde zu brechen und in den Laienstand zurückzukehren oder außer Landes zu gehen. In zeitgenössischen Dokumenten lassen sich diese Zwangsmaßnahmen nicht nachweisen.

Falls es wirklich so war, dürften sich viele Mönche mit ihren Schriften im Gepäck durch Flucht in abgelegene Teile des Reiches der Repression entzogen haben, um dort ihre Religion als Einsiedler oder in kleinen Gemeinschaften weiter auszuüben. Sicher ist, dass diese Verfolgungsphase nicht lange währte, denn Langdarma wurde, wie bereits erwähnt, nach kurzer Regierungszeit umgebracht.

Die Auseinandersetzungen hatten aber die Kräfte des Yarlung-Reiches erschöpft, die Dynastie ging unter und Tibet verschwand für ein ganzes Jahrhundert lang von der Bildfläche der Geschichte. Wie der Mönchshistoriker Butön (1290–1364) berichtet, verfiel in dieser Zeit nicht nur die politische Macht, sondern auch der Buddhismus degenerierte und drohte im alten Böntum aufzugehen. Dass dies nicht geschah, war einigen nach Osttibet versprengten Einsiedlern zu verdanken, die sich dort zusammenschlossen und begannen, ihre Lehre zu verbreiten.

Yeshe Ö

Doch der entscheidende Impuls für die Wiederbelebung des Buddhismus ging zweifelsohne von Westtibet aus, paradoxerweise von einem Verwandten des Buddhistenverfolgers. Dorthin hatte sich nämlich ein Urenkel Langdarmas nach dem Untergang der Dynastie geflüchtet. Sein Name ist Kyilde Nymagon. Er hatte im Gebiet des heiligen Berges Kailash ein kleines Reich begründet, das nach seinem Tod unter den drei Söhnen aufgeteilt wurde. Einen von ihnen, bekannt unter seinem späteren Mönchsnamen Yeshe Ö, fiel das Gebiet des Sutley-Canyons zu, dort, wo noch drei Jahrhunderte zuvor das Herz des Bön-Reiches Shang Shung geschlagen hatte. Nicht weit entfernt vom legendären »Silberschloss«, der imposanten Residenz der Shang-Shung-Könige, errichtete Yeshe Ö das Zentrum seines Reiches. Der Ort heißt Thöling und liegt auf einer Schwemmterrasse am Grunde

Ein Tulku, ein inkarnierter Lama, erteilt vorbeikommenden Pilgern seinen Segen. Ort des Geschehens ist das Bergmassiv des Amnye Machen, einem heiligen Berg im Nomadenland Nordosttibets (Amdo), dessen rituelle Umwandlung (Kora) auf dem traditionellen Pilgerweg vor allem im Jahr des Pferdes vollzogen wird.

Tibet und der Himalaya

Aus dem Fels geschlagener und bemalter Buddha Shakyamuni außerhalb der tibetischen Hauptstadt Lhasa. In der linken, flach im Schoß liegenden Hand hält er die Almosenschale, die ihn als Ordensoberhaupt ausweist, während er als Zeichen des Verkünders der Wahrheit mit der rechten Hand die Geste der Erdberührung vollführt (Bhumisparsa-Mudra).

des Canyons. Selbst heute noch, mehr als tausend Jahre später, ist noch etwas von der innovativen Kraft zu spüren, die von diesem Ort einstmals ausging. Bedauerlicherweise wurde vieles, was den Zahn der Zeit überdauert hatte, in jüngster Zeit durch die Bilderstürmer der chinesischen Kulturrevolution mutwillig zerstört, so auch das einstige Wunder von Thöling: der Goldene Tempel. Nur die Grundmauern und Eckpfeiler – in Gestalt von vier Chörten (Stupas) – stehen noch. Sie zeigen an, wie groß das einstige Bauwerk war. Es verkörperte ein dreidimensionales Mandala, den heiligen Bezirk des Buddha Vairocana, der das Urprinzip repräsentiert, die universelle Weisheit, die die Leerheit aller Erscheinungen erkennt.

Yeshe Ö verfolgte sein Erneuerungswerk mit großer Zielstrebigkeit. Ihm war sehr daran gelegen, die Ordensdisziplin wiederherzustellen und die Auswüchse zu bekämpfen. Dabei waren er in der Wahl seiner Mittel nicht zimperlich, besonders wenn es sich um Bön-Anhänger handelte. »Alle Bönpos«, so heißt es in den Annalen von Guge, »wurden in Häuser gesperrt und darin verbrannt, alle Bön-Schriften konfisziert und in die Flüsse geworfen.«

Rinchen Zangpo

Um den buddhistischen Wandel herbeizuführen, schickte Yeshe Ö im Jahre 975 einundzwanzig junge Männer zum Studium nach Indien. Nur zwei von ihnen überlebten die strapaziöse Reise und den Aufenthalt im ungewohnten Klima. Einer davon war der hochbegabte Rinchen Zangpo (958–1055), nach dessen Rückkehr das Königreich Guge in die Zeit seiner größten Blüte eintrat. Es entstanden zahlreiche neue Bauwerke, darunter so bedeutende wie der Goldene Tempel in Thöling oder Tabo in Spiti. Für die Ausgestaltung hatte Rinchen Zangpo kaschmirische Künstler ins Land geholt. Das Gebiet des heutigen Kaschmir war damals eine Hochburg buddhistischer Gelehrsamkeit und Kunstschaffens. Die über Nordindien herrschenden Pala-Könige erwiesen sich als große Förderer der Lehre Buddhas und unter ihrem Patronat entstanden bedeutende buddhistische Klosteruniversitäten. Der Einfluss kaschmirischer Künstler inspirierte in Guge einen eigenen Malstil, der sich in Wandbildern niederschlug, die zum Schönsten gehören, was in Tibet je geschaffen wurde. Wenn man heute vor den Überresten dieser Wandmalereien steht, ist noch deutlich die religiöse Hingabe zu spüren, die die Künstler beseelte. Das sind keine Kunstwerke aus Selbstzweck geschaffen, sondern vielmehr Gebete in Form von Pinselstrichen und Farben direkt auf die Wände gemalt.

Noch bedeutender als seine Funktion als Bauherr war für die Erneuerung des Buddhismus in Tibet Rinchen Zangpos Tätigkeit als Übersetzer. Während der siebzehn Jahre, die Rinchen Zangpo in Nordwestindien verbrachte, wurde er nicht nur mit den Ordensregeln bestens vertraut, sondern auch mit dem Schrifttum des Mahayana, was ihn befähigte, sich an die heikle Aufgabe der Übersetzung von Sanskrit-Texten ins Tibetische heranzuwagen.

Atisha

Später bekam er kompetente Unterstützung aus Indien durch den bengalischen Gelehrten Atisha (982–1054). Im Jahre 1042 traf der berühmte Lehrer in Thöling ein. Rinchen Zangpo, damals bereits fünfundachtzig Jahre alt und hoch angesehener Abt des Klosters, bereitete ihm einen triumphalen Empfang. Atisha war ein Vertreter des klassischen Mönchtums, doch ebenso bewandert in den Tantras. Er säuberte den vorgefundenen Buddhismus von den nicht im Einklang mit der orthodoxen Lehre stehenden Praktiken und betonte die Bedeutung monastischer Regeln und die Tugend philosophischer Studien, die für das Beschreiten des Bodhisattva-Weges unerlässlich waren. Gleichzeitig betätigte er sich als Übersetzer. Unter seiner Anleitung wurden mehr als einhundert Sanskrit-Schriften ins Tibe-

Tibet und der Himalaya

Eine Gruppe weiß gekalkter Chörten (Stupas) säumt den Pilgerpfad zum Kloster Gyangtag, das als Hüter des inneren Bereichs vom Bergheiligtum des Kailash gilt. Der flache Bergrücken rechts im Hintergrund wird als der »Thron des Buddha« bezeichnet.

tische übersetzt und bereits vorhandene revidiert. Darunter befanden sich auch Tantras, in die er Rinchen Zangpo und seinen Schüler Dromtön (1008–1064) einweihte. Buddhistischer Überlieferung zufolge soll Atisha auch das Kalachakra-Tantra nach Tibet eingeführt haben, das zeitlich letzte der höchsten Yogatantras, die in den buddhistischen Kanon aufgenommen wurden. Er war es auch, der der Verehrung des Bodhisattva Avalokiteshvara einen besonderen Platz einräumte und somit den Boden dafür bereitete, dass dieser eine Art Schutzpatron Tibets wurde. Atisha kehrte nie mehr nach Indien zurück und starb im Jahre 1057 unweit von Lhasa. Sein Einfluss auf die Entwicklung des tibetischen Buddhismus kann nicht hoch genug eingeschätzt werden. Jene Verbindung von mönchischer Disziplin, dem Studium der Mahayana-Philosophie und den Tantras erwies sich für den Buddhismus in Tibet als prägend. Fortan folgten alle tibetischen Schulen in der Philosophie dem indischen Mahayana, in den Ordensregeln dem Hinayana und die Praxis der Meditation und des Rituals entstammen hauptsächlich dem tantrischen Vajrayana. Dies verdeutlichen auch die drei Arten von Gelübde, die tibetische Mönche und Nonnen ablegen, die sich auf den Pfad der Buddhaschaft begeben: die Vinaya-Gelübde, die Bodhisattva-Gelübde und die tantrischen Gelübde.

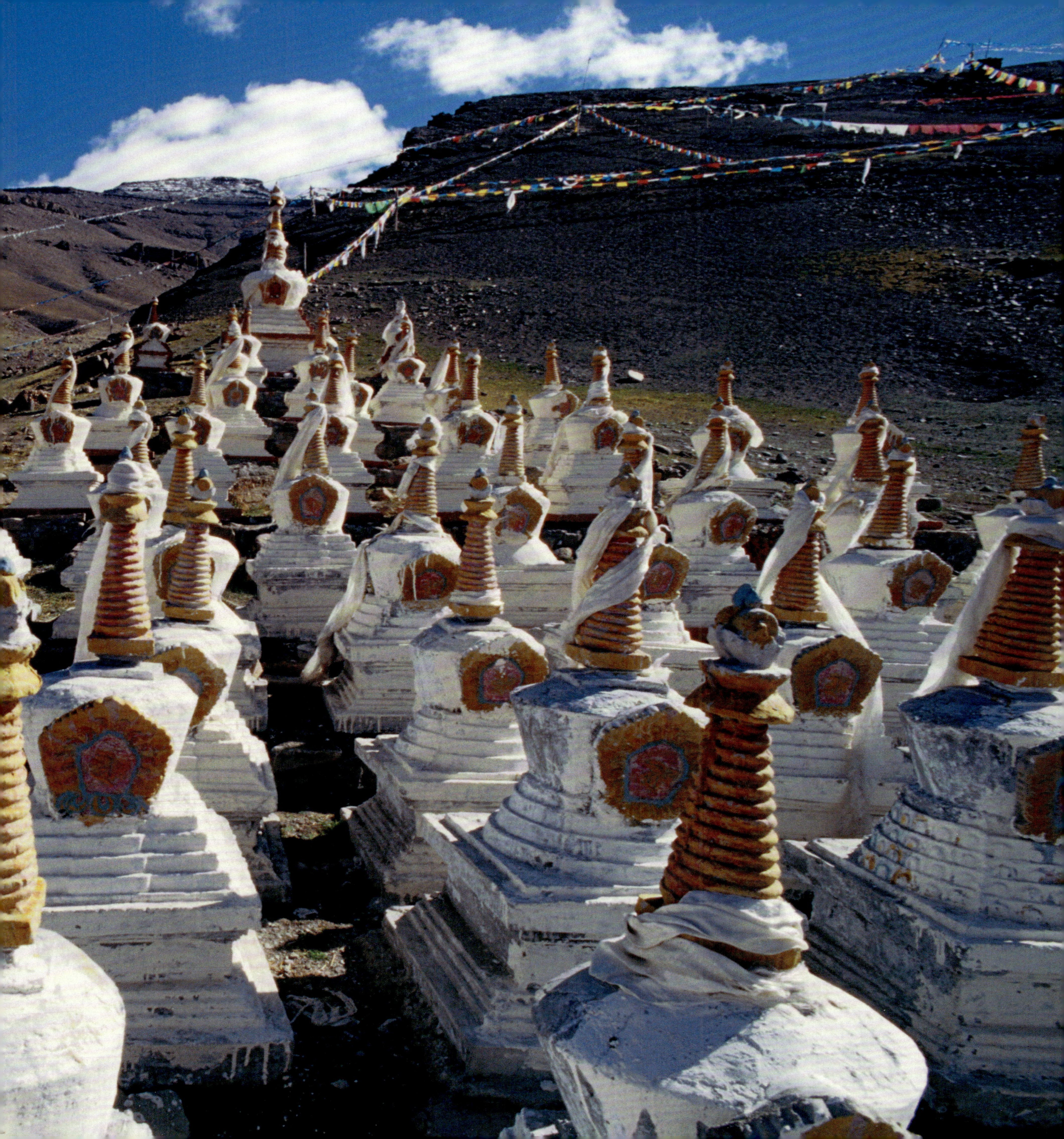

Kapitel 5

Bild links: Mönche der Karma-Kagyü-Schule beim gemeinsamen Rezitieren kanonischer Texte im nordosttibetischen Kloster Dongkar. Die Traditionslinie der Kagyüpas geht auf Marpa zurück, der im 11. Jahrhundert die Lehren aus Indien nach Tibet brachte und dort an seinen Hauptschüler Milarepa weitergab.

Bilder rechts: Begleitet werden die Rezitationen von rhythmischem Trommelschlag, durchbrochen vom hellen Klang der Glocken und Zimbeln.

Atishas Hauptschüler Dromtön setzte das Werk seines Lehrers fort und gründete nicht nur das bedeutende Kloster Reting nördlich von Lhasa, sondern auch eine eigene Schule. Sie nannte sich Kadampa, die an Gebote Gebundenen. Gemeint sind damit die strengen Ordensregeln, die Atisha vertrat und die den Mönchen den Zölibat auferlegten und jeglichen Genuss von Alkohol, den Besitz von Geld oder das Reisen untersagten. Die Schule blieb klein und ihre Anhänger führten ein zurückgezogenes Leben, dem Studium und der Meditation gewidmet. Sie mischten sich nie in das unheilige Machtgerangel ein, wie es bei anderen Schulen der Fall war, die um politischen Einfluss und reiche Gönner aus dem Laienstand buhlten. Trotzdem wurden sie später in die Politik hineingezogen, als sie nämlich im 14. Jahrhundert in der von Tsongkhapa begründeten Gelugpa-Schule aufgingen, die dann zur staatstragenden Macht in Tibet aufstieg.

Marpa und Milarepa

Zur selben Zeit, als Atisha wirkte, wurde aus Indien noch eine andere Form der Vermittlung tantrischer Lehren nach Tibet eingeführt, die sich wesentlich vom mönchischen Weg unterscheidet, den Atisha vertritt. Diese wurde von tantrischen Gurus übertragen, die außerhalb des Sangha standen. Ihre Übungsmethoden zielten auf die Entwicklung yogischer Fähigkeiten ab und arbeiteten mit ausgefeilten Meditationstechniken. Gelehrt wurden sie vom indischen Siddha Naropa, dem Abt der berühmten indischen Klosteruniversität Nalanda.

Nach Tibet eingeführt wurde das als die »Sechs Lehren des Naropa« bekannte Übungssystem durch Marpa (1012–1096), eine der herausragendsten Gestalten des tibetischen Buddhismus. Marpa hatte sechzehn Jahre lang im indischen Bihar bei Naropa studiert und alle Einweihungen empfangen, die ihn ermächtigten, Naropas Lehre weiterzugeben. Nach seiner Rückkehr führte er das unscheinbare Leben eines Bauern in einem kleinen Dorf nördlich des Himalaya und betätigte sich als Übersetzer. Den Eingeweihten jedoch galt er als vollendeter tantrischer Meister, der sein Wissen an wenige ausgewählte Schüler weitergab. Der bekannteste von ihnen war Milarepa (1052–1135). Seine Lebensgeschichte und Lieder, die das Werk eines Yogi aus dem 16. Jahrhundert sind, kennt in Tibet jedes Kind.

Vielleicht ist Milarepa deshalb so populär, weil er kein über den Boden schwebender, abgehobener Heiliger war, sondern eine sehr volksnahe Figur, die durch Schicksalsschläge geläutert und nach einer Vielzahl an Prüfungen, die ihm sein unbeugsamer Lehrer Marpa auferlegte,

Tibet und der Himalaya

Kapitel 5

Mönche des Kloster Sakya bei einer Gebetszeremonie. Das Stammkloster der gleichnamigen Lehrtradition liegt in Zentraltibet und entging zum Teil der Zerstörung durch die Bilderstürmer der chinesischen Kulturrevolution. Die Äbte dieses Klosters übten ein knappes Jahrhundert lang von 1264 bis 1354 die Herrschaft in Tibet aus – allerdings von der Mongolen Gnaden.

schließlich den Weg zur Befreiung fand. Dabei erwiesen sich bestimmte Yoga-Praktiken der Weisheitslehre Naropas als sehr nützlich, wie zum Beispiel das Erzeugen der inneren Hitze (tib. Tummo), die es Milarepa ermöglichte, nur mit dünnen Baumwolltüchern bekleidet in freier Natur die bitterkalten tibetischen Winter zu überleben. Zu den »Sechs Lehren des Naropa« zählt auch das Traum-Yoga, in dem die Bilder der Träume nutzbar gemacht werden, und vor allem die Erfahrung des »Klaren Lichts«, das im »Tibetischen Totenbuch« (Bardo Thödol) eine Rolle spielt. Es ist ein Buch für die Lebenden, in dem der Sterbeprozess bis ins kleinste Detail analysiert wird, um sich dann in meditativer Erfahrung darauf vorzubereiten. Die Lehren und Praktiken des Bardo Thödol blieben nicht nur auf die Übertragungslinie des Naropa beschränkt, sondern wurden Bestandteil des gesamten tibetischen Buddhismus.

Kagyüpa

Weder Marpa noch Milarepa traten jemals in eine Ordensgemeinschaft ein, dennoch wurden sie zu Gründern einer weiteren Schule bzw. einer ganzen Gruppe verwandter Schulen, die unter dem Oberbegriff Kagyüpa, die Anhänger der übermittelten Gebote, zusammengefasst werden. Der Name bezieht sich auf ein entscheidendes Merkmal dieser Schulen, nämlich den Verweis auf die ununterbrochene geistige Übertragungslinie. Von Marpa geht die Linie zurück auf seinen Lehrer Naropa und von diesem auf den bengalischen Mystiker Tilopa (988–1069), der die Lehre, nach frommem Wunschdenken jedenfalls, direkt vom Buddha Vajradhara, einer Manifestation des transzendenten Buddha, empfangen haben soll.

Durch die zahlreichen Schüler Milarepas entstanden weitere Schulen des Kagyüpa-Ordens, die sich in der Lehrauslegung zwar nur geringfügig voneinander unterscheiden, doch sehr unterschiedliche politische Bedeutung gewannen. Manche dieser Schulen blieben klein oder verschwanden gar wieder, andere hingegen errangen so viel Macht und Einfluss, dass sie die Geschichte Tibets nachhaltig beeinflussten. Dazu zählen vor allem die Karmapas. Ihr Hauptkloster Tsurphu in Zentraltibet wurde im Jahre 1185 von Düsum Khyenpa (1110–1193), einem Schüler Gampopas, gegründet. Gampopa wiederum (1079–1153) war eine der führenden buddhistischen Persönlichkeiten seiner Zeit. Ursprünglich war er Arzt, der nach dem frühen Tod seiner Frau zunächst in den Kadampa-Orden eintrat, aber später zur Kagyüpa-Linie wechselte und zum Hauptschüler Milarepas wurde. Was Milarepa nicht schaffte oder viel-

Tibet und der Himalaya

Mit einem Gebetsfahnenpfahl markierte Fußfallstätte am Pilgerweg entlang des Manasarovar (Westtibet). Der markante Schneeberg im Hintergrund ist der 7728 Meter hohe Menmo Namgyel (Gurla Mandhata).

leicht auch gar nicht beabsichtigte, nämlich die Kagyü-Ordenslinie zu institutionalisieren, das besorgte Gampopa. Er scharte etliche Schüler um sich. Einer davon, der vorhin genannte Düsum Khyenpa aus Kham (Osttibet), begründete die Karma-Kagyü-Linie und ging in die Geschichte als erster Karmapa ein.

Die Tulkus

Damit steht er am Anfang einer Tradition, die sich als Besonderheit nur im tibetischen Buddhismus herausgebildet hat, nämlich das Tulku-System, gemeint ist damit, die Wiedergeburt besonderer Meister zu suchen und als Nachfolger in die von ihm bekleidete Funktion einzusetzen. Der Karma-Kagyü-Orden war die erste Schule, die die Nachfolge ihrer Oberhäupter und Linienhalter auf diese Weise regelte. Später folgten auch andere Schulen diesem Beispiel. Im Jahre 1950, dem Zeitpunkt des chinesischen Überfalls auf Tibet, gab es nach Schätzungen zehntausend solcher Tulkus von unterschiedlichem Rang. Als höchste institutionalisierte Wiederverkörperungen gelten in Tibet neben den Karmapas vor allem die Oberhäupter der Gelugpa-Schule, die Panchen und Dalai Lamas.

Der Begriff Tulku bedeutet wörtlich Verwandlungskörper. Gemeint ist damit der Verwandlungskörper eines Buddha, wie in der Trikaya-Lehre von den »Drei Körpern« eines Buddha gelehrt wird. Somit repräsentiert der Tulku die Gegenwart des Buddha. In ihnen drückt sich nicht zuletzt die überragende Bedeutung und Stellung aus, die der spirituelle Lehrer (tib. Lama) im tibetischen Buddhismus einnimmt. Auch der Begriff Lamaismus, der immer wieder für den tibetischen Buddhismus gebraucht wird, unterstreicht diese Rolle, wobei ein Lama, wie wir gesehen haben, nicht unbedingt ein Mönch sein muss, um als Autorität anerkannt zu werden. Diese besondere Stellung rührt daher, dass nach tibetischer Auffassung der Lama nicht nur Wissen vermittelt, sondern zugleich auch spirituelle Kraft überträgt, die er mittels Initiation auf den Schüler transformiert. Auf diese Weise ist er imstande, den Lernprozess beim Schüler zu beschleunigen.

Sicherlich wurde das Tulku-System ursächlich aus dem frommen Wunsch geboren, die Qualität besonderer Lehrer und Meister durch fortlaufende Reinkarnationsketten zu sichern und ihr somit Kontinuität zu verschaffen. Den geistigen Nährboden dafür bot der Mahayana-Buddhismus mit seinem ausgeprägten Bodhisattva-Ideal. Von besonderen Lamas konnte angenommen werden, dass sie auf dem Bodhisattva-Weg bereits ein so hohes Maß an Verwirklichung erreicht hatten, dass sie nicht mehr aus karmischer

Kapitel 5

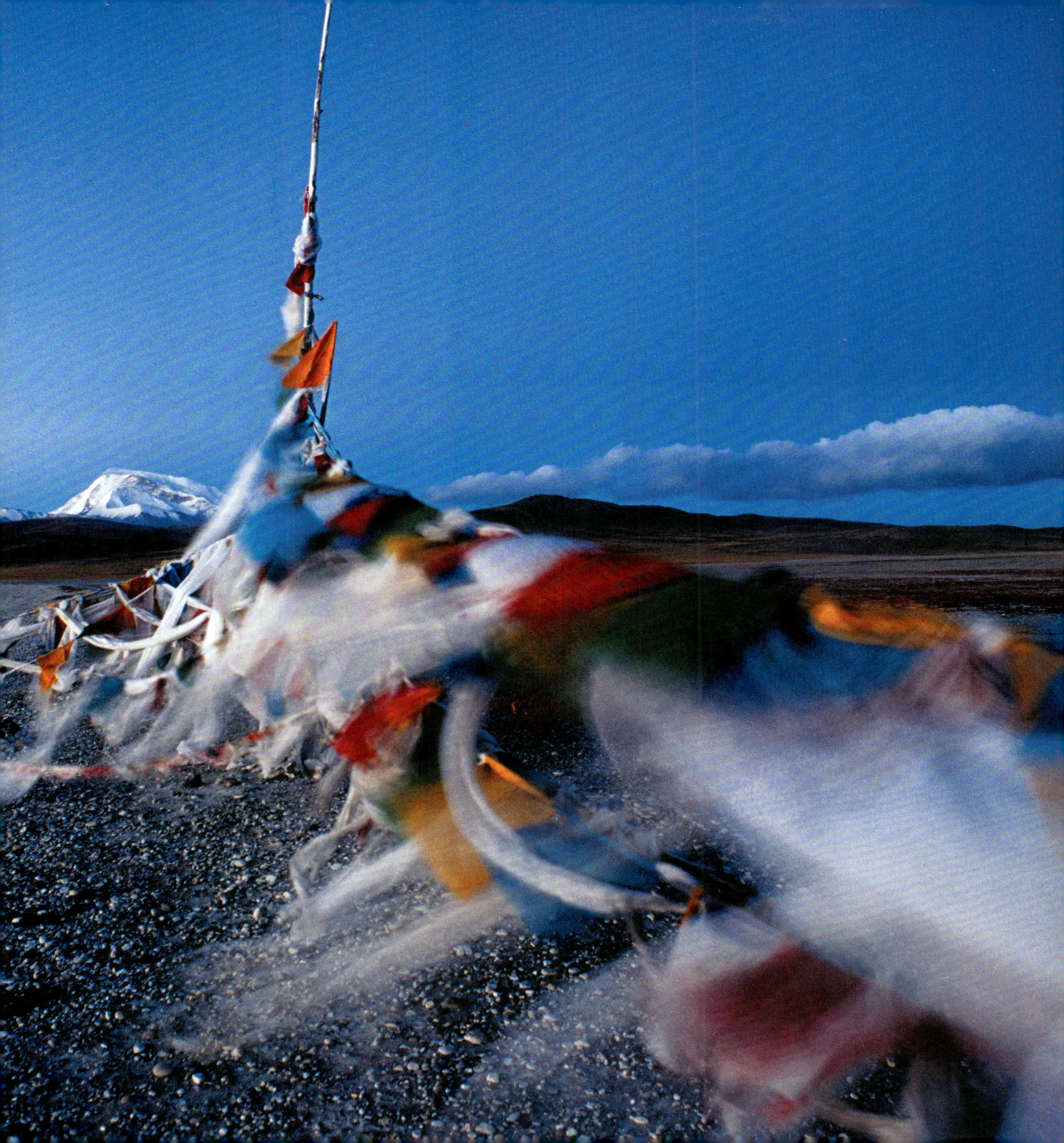

Bild rechts: Ein von Pilgern als Opfergabe ausgelegter Yakschädel, in den heilige Silben (Mantras) eingeritzt sind, ziert die Ruinen des Klosters Tsepgye am Ufer des Lanka Tso (Rakshastal). Zwischen den Hörnern erscheint die ebenmäßig geformte Pyramide des heiligen Berges Kailash.

Bild unten: Das tief im Sutley-Canyon verborgene Garuda-Tal (Khyunglung) gilt als Wiege der tibetischen Kultur. Hier befand sich das Zentrum eines vorbuddhistischen Königreiches namens Shang Shung.

Kapitel 5

Notwendigkeit wiedergeboren werden, sondern willentlich die Umstände ihrer Wiedergeburt – Zeit und Ort – selbst bestimmen und diese durch besondere Zeichen ihrer Umgebung mitteilen können. Der Anlass für ihre Wiedergeburt ist nicht, wie es bei gewöhnlichen Menschen der Fall ist, um eigene karmische Befleckungen zu bereinigen, sondern um anderen Lebewesen auf dem Erleuchtungsweg beizustehen.

Die Suche und Wiederauffindung solcher Inkarnationen gestaltet sich von Schule zu Schule unterschiedlich. Grundsätzlich kann man sagen, dass je höher der Rang des Tulku ist, nach dem man sucht, desto komplexer die Prüfungsmethoden, um seine Authentizität festzustellen.

Drukpa und Sakyapa

Erwähnen möchte ich noch zwei weitere Kagyü-Schulen, die bis heute außerordentlich aktiv geblieben sind, nämlich die Drikung- und Drukpa-Linie. Letztere entstand im Geiste des tibetischen Siddha Linchen Repa (1128–1188), der im südtibetischen Grenzgebiet zu Bhutan lebte. Der Name der Schule stammt vom Kloster Druk ab, bei dessen Gründung der Legende nach neun Drachen am Himmel erschienen sein sollen. Im 17. Jahrhundert ließ sich ein Zweig dieser Schule in Bhutan nieder und stieg dort zur vorherrschenden Ordensgemeinschaft auf. Seitdem wird das kleine Himalaya-Königreich Drukyul genannt, poetisch das »Land des Donnerdrachens«, genauer gesagt das »Land der Drukpa-Schule«.

Die Drikung-Schule geht auf Jigten Sumgon (1143–1217) zurück, der im Jahre 1179 das Kloster Drikung Thil begründete. Von seinen Anhängern wurde er später als Reinkarnation des großen Mahayana-Gelehrten Nagarjuna verehrt. Seit dem 17. Jahrhundert wird diese Schule von einer Doppelspitze geleitet, den Inkarnationen der »zwei Brüder«, die auf zwei der bedeutendsten Äbte von Drikung Thil zurückgehen.

Eine andere Schule, die zur gleichen Zeit wie der Kagyüpa-Orden entstand und sich ebenfalls auf indische Wurzeln beruft, ist die Sakyapa. Als ihr Begründer gilt der Übersetzer Drogmi (992–1072), der ebenso wie Marpa längere Zeit in Indien zubrachte und dabei von verschiedenen Meistern, insbesondere vom Siddha Santipa, unterwiesen wurde. Dabei erhielt er auch Einweihungen in andere Tantras als jene, die Rinchen Zangpo und Atisha nach Tibet brachten, darunter das so bedeutende Hevajra-Tantra, das er ins Tibetische übersetzte. Das in Indien erworbene Wissen gab er seinem tibetischen Schüler Konchog Gyalpo weiter, der im Jahre 1073 das Stammkloster Sakya, Graue Erde, in der zentraltibetischen Provinz Tsang südwestlich von Shigatse gründete.

Anders als bei den Karmapas, die ihren materiellen Rückhalt aus der Bevölkerung im Umkreis ihrer Klöster fanden, wurden die Sakyapa von einer einzigen Familie patronisiert. Von Anfang an stand die Sakya-Schule unter dem Einfluss des mächtigen Adelsgeschlechts der Khon, dem auch der Klostergründer Konchog Gyalpo angehörte. Kein Wunder also, dass die Nachfolge intern dynastisch geregelt wurde. Die »Thronfolge« bei den Sakya-Oberhäuptern ist eine reine Familienangelegenheit, indem sie stets vom Onkel auf den Neffen übergeht.

Kanjur und Tanjur

Während sich diese Schulen herausbildeten, blieb der Kontakt mit dem buddhistischen Mutterland weiterhin sehr eng. Es herrschte ein reger Austausch mit den buddhistischen Zentren in Kaschmir, Bihar und Bengalen. Zudem überquerte ein beständiger Strom von tibetischen Pilgern den Himalaya, während in der Gegenrichtung indische Heilige und Gelehrte reisten. Doch gegen Ende des 12. Jahrhunderts, als durch den Einbruch des Islam der Buddhismus innerhalb eines Jahrhunderts in Indien praktisch verschwand, brach dieser Strom ab und die Tibeter begannen, ihr Land als den Mittelpunkt der buddhistischen Welt zu begreifen. Am Ausgang des 14. Jahrhunderts fand auch die Epoche der Übersetzertätigkeit aus dem Sanskrit ins Tibetische ihr Ende. Die Tibeter betrachteten sich zu Recht als die Hüter des großen Vermächtnisses der indischen buddhistischen Lehren, denn viele indische Texte wurden vernichtet und leben nur in der tibetischen Übersetzung fort. Die Systematisierung und Kanonisierung dieses gewaltigen Vermächtnisses war das Werk des Universalgelehrten Butön (1290–1364). Er hat die mehr als 4500 ins Tibetische übersetzten Texte in einem zweiteiligen Kompendium zusammengefasst, die Kanjur and Tanjur genannt werden. Der Kanjur ist ein 108-bändiges Werk, das »Das Wort Buddhas« enthält, nämlich die Vinaya-Regeln, die Sutras und Tantras. Im mit 225 Bänden noch umfangreicheren Tanjur findet sich die Kommentarliteratur. Neben dieser monumentalen Aufgabe verfasste Butön auch noch eine Geschichte des tibetischen Buddhismus, die nach wie vor eine der Hauptquellen für die Kenntnis der Entwicklung bis zum 14. Jahrhundert ist.

Tsongkhapa

Als zeitlich letzte buddhistische Schule entstand im 14. Jahrhundert der Gelugpa-Orden, die »Anhänger der Tugend«, die ursprünglich in den chinesischen Quellen und später auch bei westlichen Autoren – nach der Farbe ihrer Kopfbedeckung – »Gelbmützen« genannt werden. Ihr Begründer war der aus Amdo (Nordosttibet) stammende Tsongkhapa (1357–1419), der zu Recht als einer der bedeutendsten Mönchsgelehrten Tibets gilt. Von westlichen Verfassern wird er häufig als großer Reformator bezeichnet, als eine Art tibetischer »Martin Luther«, doch dieser Vergleich ist unzutreffend, denn Tsongkhapa war nicht angetreten, um eine Amtskirche zu reformieren. So etwas gab es nie in Tibet. Er stellte auch keineswegs die Lehren der anderen Schule infrage, sondern ihm ging es um eine Rückbesinnung auf die Wurzeln, um ein Anknüpfen an jene Tradition, die einstmals Atisha aus Indien nach Tibet gebracht hatte. Nicht zufällig ließ sich Tsongkhapa deshalb im bedeutenden Kadampa-Kloster Reting nieder und erhielt dort Einweihungen. Zur Erinnerung: Die Kadampa-Schule wurde von Atishas Schüler Dromtön begründet. Tsongkhapa war zu diesem Zeitpunkt bereits vierzig Jahre alt und galt längst als angesehener religiöser Lehrer. In seinem Hauptwerk »Lamrim Chenmo« (Große Darlegung des Stufenweges) systematisierte er die Lehren des Mahayana-Buddhismus und fasste sie katechismusartig zusammen.

Im Jahre 1409 gründete er in der Nähe von Lhasa sein eigenes Kloster: Ganden.

Sein Ruf als großer Lehrer brachte ihm regen Zulauf von Mönchen der älteren Schulen, insbesondere jener der Kadampas, die schließlich ganz in der Ordensgemeinschaft der Gelugpas aufging. Das dürfte nicht schwer gefallen sein, denn Tsongkhapa vertrat konsequent deren Ideale. Er legte großen Wert auf die Einhaltung der Mönchsdisziplin. Diese fordert von den Mönchen eine einfache Lebensführung, einen genau geregelten Stundenplan für Studien und vor allem den Zölibat. Tsongkhapa hat den Kult des Maitreya, des zukünftigen Buddha, besonders gefördert, mit dessen Kommen die Hoffnung auf ein besseres Zeitalter verknüpft ist, wie es in den Shambhala-Vorstellungen des Kalachakra-Tantra zum Ausdruck kommt. Nicht zufällig hat Tsongkhapa sein Kloster Ganden (skt. Tushita) genannt, d.h. »Himmel der Zufriedenheit«, nach dem mythischen Ort, an dem sich der zukünftige Buddha aufhält, um seine Herabkunft auf die Erde vorzubereiten, die die Welt reinigen und ein »Goldenes Zeitalter« einläuten soll.

Gelugpa

Der Gelugpa-Orden wuchs noch zu Lebzeiten Tsongkhapas so stark an, dass seine Schüler zwei weitere Klöster gründeten. Im Jahre 1416 entstand in unmittelbarer Umgebung von Lhasa das Kloster Sera und drei Jahre später folgte nicht weit entfernt davon Drepung. In beiden wurden tantrische Studien betrieben, zu denen nur eine ausgewählte Elite zugelassen war, denen noch strengere Verhaltensregeln auferlegt waren als gewöhnlichen Mönchen.

Zu den von den Biografen gerühmten »Vier Taten Tsongkhapas« gehörte auch die Einsetzung des »Großen Gebets« (Mönlam), das alljährlich in Lhasa zu Losar, dem tibetischen Neujahr, durchgeführt wurde. Das erste Gebetsfest wurde im Jahre 1408 im Jokhang-Tempel begangen. In diesem Ritual ging es darum, Jahr für Jahr die Erneuerung des Buddhismus in Tibet zu zelebrieren, aber auch die Kräfte des Bösen zu bannen, damit das neue Jahr glückverheißend wurde.

Nach dem Ableben des Meisters trat ganz nach dem Vorbild der Sakya-Schule sein Neffe und Schüler Gendun Drup (1391–1475) die Nachfolge als Ordensoberhaupt an. Zu seiner Zeit nahm die Gelugpa-Schule einen weiteren Aufschwung. Das Kloster Drepung zählte damals bereits 1500 Mönche und es folgten weitere Klostergründungen wie Tashilunpo in Shigatse, das große Bedeutung erlangte. Nach seinem Tod entschied man sich, seinen Nachfolger in einem Kind zu suchen. Damit setzte sich das Reinkarnationsprinzip durch, wie es auch die Karmapas praktizierten. Fortan galten sein Vorgänger, er selbst und alle Nachfolger als reinkarnierte Lamas einer Linie. Das dritte Oberhaupt der Gelugpa, Sonam Gyatso (1543–1588), reiste an den Hof von Altan Khan, dem Herrscher der Tümed-Mongolen, und erhielt von diesem den Ehrentitel Dalai Lama, Ozean der Weisheit, den rückwirkend auch seine beiden Vorgänger erhielten. Sonam Gyatso war in der Linie somit der dritte Dalai Lama. Bis dahin beschränkte sich die Macht der Gelugpa-Oberhäupter auf ihre eigenen Pfründe und keineswegs auf ganz Tibet.

Das änderte sich erst in der Zeit des fünften Dalai Lama (1617–1682). Dieser wurde vom Mongolenherrscher Gushri Khan als höchster geistlicher und weltlicher Führer Tibets eingesetzt. Der als der »Große Fünfte« in die Geschichte eingegangene Dalai Lama regierte mehr als vierzig Jahre und etablierte endgültig die weltliche Macht der Dalai Lamas bzw. der Gelugpa-Schule, der sie angehörten, in Tibet. Er war es auch, der eine weitere bedeutende Inkarnationslinie installierte, indem er seinem Lehrer, dem Abt des Klosters Tashilunpo, den Titel Panchen Lama, »Großer Gelehrter«, verlieh. Außerdem ließ er den Potala-Palast in Lhasa zu seiner heutigen Gestalt ausbauen.

Morgendlicher Blick über den Tso Mapham (Manasarovar) auf den Himalaya-Hauptkamm, der hier die Grenze zu Indien bildet. Die Gebetsfahnen markieren eine Fußfallstätte für die Pilger, die die rituelle Umwandlung des Sees (Kora) vollziehen.

Nicht durch Rituale und Vorsätze noch durch viel Gelehrsamkeit, noch durch Meditation kannst du zur höchsten, ewigen Freude von Nirvana ausgelöscht hast.

Kampf um die Vorherrschaft

Der Aufstieg der Gelugpas und deren Führungsanspruch unter dem Patronat der Mongolen provozierte den Widerstand anderer Schulen, insbesondere der Karmapas. Bereits in der Zeit des vierten Dalai Lama hatte es ständig Konflikte zwischen den beiden Schulrichtungen gegeben, die zu blutigen Kämpfen und sogar zur gegenseitigen Zerstörung von Klöstern führten. Die großen Klöster unterhielten kleine Armeen von Mönchssoldaten und paktierten mit lokalen Potentaten um Macht und Einfluss. Den Höhepunkt erreichte die Auseinandersetzung zu Beginn des 17. Jahrhunderts, als die Karmapas die zentraltibetische Provinz Tsang mit Krieg überzogen und kleinere Gelugpa-Klöster, die sich nicht erwehren konnten, in Karmapa-Klöster umwandelten. Zum Schluss errichteten sie in unmittelbarer Nähe der Gelugpa-Hochburg Tashilunpo ein neues Kloster, das sie Tashi Zilnon, Unterdrücker von Tashilunpo, tauften. Der Name sollte auch Programm sein. Schon beim Bau, so wird überliefert, kam es zu Gewalttaten, weil das Material aus dem Berg oberhalb Tashilunpos herausgebrochen wurde und dabei tonnenschwere Steinquader absichtsvoll auf das Gelugpa-Kloster hinabgeworfen wurden, was viele Tote unter den Tashilunpo-Mönchen zur Folge hatte.

durch Ehelosigkeit, ja auch nicht einmal gelangen, ehe du nicht deinen Eigenwillen

Bild links: Pilger bei der rituellen Umwandlung (Kora) des Tso Mapham (Manasarovar) in Westtibet. Die gesamte Landschaft, mit dem heiligen Berg Kailash als Zentrum, den beiden vorgelagerten Seen Mapham und Lanka Tso und den Quellen von vier großen Flüssen Asiens – Indus, Brahmaputra, Surley und Karnali –, gelten den tibetischen Buddhisten als ein Mandala, das man physisch und psychisch begeht.

Bild rechts: Pilger auf der weiten Barkha-Ebene zu Füßen des Kailash (6714 Meter). Der Gipfel des heiligen Berges gilt als Thronsitz der tantrischen Gottheit Demchog (Chakrasamvara), die stets in Vereinigung mit seiner Yogini Dorje Phagmo (Vajravarahi) dargestellt wird, der am Kailash die kleine Schneepyramide links vom Hauptgipfel zugeordnet ist.

Die Gelugpas fürchteten um den Fortbestand ihrer Schule und richteten Hilfsappelle an die Mongolen. Diese blieben nicht ungehört, denn es bestanden sogar verwandtschaftliche Beziehungen. Der vierte Dalai Lama, Yonten Gyatso (1589–1617), entstammte nämlich einer mongolischen Familie, die mit einem Mongolen-Khan verwandt war. Im Jahre 1620 erschienen mongolische Truppen in Lhasa und befreiten die großen Gelugpa-Klöster aus dem Zangengriff der Karmapa-Armee aus Tsang. Inmitten dieser unsicheren Zeit war der vierte Dalai Lama gestorben, die Gelugpas hielten jedoch seine Wiedergeburt jahrelang geheim, weil sie befürchteten, der als fünfter Dalai Lama erkannte Junge könnte den Karmapas in die Hände fallen. Erst nach dem Sieg wagten sie es, den neuen Dalai Lama zu inthronisieren. Unter seiner Führung und mit tatkräftiger Unterstützung der Mongolen – Gushri Khan war höchstpersönlich mit seiner Armee in Tibet einmarschiert – gingen die Gelugpas nun zum Gegenangriff über. Im Jahre 1642 kam es zu einer entscheidenden Schlacht in Shigatse. Neben den kampferprobten mongolischen Soldaten und den Kriegern von Tsang standen sich vor allem Mönche in roten Roben gegenüber und schlugen sich gegenseitig die kahl geschorenen Köpfe ein. Sie alle hatten die sechsunddreißig Gebote umfassenden Mönchsgelübde ab-

Tibet und der Himalaya

Bild links: Mönch aus dem indischen Exilort Dharamsala. An diesem Ort in den Vorbergen des Himalaya haben sich im Gefolge des Dalai Lama viele tibetische Flüchtlinge niedergelassen und dort befindet sich auch der Sitz der tibetischen Exilregierung.

Bild rechts: Der Potala-Palast in Lhasa war jahrhundertelang Sitz der Dalai Lamas und somit religiöses und weltliches Zentrum Tibets. Heute ragt das Bauwerk einsam aus der seelenlosen Tristesse einer chinesischen Neustadt heraus, deren Plattenbeton-Architektur das Stadtbild von Lhasa prägt.

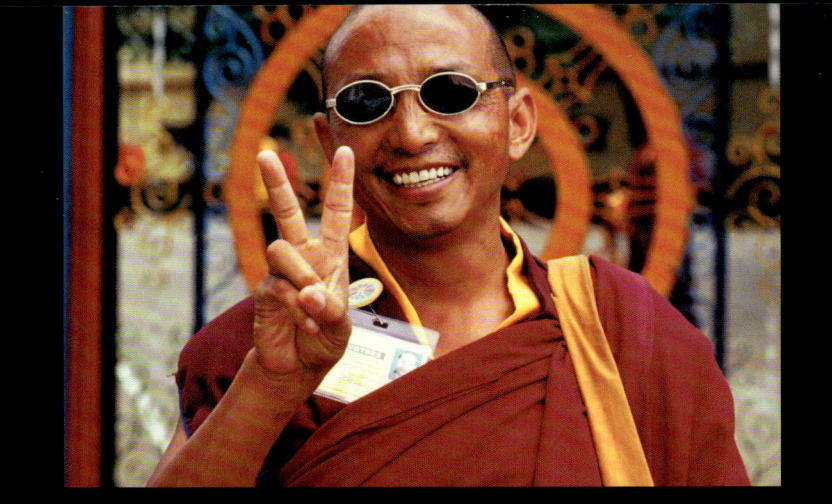

gelegt, hatten geschworen, ihr Leben nach dem »Edlen Achtfachen Pfad« auszurichten und keine Handlungen zu begehen, die anderen Lebewesen schaden – und sie schon gar nicht töten. Es ist schwer nachzuvollziehen, wie es dazu kommen konnte, und es hatte auch nichts mit einem Religionskrieg zu tun, denn die beiden Schulen unterschieden sich allenfalls in philosophischen Spitzfindigkeiten. Es ging um pure Macht und deren Verquickung mit Religion in Tibet, die genauso zu einer verhängnisvollen Affäre wurde wie anderswo auf der Welt.

Trotz der Machtfülle, die der fünfte Dalai Lama nun auf sich vereinigte, zeigte er sich den anderen Schulen gegenüber tolerant und großmütig. Mit der religiösen und weltlichen Herrschaft der Dalai Lamas hatte Tibet seine endgültige politische und gesellschaftliche Ausgestaltung gefunden, die bis in die jüngste Vergangenheit hinein Fortbestand hatte, bis zu dem Tag, an dem Maos Truppen in Tibet einmarschierten und gewaltsam eine Veränderung erzwangen.

Nyingmapa

Alle drei großen buddhistischen Schulen Tibets, auf die wir bisher eingegangen sind – Kagyüpas, Sakyapas und Gelugpas – haben eines gemeinsam, nämlich ihren Ursprung im buddhistischen Indien des 11. Jahrhunderts. Es gibt aber eine weitere Schule, deren Wurzeln in eine viel frühere Zeit zurückgehen, auf die Zeit der ersten Welle buddhistischer Verbreitung in Tibet. Die Rede ist von den Nyingmapas (Schule der Alten), die ihre Entstehung auf die schillernde Gestalt Padmasambhavas zurückführen. Sie hatten nicht wie die anderen Schulen eine straff organisierte Hierarchie mit einer zentralen Führerfigur geschaffen und ihre Klöster blieben klein und verstreut. Im religiösen Leben der Tibeter erfüllten sie die Funktion von »Dorftantrikern«, jenen Typus von Geistlichen, die unter den Laien als Haushalter lebten und sich nur an bestimmten Zeiten zu Ritualen im Kloster trafen. Sie hielten sich aus dem politischen Machtgerangel heraus und konnten deshalb selbst die Zeit der Buddhistenverfolgung einigermaßen unbeschadet überstehen.

Die Unterscheidung zu den anderen Schulen besteht vor allem im Schrifttum, das ihren Lehren zugrunde liegt. Daneben stützt sich die Lehrtradition der Nyingmapas vor allem auf Meditationspraktiken und Initiationen, die über Jahrhunderte von Meister auf Schüler weitergegeben werden. Das bedeutendste Meditationssystem, das auf dem Hintergrund der Nyingma-Schule entwickelt wurde, ist Dzogchen, die »Große Vollkommenheit«. Der bedeutende Gelehrte Longchenpa (1308–1363) hat die Dzogchen-Lehre systematisiert, indem er Elemente der klassischen tantrischen Praxis mit der mahayanischen Philosophie der Leerheit, wie sie ein Nagarjuna lehrte, verband. Zusätzlich dürften Einflüsse aus der chinesischen Chan-Lehre eingeflossen sein. Auch die Lehre der »Großen Vollkommenheit« geht davon aus, dass jedem Menschen die Buddha-Natur als eine ursprüngliche Reinheit des Geistes gegeben ist. Die Verblendung besteht darin, diese nicht zu erkennen, woraus karmische Folgen entstehen, die zu zahllosen Wiedergeburten führen. Die Dzogchen-Praxis bietet einen Weg, sich aus diesem verhängnisvollen Kreislauf durch spontanes Erwachen zu befreien. Damit unterscheidet sie sich vom graduellen Stufenweg anderer Schulen.

Zusammenfassend lässt sich sagen, dass der Buddhismus in Tibet ein äußerst vielfältiges und vielschichtiges Bild religiösen Lebens zeigt. Das Monopol oder die Dominanz einer einzigen Schule, wie das in den Ländern des Theravada der Fall ist, gab es nie. Dafür gab es dort auch keine Auseinandersetzungen unter der buddhistischen Glaubensgemeinschaft, wie das in Tibet der Fall war. Sicherlich war Tibet kein Shangri-La, auch der Mönchsstaat hatte seine Schwächen, aber auch China war und ist alles andere als ein Paradies auf Erden, wenngleich die Propaganda das gerne so darstellt, und es hatte kein Recht, die Tibeter mit brutaler Gewalt von einer vermeintlich oder vorgeblich besseren Lebensform zu überzeugen. Die Ergebnisse sind wohlbekannt.

Im indischen Exil hat die tibetische Kultur sich eine Überlebensbasis geschaffen. Man kann es als Ironie der Geschichte ansehen, dass ausgerechnet auf diese Weise der Buddhismus in sein Ursprungsland zurückkehrt. Der tibetische Buddhismus lebt aber nicht nur im indischen Exil fort, sondern auch in anderen Ländern wie in der Mongolei, in Nepal und Bhutan. Inzwischen gibt es tibetisch-buddhistische Zentren auf der ganzen Welt, vor allem in Europa und Nordamerika. Vielleicht hat sich damit jene Prophezeiung erfüllt, die Padmasambhava zugeschrieben wird, in der es sinngemäß heißt:

»Wenn der Eisenvogel fliegt und die Pferde auf Rädern dahinrollen, dann werden die Tibeter wie Ameisen über die Welt verstreut sein, und die Lehre des Buddha kommt in die fernsten Länder.«

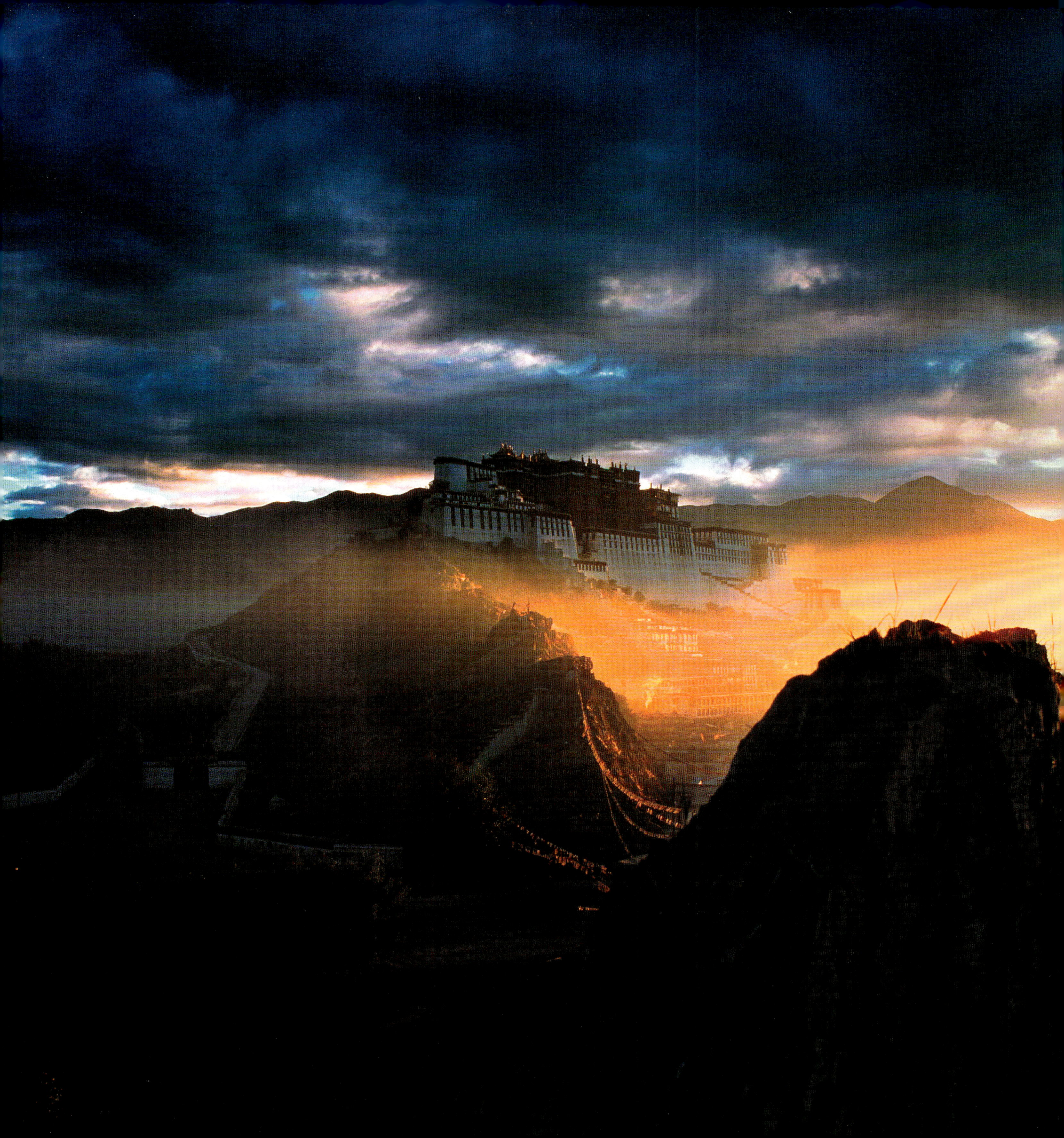

Bild links: Bruno Baumann im Gespräch mit dem Dalai Lama in Sarnath, dem Ort der ersten Lehrrede des Buddha.

Bild rechts: Der Dalai Lama bei Belehrungen im Sera-Kloster (Bylakuppe, Indien). Dieses ursprünglich von Tsongkhapa bei Lhasa begründete Gelugpa-Kloster lebt heute im indischen Exil weiter.

Interview mit dem Dalai Lama

Die erste Frage betrifft den historischen Buddha. Buddhisten betonen, dass nur die Lehre von Bedeutung ist und nicht der Buddha. Wie ist Ihre Haltung dazu?

Ja, die Lehre ist wichtiger als die Person. Er sagte nicht: »Betet zu mir und dann werdet ihr etwas bekommen.« Er sprach nur über die Wirklichkeit, über das Gesetz von Ursache und Wirkung. Daher ist seine Lehre von größter Bedeutung. Indem er seine Lehre offenbarte, hat er den Samen ausgesät. Er lehrte uns, diese zu verehren, deshalb verneigen wir uns davor – und auch vor dem Thronsessel, von dem aus sie vermittelt wird.
Zweifellos ist die Lehre wichtiger. Die Früchte erwachsen aus der Praxis und nicht durch bloßes Anbeten des Buddha.

Gibt es nach buddhistischer Auffassung nach dem Verlöschen des Buddha im Paranirvana überhaupt noch etwas, was von ihm fortbesteht?

Dazu gibt es zwei Auffassungen. Die eine (Theravada) glaubt, dass es kein Fortbestehen gibt. Ursprünglich war der Körper Teil des Samsara, durch die Erleuchtung wurden Körper und Geist jedoch eins und nach dem Tod verschwanden beide. Ihre Existenz ist ausgelöscht.
Doch es gibt die andere Auffassung, die von so großen Lehrern wie Nagarjuna, Arya Sanga und Digna vertreten wird. Sie alle betonen die reine Natur des Geistes selbst auf der Ebene des Erkennens und deshalb gibt es keinen Grund anzunehmen, dass der Geist nach Mahabodhis Nirvana, also nach dem Tod von Buddha Shakyamuni, nicht weiter existiert und mit dem Geist auch sein subtiler Körper.

Welcher Aspekt seiner Lehre ist für Ihr Leben besonders nützlich?

Die Lehre vom bedingten Entstehen, die besagt, dass alle Phänomene unseres Daseins in einem bestimmten Abhängigkeits- bzw. Bedingungsverhältnis zueinander stehen. Nach buddhistischer Auffassung gibt es da zwei Aspekte, gleichsam zwei Seiten derselben Wahrheit. Die eine ist Shunyata (Leerheit) und die andere Pratitya-Samutpada (Entstehen in Abhängigkeit). Dieses Wissen ist sehr hilfreich für mich, denn es kann auf vielen Gebieten angewendet werden; im Umweltschutz, in der globalen Wirtschaft, in menschlichen Beziehungen. Auch globale Verantwortung basiert auf dem Prinzip gegenseitiger Abhängigkeit. Ein anderer für mich wichtiger Aspekt ist Altruismus.

»Die Früchte erwachsen aus der Praxis und nicht durch bloßes Anbeten des Buddha.«

Wege der Ausbreitung des Buddhismus
Ursprungsgebiet des Buddhismus
Buddhistisches Zentrum
Theravada-Buddhismus
Mahayana und Tantrayana-Budhismus
RUSSLAND
KASACHSTAN
MONGOLEI
CHINA
NORDKOREA
SÜDKOREA
JAPAN
TAIWAN
PHILIPPINEN
VIETNAM
LAOS
KAMBODSCHA
THAILAND
BIRMA (MYANMAR)
BANGLADESH
BHUTAN
NEPAL
INDIEN
PAKISTAN
AFGHANISTAN
IRAN
TURKMENISTAN
USBEKISTAN
KIRGISTAN
SRI LANKA
MALAYSIA
SARAWAK
BORNEO
SULAWESI
SUMATRA
INDONESIEN
JAVA
Tibet
Burjatien
Ural
Wolga
Ob
Lena
Angara
Amur
Irtysch
Baikalsee
Kaspisches Meer
Aralsee
Balchaschsee
Sayan Gebirge
Altai
Gobi
Tien Shan
Takla Makan
Pamir
Hindukusch
Karakorum
Kunlun
Himalaya
Koko Nor
Huang He
Jangtsekiang
Tsangpo
Brahmaputra
Ganges
Indus
Irawaddy
Mekong
Japanisches Meer
Gelbes Meer
Ostchinesisches Meer
Pazifischer Ozean
Südchinesisches Meer
Celebessee
Bandasee
Timorsee
Javasee
Golf von Bengalen
Arabisches Meer
Indischer Ozean
Ulan Bator
Beijing
Yungang
Luoyang
Changan
Dunhuang
Khotan
Jiu Hua Shan
Seoul
Tokio
Kyoto
Nara
Taipeh
Hongkong
Manila
Bishkek
Tashkent
Samarkand
Bamiyan
Kabul
Taxila
Islamabad
Srinagar
Leh
Guge
Lhasa
Mt. Everest
8850
Delhi
Lumbini
(Geburtsort Buddhas)
Kathmandu
Sarnath
Bodhgaya
Thimphu
Dacca
Mandalay
Pagan
Yangoon
Luang Prabang
Vientiane
Sukhothai
Ayutthaya
Bangkok
Angkor
Phnom Penh
Ho Chi Minh Stadt
Colombo
Kandy
Kuala Lumpur
Singapore
Jakarta
Borobudur
N
0
1000 km

Literaturverzeichnis

Bruno Baumann, *Der Silberpalast des Garuda. Die Entdeckung von Tibets letztem Geheimnis,* München 2006

ders.: *Abenteuer Seidenstraße. Auf den Spuren alter Karawanenwege,* München 1998

Michael von Brück, *Einführung in den Buddhismus,* Frankfurt/M. und Leipzig 2007

ders.: *Religion und Politik im tibetischen Buddhismus,* München 1999

Heinz Bechert und Richard F. Gombrich (Hrsg.), *Der Buddhismus. Geschichte und Gegenwart,* München 1984

Heinz Bechert und Richard F. Gombrich, *Die Welt des Buddhismus. Geschichte und Gegenwart,* München 2002

Dalai Lama, *Die Lehren des tibetischen Buddhismus,* Hamburg 1998

Dhammapada, *Buddhas zentrale Lehren,* München 2006

Richard F. Gombrich, *Der Theravada-Buddhismus. Vom alten Indien zum modernen Sri Lanka,* Stuttgart 1997

Helmut Hoffmann, *Die Religionen Tibets. Bon und Lamaismus in ihrer geschichtlichen Entwicklung,* Freiburg/München 1956

Daisaku Ikeda, *Der chinesische Buddhismus,* München 1987

Winston L. King, *A Thousand Lives Away. Buddhism in Contemporary Burma,* Berkeley Calif. 1994

James Legge, *A Record of Buddhist Kingdoms. Account by the Chinese Monk Faxian of Travels in India und Ceylon (AD 399–414),* Oxford 1986

Boris A. Litvinsky, *Die Geschichte des Buddhismus in Ostturkestan,* Wiesbaden 1999

Olson Carl (Ed.), *Original Buddhist Sources. A Reader,* Delhi 2007

Sayadaw U Pandita, *Im Augenblick liegt alles Leben. Buddhas Weg zur Befreiung,* Bern, München, Wien 1991

Amiyo Ruhnke, *Zen Koans. Die Grenzen des Verstandes durchbrechen,* CH-Neuhausen 2000

Günther Schulemann, *Geschichte der Dalai-Lamas,* Leipzig 1958

Hans Wolfgang Schumann, *Der historische Buddha. Leben und Lehre des Gotama,* München 2004

ders.: *Buddhismus – Stifter, Schulen und Systeme,* Olten 1976

ders.: *Buddhabildnisse. Ihre Symbolik und Geschichte,* Heidelberg 2003

ders.: *Buddhistische Bilderwelt. Ein ikonographisches Handbuch des Mahayana- und Tantrayana-Buddhismus,* Köln 1986

Daisetz Teitaro Suzuki, *An Introduction to Zen Buddhism,* London 1991

Thich Nhât Hanh, *Wie Siddhartha zum Buddha wurde,* München 2004

Sally Hovey Wriggins, *Reisende auf der Seidenstraße. Auf den Spuren des buddhistischen Pilgers Xuanzang,* Hamburg 1999

Bildnachweis
Seite 158, 161, 163, 165:
© Bilderberg, Hamburg
Seite 167:
© Dr. Christian Käufl, Lenggries
Seite 210:
© Vanessa Martin Quintana

Alle anderen Fotos stammen aus dem Archiv des Autors.

© 2008 by F. A. Herbig Verlagsbuchhandlung GmbH, München
Alle Rechte vorbehalten.
Lektorat: Sabine Jaenicke
Art Direction: Wolfgang Heinzel
Satz: Birgit Veits, Wolfgang Heinzel
Gesetzt aus der Simoncini Garamond
Karte: Eckehard Radehose
Reproduktionen: Digitales Medienhaus Namisla, München
Druck und Binden: Peschke Druck, München
Printed in Germany
ISBN 978-3-7243-1004-4

terra magica ®

Terra magica ist seit 1948 eine international geschützte Handelsmarke und ein eingetragenes Warenzeichen der ® Belser Reich Verlags AG.

www.terramagica.de

Für Vanessa

Blickpunkt Asien · Blickpunkt Buddhismus

»Nicht allein die Anmut der Worte macht den Charme dieses Buches aus, sondern die insgesamt 121 grandiosen Landschaftsfotos, die tatsächlich so etwas wie Ehrfurcht vor den Bergen und den Mystizismen Asiens wecken.«
DER SPIEGEL

Bruno Baumann
Kristallspiegel – Pilgerreise zum heiligen Berg Kailash
148 Seiten, mit 121 Fotos und Abb.
ISBN 978-3-485-01054-2

Faszinierende Fotografien aus der Zeit zwischen 1883 und 1908, die die geheimnisumwobenen Länder des Himalaya ganz unverfälscht zeigen.

Pamela Deuel Meyer | Kurt Meyer
Im Schatten des Himalaya
192 Seiten, mit 120 Fotos und Abb.
ISBN 978-3-485-01095-5